CHITA

CHITA

CHITA RIVERA

CON **PATRICK PACHECO**

Traducción de Aurora Lauzardo Ugarte

HarperCollins *Español*

Los libros de HarperCollins Español pueden ser adquiridos con fines
educativos, empresariales o promocionales. Para más información, envíe un
correo electrónico a SPsales@harpercollins.com.

Título original: *Chita*
Publicado en inglés en los Estados Unidos de América en 2022 por
HarperOne

PRIMERA EDICIÓN

Traducción: Aurora Lauzardo Ugarte
Diseño adaptado de la edición en inglés de Nancy Singer
Esta página legal continúa en las páginas 349-351.

Este libro ha sido debidamente catalogado en la Biblioteca del Congreso de
los Estados Unidos.

ISBN 978-0-06-322684-5

23 24 25 26 27 LBC 5 4 3 2 1

Dedico este libro con amor y gratitud
a mis padres, Pedro Julio y Katherine Anderson;
a mis hermanos, Carmen, Julio, Armando y Lola;
y a mi hija, Lisa.

CONTENIDO

Prefacio

¿POR QUÉ AHORA?

Acababa de salir del ascensor en el piso de la School of American Ballet con Doris Jones, mi maestra de danza, cuando se abrió una puerta y una bailarina salió corriendo de un salón llorando y gritando:

—¡No puedo! ¡No puedo! ¡No puedo!

Yo tenía sólo dieciséis años en aquel momento y ese estallido no ayudó a calmarme los nervios respecto a la audición de niveles en la escuela. Pensé que si ella —alta, rubia y fabulosa— «no podía», entonces yo —bajita, de piel marrón y ojos grandes— tampoco podría. Miré a Miss Jones y le pregunté por qué lloraba la joven.

—No te preocupes, Dolores —dijo Miss Jones—. Mantén el rumbo y mira hacia adelante.

Mirar hacia adelante fue una lección que aprendí temprano en la vida no sólo de Miss Jones, sino también mediante el ejemplo de mi madre, Katherine Rosalía Anderson. Cuando mi padre, Pedro Julio del Rivero, murió de repente en 1940, mi madre siguió adelante con una sola meta: cuidar de sus cinco hijos. Entonces yo sólo tenía siete años. Mi abuela materna, Sarah «Sallie» Anderson, quien también había enviudado joven, ayudó a mi madre. Así que crecí en un hogar en Flagler Place, Washington D. C., dirigido por dos mujeres muy fuertes, generosas y resilientes, que nunca miraron atrás con autocompasión o pesar. Su agenda única era mirar hacia el futuro y enseñarnos a ser ciudadanos dignos de la promesa de América y a ser buenos niños católicos, merecedores del cielo, aunque yo era un demonio de niña. «Seguir adelante» bien pudo ser el lema inscrito en el escudo de la familia Rivero. Yo lo he hecho toda la vida.

Por tanto, no me importa admitir que este libro que ahora sostienen en sus manos es una sorpresa para mí. Así como esa niña de dieciséis años jamás hubiera imaginado cómo serían sus siguientes setenta y tantos años, jamás pensé que mi historia personal pudiera consignarse en unas memorias. Claro que, de vez en cuando, mis amigos me exhortaban a escribir sobre mi vida.

—¿Le interesaría a alguien? —les respondía.

No es falsa modestia. Es la respuesta típica de alguien que siempre se ha visto a sí misma como una bailarina más que como una estrella de musicales de Broadway. La inclinación natural de los bailarines es no hablar sobre sí mismos. Su trabajo es lo que cuenta. Nos la pasamos mirando hacia el siguiente reto, la siguiente tarea, el siguiente descubrimiento. Eso explica en parte por qué «I'm Still Here» [«Sigo aquí»] es una canción con la que nunca he podido identificarme. Es brillante, como toda la obra de Steve Sondheim. Pero siempre había estado «aquí». Jamás miré hacia atrás. Así que, ¿cómo podía seguir «aquí»?

Luego llegó el COVID y, como el resto de mundo, ahí estaba yo. ¿Tal vez había llegado el momento de mirar atrás? Aun así, ¿qué valor tendrían mis memorias? He sido increíblemente afortunada de beneficiarme de algunos de los mejores maestros y mentores de la industria. La lista es interminable. Sin duda, transmitirles a las generaciones venideras lo que aprendí de ellos tendría algún valor.

La idea de llevarlos a «*the rooms where it happened*» [los «salones donde ocurrió»] como dijo Lin-Manuel Miranda con tanta agudeza, me resultaba atractiva.

También sabía que tendría que descorrer el velo de mi vida personal. Eso no me enloquecía. Pero sabía que era lo que los lectores querrían. Y tal vez la urdimbre de mi vida loca, bordada por el destino, la fe, el impulso y la esperanza, también tendría algún valor. Como el modo en que logré mantener el equilibrio entre una carrera activa, un marido, una hija, amantes, familia y amigos. El modo en que intenté navegar, para bien o para mal, los conflictos, triunfos, caídas y vulnerabilidades propios de la creatividad y de una vida en el teatro. Tendría que ser tan sincera como pudiera al hablar de las personas con las que he trabajado y jugado, y eso me provocaba ansiedad. Lo que me ayudó a salir adelante fue una pregunta formulada al inicio del proyecto:

—Después de setenta años bajo el escrutinio público, ¿qué es lo que la gente no sabe de ti, Chita?

—Que no soy tan buena como la gente cree —respondí. Y así nació la solución a mi renuncia a contar. Prepárense para conocer a Dolores. Mi nombre de pila, el que usaba mi madre para llamarme cuando me portaba mal, y, ahora, mi alter ego. Ella es una parte de mí que muy pocas personas han podido ver. Como señalo en este libro, Chita es dulce y amable; Dolores es como un torbellino. Es la que se levanta, la mirada encendida y el humo saliéndole por las orejas, como cuando mi hija, Lisa, dice: «A mami le sale lo de puertorriqueña». No es difícil de imaginar, ¿verdad?

Como la mayoría de los actores e intérpretes, he vivido gran parte de mi vida en mi imaginación. En ese sentido, este libro es producto de mi imaginación al recordar y escribir sobre las personas que bendijeron mi vida en el pasado —muy remoto— de la edad dorada de los musicales de Broadway. Aún viven en mi corazón, como si fuera ayer, y resucitarlos en estas páginas ha sido un placer singular. Cuando el tiempo ha atenuado la memoria, he recurrido al recuerdo de las emociones para llenar los vacíos factuales. Escribir estas memorias no ha sido fácil, pero ha sido una de las experiencias más gratificantes de una vida llena de recuerdos.

Hubo otra recompensa que no pude imaginar cuando comenzó esta aventura. Mientras investigaba mi historia familiar, surgió un hecho fascinante: el linaje de mi madre tiene raíces afroestadounidenses. Mis hermanos y yo crecimos muy conscientes de la herencia puertorriqueña de nuestro padre. Él era boricua, nacido en la isla y miembro del clan de los Rivero. En cuanto a la familia Anderson, mi madre, Katherine, y mi abuela, Sallie, nos dijeron que eran descendientes de escoceses e irlandeses. Eso era cierto, pero sólo era parte de la historia. En un censo de 1919 de Carolina del Norte, mis abuelos maternos, Sarah «Sallie» Rand y Robert Anderson, están identificados como «mulatos», término que entonces se utilizaba para designar a personas de razas mixtas, a menudo hijos de personas esclavizadas alguna vez.

Mi madre y mi abuela nunca nos hablaron a mis hermanos y a mí de esa raíz ancestral. ¿Lo sabría mi madre, que nació en 1905? ¿Cuánto sabría mi abuelita Sallie de su madre, Susan Rand, quien, según los expedientes del gobierno pudo haber nacido en 1840 en Carolina del Norte? No me atrevería a juzgar por qué nunca se nos contó eso. Es probable que desearan librarnos de las indignidades y limitaciones de un feo racismo, como lo hicieron muchas otras familias de razas mixtas con sus propios hijos.

Me siento orgullosa de acoger esta nueva parte de mi historia familiar. Descubrirla ha sido una bendición. Ojalá la hubiera conocido antes; la sangre habría fortalecido aún más mi cariño absoluto hacia muchos de mis amigos y colegas negros sobre quienes leerán en estas memorias, en especial, Sammy Davis Jr. y Doris Jones, a quien siempre he considerado una segunda madre. Sin Miss Jones como una de mis primeras mentoras, Chita Rivera no existiría. Ella no sólo reconoció y nutrió mis talentos como bailarina, sino que también, como los mejores maestros, me enseñó a tener carácter y disciplina.

Mientras mi vida se desdoblaba a lo largo de muchas entrevistas durante los pasados dos años, surgieron patrones, se despertaron recuerdos, se descubrieron amores y se reavivaron pasiones. El tiempo les ha dado a las «rabietas, luchas, feudos y egos», una perspectiva que llegó acompañada de muchas risas y mucha gratitud. A lo largo de una larga carrera, jamás he perdido mi sentido del juego. De una u otra forma, incluso ahora, sigo siendo esa muchacha de dieciséis años que salió del ascensor aferrada a Miss Jones, con los ojos muy abiertos y lista para lo que el futuro le deparara.

Lo que ocurrió después me sorprendió mucho. Espero que a ustedes también les sorprenda.

1

EL DÍA DE ANITA LLEGARÁ

West Side Story

A principios del verano de 1957, llegué al Osborne, el lujoso edificio de apartamentos en la esquina de la Séptima Avenida y la calle Cincuenta y Siete, justo frente al Carnegie Hall. El portero me hizo una señal con la mano para que entrara en el vestíbulo.

—Hola, soy Chita Rivera —dije con la esperanza de que mi voz no traicionara mis nervios—. El señor Bernstein está esperándome.

Se trataba del señor Bernstein, el mismísimo Leonard Bernstein —o Lenny, como lo recordaría con el tiempo—. Lo único que sabía entonces era que era el maestro —un director estrella, el presentador de *Omnibus*, una serie televisiva de música clásica, y el compositor de Broadway de *On the Town*. Y me había invitado a mí, Dolores Conchita Figueroa del Rivero, a su apartamento.

—Ah, sí, señorita Rivera —dijo el portero—. Dijo que suba a su estudio. Está en el tercer piso. 3B.

La invitación fue algo sorpresiva. Pero a los veinticuatro años, la vida está llena de sorpresas. Y las sorpresas habían comenzado cinco años antes cuando, movida por un impulso, acompañé a una amiga a una audición para la compañía que haría la gira nacional de *Call Me Madam* [*Llámeme señora*] y me seleccionaron para el coro. Sólo tenía diecinueve años.

Crecí pronto. Al fin y al cabo, Elaine Stritch —rubia, hermosa, pícara— era la protagonista en esa producción. Yo había planificado una carrera en el *ballet* clásico y, de repente, me picó la mosca del teatro. Y viajé con *Guys and Dolls* [*Chicos y chicas*], *Can-Can*, *Seventh Heaven* [*Séptimo cielo*] y *Mr. Wonderful* [*El señor Maravilloso*]. Ahora me hallaba en medio de las audiciones para un nuevo musical que desde hacía meses estaba causando furor en Broadway: *West Side Story*. Todos los actores de Nueva York soñaban con formar parte del espectáculo desde que *Variety* había anunciado que el gran Jerome Robbins estaba trabajando en un musical con el autor Arthur Laurents, Lenny Bernstein y un joven letrista llamado Stephen Sondheim.

En aquella época vivía en el Upper West Side con mi hermano Julio y leía todo lo que podía sobre ese musical en las copias ajadas y manchadas de café de *Variety* que pasaban de mano en mano entre nuestro grupo de coristas, pobres, ambiciosos y luchadores. El musical era una adaptación libre de *Romeo y Julieta*, y Laurents había actualizado el libreto creando una trama sacada de las noticias del momento: la guerra entre las pandillas del West Side de Manhattan. Había llamado a sus pandillas, los Sharks, que eran puertorriqueños, y los Jets, que eran blancos.

Cuando por fin anunciaron las audiciones para *West Side Story*, me sentía bastante segura de que mi entrenamiento en el *ballet* me daría cierta ventaja en los requisitos de baile del musical. Tal vez, y sólo tal vez, me ayudaría, literalmente, a meter un pie dentro. Pero me puse nerviosa cuando me llamaron para la audición de canto. ¿Sería capaz de entonar? En aquel momento, los bailarines bailaban. Los cantantes cantaban. Este espectáculo sería diferente.

Para empeorar las cosas, la cantante que hizo la audición justo antes de mí en los estudios de Chester Hale fue Anita Ellis, cuyo hermano, Larry Kert, interpretaría a uno de los protagonistas. Anita tenía una voz potente e hizo una interpretación magistral de su canción. ¿Y yo tenía que competir con *eso*?

—Chita Rivera, estamos listos —dijo el director de escena.

Entré en el estudio y le entregué la partitura al pianista, que la miró y dijo:

—Muy valiente.

Hacia el otro extremo del largo salón, atisbé la mesa de los jueces, entre los cuales estaban Robbins, Bernstein, Laurents y ese jovencito Stephen Sondheim, no mucho mayor que nosotros, que había escrito la letra de las canciones.

—¿Y qué va a cantarnos hoy? —preguntó el maestro.

—«My Man's Gone Now» [«Mi hombre se ha ido»] de Gershwin. La conocen ¿de *Porgy and Bess*? —respondí.

—Sí, la conocemos —sonó una voz al fondo del estudio.

No podría precisar quién lo había dicho. Las audiciones siempre son como un viaje austral. Y, Madre de Dios, ¡ésta lo era!

Es posible que se pregunten «¿En qué diablos estaría pensando Chita?» ¿Qué habría pasado por este cerebrito ingenuo que me hizo escoger para la audición el lamento de Gershwin interpretado por una viuda desconsolada?

La culpa es de Sammy.

Sammy era el pianista del bar de Chicago donde los gitanos (como nos llamaban a los coristas) que estábamos de gira con *Call Me Madam* nos reuníamos después de las funciones. Bebíamos, coqueteábamos y cantábamos a viva voz. Yo siempre me mantenía al margen, era demasiado tímida como para cantar sola, hasta que una noche, cuando estaba a punto de salir, un miembro del coro me agarró.

—Oh no, Chita —dijo interponiéndose en mi camino—.

Sabemos que has estado estudiando con Sammy. Tienes que cantar o no te dejaremos irte a casa.

Unas semanas antes, Sammy me había escuchado cantar con el resto del grupo en torno al piano y dijo:

—Chita, cantas muy bien. Si quieres, te daré clases mientras estás en la ciudad.

¿Que yo canto bien? ¿En serio? Fue todo un descubrimiento para mí. Pero, como siempre buscaba formas de superarme, acepté la oferta por las dos semanas que nos quedaban en Chicago. Fue Sammy el que me enseñó a cantar «My Man's Gone Now». No se parecía a las canciones ligeras y cómicas, como «Take Back Your Mink» [«Llévate tu visón»], que solía interpretar en las audiciones. Pero cuando llegaron las de *West Side Story*, pensé ¿por qué no? La obra tenía un tema oscuro y profundo. Como *Porgy and Bess*.

Ahora bien, estaba poniendo a prueba mi decisión ante uno de los grupos más consumados del teatro musical. Me persigné, susurré una breve plegaria y me dije: «Okey, Chita, ¡ya estás aquí!».

My man's gone now	Mi hombre se ha ido
Ain't no use a listenin'	No tiene sentido intentar escuchar

Escuché unas risas disimuladas y me detuve.

—¿Quieren que siga? —pregunté.

—Gracias, Chita.

Agarré mi bolso de baile y, cuando iba a salir por la puerta, el director de escena me detuvo.

—Oye, espera un momento —dijo—. Lenny quiere verte mañana a las 10:00 a. m. En su casa, el Osborne, Cincuenta y Siete y Séptima. Está justo frente al Carnegie Hall.

Sabía exactamente dónde estaba. Había tomado clases de *jazz* en los salones de ensayo del Carnegie Hall con Peter Gennaro, un maravilloso coreógrafo y maestro. Ya había trabajado con Peter en *Seventh Heaven* y me encantaba poder estudiar con él, repasar las rutinas en un salón lleno de mujeres jóvenes en leotardos. Fijaban su atención tanto en Peter como en el chico que tocaba los bongós en una esquina del salón, Marlon Brando. El Salvaje coqueteaba salvajemente con todas, y las chicas estaban enloquecidas. Yo no le prestaba atención. Era demasiado tímida y estaba demasiado asustada. Tal vez en el futuro, Dolores —que era mi nombre de pila, pero llegó a convertirse en mi alter ego sensual, oscuro y rebelde— le habría reciprocado esa mirada seductora. Pero no en aquel momento. No cuando mi carrera dependía de absorber todo lo que la ciudad podía ofrecerme, entre otras cosas, una deslumbrante constelación de mentores talentosos.

La puerta del 3B se abrió y ahí estaba él, el señor Leonard Bernstein, guapo y cordial, con su abundante melena negra, impecable con una camisa blanca debajo de un cárdigan gris y pantalones plisados azul marino.

—Me gustó tu «My Man's Gone Now» —dijo sonriendo—. Me sorprendió tu audacia. Creo que encajarías perfectamente en el rol.

Ambos reímos. Pero por dentro me quedé pensando en la palabra «rol». ¿Rol? ¿Qué rol? Me habría conformado con que me seleccionaran para bailar en el coro.

Me tomó de la mano y me llevó a un salón con un ventanal que daba al Carnegie Hall y un gran piano negro que dominaba el espacio. Apagó el cigarrillo y me hizo una señal para que me acercara al piano sobre el que había unos pentagramas garabateados a lápiz. Luego, sus largos dedos se abalanzaron sobre las teclas del piano y a mí se me erizó la piel de la nuca. Jamás había escuchado una música igual. Y estaba segura de que el mundo tampoco la había escuchado. Eran los acordes iniciales de «A Boy Like That» [«Un chico así»], las primeras notas que escucharía de un espectáculo que cambiaría a Broadway y a los Estados Unidos... y a mí. Lo único que sabía entonces era que el señor Bernstein estaba abriendo su corazón de par en par mientras cantaba la canción de la traición de María.

A boy like that who'd kill your brother	Un chico así que mataría a tu hermano
Forget that boy and find another	Olvida a ese chico y busca otro

¡La música me voló la cabeza! ¡El ritmo me abofeteó el rostro! Cuando regresé a la tierra, supe que quería formar parte de ese ritmo. Quería vivir en el mundo de esa música. Quería, con todas mis fuerzas, volar.

✳

En el transcurso de esa mañana extraordinaria, recibí una lección magistral de canto dramático del propio maestro. Estaba nerviosísima y tenía mariposas en el estómago, así que lo único que pensaba era «Por favor, Chita, ¡no le vomites encima a Leonard Bernstein!». Después de un débil intento de mi parte, me dijo:

—Chita, acaban de matar a tu novio. Acabas de descubrir que tu mejor amiga, María, se acostó con el chico que lo apuñaló. ¡Ponle más sentimiento!

Con paciencia y generosidad, me extrajo el rol de Anita. Fui sintiéndome más segura a medida que transcurrían las horas, movida por la belleza feroz de la música y la letra escueta e ingeniosa. Juntos repasamos las canciones de Anita y, más importante aún, las emociones turbulentas que acarreaban. El señor Bernstein disfrutaba interpretando el papel —mejor dicho, todos los papeles— y lo hacía con pasión y propósito.

Lo absorbí todo. Cuando bajé de las alturas y llegó el momento de recoger mi bolso de baile, sentí que me estaba despidiendo tanto de Anita como del compositor de *West Side Story*.

Permítanme corregir esto último. Le estaba diciendo «hola» a Anita. «¡Hola, Anita, mi hermana!». Por primera vez, después de seis o siete audiciones, me di cuenta de que mi ambición de que tan sólo me escogieran para el coro se quedaba muy corta. Me estaban considerando para el rol de Anita, la amante del jefe de los Sharks, Bernardo, y la mejor amiga de su hermana, María. ¡Anda pa'l cará! ¿Estaría Dolores asomándose un poquito? Tal vez. Porque cualquiera que hubiera estado paseando por la Séptima Avenida frente al Osborne cuando salí del edificio, habría visto a una joven con un vestido de verano y un bolso de danza colgado al hombro, levitando a treinta centímetros sobre el suelo y pensando: «¡Esa canción es mía! ¡Ese rol es mío!».

Y resulta que, después de unas cuantas audiciones estresantes más, el rol fue mío. Gracias a mi entrenamiento en el *ballet* y a las clases de Peter, había sobresalido en la audición de danza. Y ahora, gracias a Lenny, había pasado la audición de canto. (¿Podía ahora llamar «Lenny» al señor Bernstein? Bueno, tal vez. Pero sólo para mis adentros y con ustedes). No podía esperar a contárselo a mi hermano Julio, con quien, desde mi llegada a Nueva York, había compartido cada triunfo y lamentado cada decepción de mi carrera. Obtener el rol de Anita tenía un significado más especial aún porque *West Side Story* era muy afín a nuestra sangre y nuestro temperamento, a quienes éramos como pueblo, como familia.

—Llamemos a Armando para contárselo, Chita —dijo Julio refiriéndose a mi otro hermano—. ¡Olvídate de lo que cueste!

Armando estaba en Alemania en el servicio militar y las llamadas de larga distancia eran costosas. Pero no lo dudé. Amaba a mis hermanas, Lola y Carmen, pero Julio y Armando eran los más cercanos a mí en edad y espíritu. De pequeños los tres hacíamos *shows* en el sótano de nuestra casa en Washington D. C., y les cobrábamos unos centavos a los niños del vecindario por la entrada. A través de la estática de los cables telefónicos transatlánticos, escuché el grito de alegría de Armando.

Luego los roles se asignaron en una rápida sucesión: Carol Lawrence obtuvo el papel de María; Larry Kert, el de Tony, el ex Jet que captura su corazón; y Kenny LeRoy era Bernardo, su hermano y mi amante. Mickey Calin obtuvo el rol del amigo de Tony, Riff, el líder de los Jets. Ocho bailarines y ocho cantantes obtuvieron los demás roles destacados y entre todos éramos un elenco de casi cuarenta personas. Larry fue de los últimos en ser seleccionados, así que se unió tarde a la celebración en un bar cerca del Winter Garden Theater.

—¡Lo conseguí! ¡Lo conseguí! —gritaba dando pasos de baile a lo largo del espacio—. ¡Y, con mi suerte, cuando salga de aquí me atropellará un autobús!

Los ensayos eran intensos, agotadores y siempre estimulantes. ¿Les dije que Jerry Robbins estaba a cargo de la dirección y la coreografía? El periodo habitual de cuatro semanas se extendió a ocho semanas a insistencia de Jerry y, tan pronto como nos dieron los libretos y comenzamos a repasar las canciones, nos dimos cuenta de que sería un espectáculo como ningún otro que hubiera pasado por Broadway. Y lo que se esperaba de nosotros también era excepcional. Jerry era estricto, disciplinado e impaciente. Siempre se habla de lo terrible y antipático que podía ser. De hecho, malvado. Si ése era el precio que había que pagar por su genialidad, pues mala suerte. Pero nunca fue así conmigo. Era difícil, por supuesto. ¿Exigente? Sin duda. Nos pedía que hiciéramos cosas que nunca, jamás habríamos pensado que podíamos hacer. Y, sin embargo, las hacíamos. Lo más difícil era lograr que esa coreografía tan desafiante y complicada pareciera fácil. Pero estábamos deseosos de hacerlo, porque, bueno, ¿los bailarines? Los bailarines siempre quieren complacer.

En el tablón de anuncios del pasillo donde ensayábamos había recortes de periódicos de las trifulcas más recientes entre las pandillas. Leíamos las historias y pensábamos: «Estamos haciendo un musical sobre nosotros». Okey, nosotros éramos más de polainas que de navajas. Pero sentíamos una gran afinidad hacia esos personajes que eran casi de nuestra edad y que, como nosotros, tenían la sangre caliente, las hormonas alteradas y eran muy competitivos.

Eso aplicaba sobre todo a quienes interpretábamos a los Sharks. Yo era una de las pocas en el elenco que tenía sangre puertorriqueña. Mi padre, Pedro Julio Figueroa del Rivero, era boricua, nacido en la Isla. Cuando murió, yo tenía apenas siete años, pero mi madre, Katherine, nos contaba historias sobre cómo ese hombre tan guapo, elegantísimo en su conjunto de chaqueta blanco, tocaba el clarinete y el saxofón en las *big bands*. Sentí que lo honraba dándole lo mejor de mí a Anita. Las congas, que nunca faltaban en los ensayos de *West Side Story*, producían ritmos que resonaban en lo más profundo de mi ADN. Lo sentía en los huesos y, cuando las canciones, con su fusión de música latina, *jazz* y música clásica, les ponían piel a esos huesos, me transportaban a un mundo hispano de inmigrantes que a mí me resultaba familiar, pero que nunca antes había llegado a las tablas. Era crudo y real, pero se había elevado a las alturas del arte por medio de la música y la coreografía.

Jerry exigía que nos sumergiéramos por completo en nuestros respectivos mundos y, gracias a su talento particular, nos dio la libertad de encontrar nuestro lugar en esos mundos. En los ensayos de las escenas, nos resultaba muy extraño escucharle decir: «¡Hagan lo que sientan!». Los bailarines estamos tan acostumbrados a hacer justo lo que nos dicen. Pero estábamos a mediados de la década de los 50 y el acercamiento de Lee Strasberg, conocido como «el Método», comenzaba a aflorar como estilo de actuación. De hecho, yo había escuchado que Montgomery Clift, que había estudiado en The Actors Studio de Strasberg, había sido quien le había sugerido a Arthur Laurents que escribiera un musical sobre las pandillas de Nueva York. Arthur y el equipo también habían pensado al principio que James Dean, otro actor famoso de esa escuela, interpretara el papel de Tony en *West Side Story*.

Yo no sabía mucho del Método. No había penetrado en los musicales tanto como en el teatro. Pero Jerry esperaba que supiéramos todo sobre nuestros personajes individuales: dónde vivían, cómo era su familia, la historia completa de su vida. Un caluroso día de verano, después de un ensayo, me pidió que saliera con él al pasillo para conversar. Era como si el papa te hubiera llamado a capítulo.

—¿Quién es Anita? —preguntó.

—Es una roca —respondí mientras se secaba el sudor de mi ropa habitual de ensayar: medias, falda y leotardo negros—. Es orgullosa, una líder, valiente. Se enfrentaría al enemigo para proteger a los suyos.

—¿Cuál es su relación con María? —prosiguió Jerry.

—Es como una madre para María. Quiere que María sea feliz, pero siente la necesidad de protegerla del peligro. Anita es una persona que soluciona problemas. Sólo desea que todo esté bien.

—En el ensayo, Anita le dio la espalda a Francisca. ¿Por qué lo hizo? —preguntó Jerry luego, con astucia.

Pensé aprisa.

—Bueno, ¡porque me enfadé con ella!

—¿Por qué?

—Porque Francisca no cree en América, y yo sí.

—Cuando piensas en Anita, ¿qué color te viene a la mente?

—Violeta —proseguí—. Anita es pícara. Es coqueta. Me gusta su sensualidad.

—*Eso* ya lo has conseguido —dijo Jerry—. Pero, Chita, se te está escapando algo.

No estaba segura de adónde quería llegar.

—Anita puede ser brutal —dijo—, si tiene que serlo.

Mi relación con Jerry era una de respeto, confianza y hasta afecto. Bueno, el afecto que se puede cultivar con una persona tan particular como él. Los demás miembros del elenco y yo sabíamos que, si no dábamos la talla, podían despedirnos. Jerry tenía algunos favoritos en la compañía, y los que siempre eran el blanco de sus ataques. Uno de los querendones de Jerry era un chico italiano con una hermosa melena negra y una técnica aún más maravillosa. Ese chico, Tony Mordente, interpretaba a A-Rab, uno de los Jets, y era un presumido y un coqueto. Captó mi atención. Yo capté la suya, y la mantuve. Después les contaré más sobre él.

Debo admitir que yo también era una de las favoritas de Jerry. Quizás por eso me atreví una vez a defender a uno de los miembros del elenco. Había aprendido a leer bastante bien los estados de ánimo de Jerry. Desde el principio, podía tomarle el pulso a un grupo. Por tanto, cuando vi que Jerry iba calentándose poco a poco, miré a mi alrededor para ver en quién se estaba enfocando: Mickey Calin, que interpretaba a Riff, estaba perdiendo el tiempo con las chicas. Cuando Jerry me pasó por el lado dispuesto a comerse vivo a Mickey —algo que hacía a menudo— impulsivamente le susurré:

—Jerry, no lo hagas.

Para mi sorpresa, se detuvo. Me miró sin entender muy bien lo que había escuchado. Al final dijo:

—¡Chita, eres una bruja!

Ambos reímos. Al sol de hoy, aún no estoy segura de por qué lo hice. Tal vez fue Dolores, que detesta a los abusadores, la que habló.

¿Y por qué no me gritó a mí también? Es probable que pensara que, en ese momento, yo era más Anita, la protectora instintiva, que Chita, la que trabajaba sin chistar. A tal punto habíamos asimilado nuestros roles.

Jerry pretendía que nuestra inmersión en el mundo de *West Side Story* fuera total y constante. A los miembros de las pandillas se les prohibió del todo socializar entre sí. Ni siquiera en los recesos o a la hora del almuerzo. Eso acentuaría nuestra hostilidad, por no decir que nos volvería más competitivos cuando llegáramos al baile en el gimnasio. Cuando terminábamos los ensayos a las 6:00 p. m., era otra historia. Pero hasta ese momento, nos manteníamos en nuestros personajes.

A mí me emparejaron con Kenny LeRoy, que interpretaba a Bernardo. Me gustaba Kenny. Llevaba patillas largas y tenía el pelo negro rizado. Era el epítome del líder, duro, seguro de sí mismo y fuerte. Alguien con quien, de seguro, Anita podía divertirse. Y alguien a quien no había que provocar.

Carol Lawrence lo aprendió a la fuerza.

Inmersa en el rol de María, Carol decidió que quería hacer algo para unir a los chicos que interpretaban a los Sharks. Así que agarró un fieltro negro, recortó unas siluetas de tiburones y les dio una a cada uno de los miembros de la pandilla para que se las pusieran en las botas. Carol y yo compartíamos un camerino durante los ensayos, así que fui testigo de cuando Kenny llegó y le echó la bronca.

—¡Yo soy el líder de la pandilla! ¡*Yo* tomo todas las decisiones! —le dijo—. Ahora ve y recoge todos esos tiburones que distribuiste y tíralos en la basura.

Ese era mi Bernardo. Fogoso.

Durante los ensayos de baile, Jerry, un perfeccionista, nos hacía trabajar sin descanso. Tomaba su entrenamiento en *ballet* clásico, lo mezclaba con el *hip* y la energía frenética de la calle, y creaba un drama. Yo sospechaba que él y Peter Gennaro, su cocoreógrafo, habían recorrido los salones de baile del Spanish Harlem antes de empezar a coreografiar *West Side Story*. Jerry no se limitaba a los pasos. Le interesaba el sentimiento. El mambo se convirtió en un *pas de deux* erótico; el chachachá era alegre y juguetón.

Nada nos emocionaba más que ensayar la escena del baile en el gimnasio. La música era provocadora. La primera vez que la escuchamos interpretada por toda la orquesta, se me saltaron las lágrimas. Lo mismo le pasó al resto del elenco. Era la combinación más hermosa de libro, letra y música que jamás habíamos escuchado. Cada día, éramos como purasangres en los partidores, rebosantes de energía y listos para salir a galope. Y más aún cuando comenzamos a ensayar ese número. Jerry insistía, sobre todo, en la claridad. Sin aspavientos, sin complicaciones, sin distracciones. Trabajaba con la esencia del baile para transmitirle emoción al público mediante pasos muy complejos y detallados.

—¡Quiero verlos! —gritaba a menudo.

Y eso significaba: «Muéstrenme quiénes son como personas, como personajes». Estilo, sí, pero más importante, la substancia. Y más aún, la consciencia.

Al comunicarnos eso, nadie más importante para Jerry que Peter. Mientras Jerry coreografiaba a los Jets, Peter estaba a cargo de los Sharks. Formaban un gran equipo, aunque eran como el día y la noche. Jerry era muy analítico en su acercamiento a la danza. Peter era todo instinto. Jerry era serio, siempre vestía de negro y nadie se atrevía a hacer tonterías delante de él. Peter era relajado, sureño, dulce, gracioso y amable. Ceceaba, lo cual era una invitación para que los traviesos lo imitáramos: *Miz amorez, ez en el zéptimo, no en el octavo*. Yo había conocido a Peter cuando coreografió «*Zeventh*» *Heaven* y cuando tomé sus clases de *jazz*. Lo adoraba y lo admiraba. Trabajar con él era la felicidad en estado puro.

Peter había crecido en Nueva Orleans donde no sólo conoció los ritmos negros de la calle, sino también aprendió a bailar con los empleados de cocina negros que trabajaban en el restaurante italiano de su familia. En sus movimientos había *hip*, *jazz* e improvisación, y tradujo todo eso en el sello sensual de «América». Peter podía inventarse una combinación al instante, ejecutarla con una ligera variación y, luego, repetirla una vez más. Para mí, todas eran igualmente buenas, pero él buscaba la mejor y trabajaba —y nos hacía trabajar— hasta encontrarla. Peter también tenía los pies más rápidos de Broadway y mi entrenamiento en el *ballet* me permitía seguirle el paso. El *ballet* también me permitió aprender más bailes en menos tiempo. No era inusual que Peter nos dijera: «Eso estuvo bien. Pero intentémoslo más aprisa». O: «El que lo haga más rápido se lleva el premio». Y hay que ver que nos movíamos rápido.

«América».

Es probable que se estén preguntando *¿A Chita le incomodó la letra de «América»?* En las décadas recientes, algunas personas han sentido que la letra original de 1957 degrada a los puertorriqueños (la suavizaron un poco para la versión cinematográfica).

Estoy muy orgullosa de mi herencia puertorriqueña. Pero no me pareció mal que Anita y las mujeres bromearan comparando su nuevo hogar con el que dejaron atrás. La mayoría de los Sharks provenía de familias que recién habían inmigrado a los Estados Unidos. Estaban fascinados con su nuevo país por las posibilidades que representaba para sus vidas en aquellos vecindarios efervescentes. A mediados de la década de 1950, apenas se contaban historias de latinos en el cine o en el teatro, y *West Side Story* nos abrió la puerta a muchos. Era revolucionaria porque relataba nuestra historia con una sinceridad feroz y con ternura. Casi por primera vez un espectáculo de Broadway representaba las esperanzas y los retos de la cultura latina que Anita amaba y defendía. Así que, ¡chúpense ésa!

Peter primero había montado el número «América» con los chicos y las chicas. Y, como siempre, luego se lo mostró a Jerry. Después de presentárselo, nos excusaron en lo que los dos hombres conversaban. La siguiente vez, cuando nos reunieron de nuevo para ensayar, habían sacado a los chicos y se convirtió en un número sólo para las chicas. Ésa fue una movida genial. Era una afirmación del papel central que ocupaban las mujeres en el musical. El cambio nos empoderó y puso de manifiesto la perspicacia y genialidad de Jerry como contador de historias. Después, cuando se hizo la película, reinsertaron a los chicos en el número, que se debilitó y se volvió confuso.

Jerry era el que mandaba en los ensayos. Los productores, Hal Prince y Bobby Griffith, y el resto del equipo creativo sólo podían entrar en momentos específicos. Todos respetaban a Jerry. Todos, excepto uno. Lenny era el único que podía írsele por encima. Cuando Lenny entraba en el salón, las aguas se dividían. No que él lo exigiera. Era muy informal en su trato. Y, por eso mismo, Lenny, que era una criatura de luz, les resultaba tan atractivo a un montón de bailarines que se desvivían por él. Era un privilegio verlo en el piano, con un cigarrillo en una mano y un lápiz en la otra, garabateando una melodía sobre un papel pautado. Puede que exagere, pero sólo un poquito, si digo que cada vez que Lenny venía a enseñarnos su gloriosa composición musical una corriente erótica fluía entre él y la compañía.

¡Y el «Quinteto»! Los personajes cantan en anticipación de lo que será la noche más trascendental de sus vidas marcadas por la guerra. Lenny nos lo sonsacaba, con los ojos cerrados, nos forzaba, nos imploraba, hacía hincapié en los detalles de la música que iba *in crescendo*. Allí estaba, encaramado en una silla, marcando el ritmo con los pies y agitando los brazos con fuerza. Se perdió de tal forma en su música que la silla se rompió y él cayó. Desapareció por completo en el foso de la orquesta. Después de un instante de *shock* resonó una gran carcajada. El ensayo se detuvo hasta que logramos extraerlo de la silla. Todo el mundo se enamoró de él. Lenny era un maestro de primer orden y un grande entre los grandes de Nueva York. Pero también era capaz de deleitar a los niños con *Pedro y el lobo* de Prokofiev. Lenny, un héroe sobrehumano y rebosante de vida.

Uno de los más callados del equipo creativo era Arthur Laurents, quien luego criaría fama de ser el más listo, el más malo y el más bocón de todos. Como casi tenía cuarenta años, lo considerábamos uno de los viejos, junto con Lenny y Jerry. Todos tenían treinta y ocho años. Harold Prince, el coproductor, no llegaba a los treinta, pero ya parecía un veterano. El elenco nunca se enteraba de las discusiones entre los creadores. Ellos se iban a otro salón a discutir y luego nos entregaban hojas de libreto o canciones nuevas. A veces nos llamaban aparte y nos ofrecían algún consejo. En secreto, por supuesto. De descubrirlo, Jerry se hubiera puesto furioso. En comparación con eso, comerse vivo a Mickey habría parecido un juego de niños.

Una tarde, Arthur me llamó aparte. Yo pensaba que su libro de *West Side Story* era sobrio, sincero e inteligente; me resultaba fácil creerme las palabras. Pero apenas estaba auscultando mi papel en los ensayos cuando me pidió hablar en privado. Habíamos estado ensayando la escena después de la trifulca en la que Tony mata a Bernardo. Anita regresa con la chaqueta de su amante muerto al apartamento donde María vive con su familia. Desamparada y como anestesiada, intenta armarse de valor para decirle a María que han matado a su hermano. Las direcciones escénicas decían que debía colgar la chaqueta en un gancho al fondo del escenario y luego tocar a la puerta de la habitación donde María acaba de hacer el amor con Tony.

—Chita, tómate tu tiempo con la chaqueta de Bernardo antes de colgarla en el gancho —me aconsejó Arthur—. Siente la chaqueta. Siéntelo a él en la chaqueta. Huele la fragancia de su tónico, ese tónico que siempre se echaba en exceso.

Fue una pista extraordinaria para llevarme al lugar donde debían estar mis emociones. Me guio en la escena y me proveyó una base para cualquier cosa que pasara en el escenario durante las representaciones. Como la vez que se trancó una puerta.

En una matiné, después de colgar la chaqueta, toqué a la puerta de la habitación de María.

—¿María? ¿María? —llamé—. María, soy Anita. ¿Por qué estás encerrada?

¿El problema? Me había quedado atrapada fuera. En serio. Sabía que no podía salirme del personaje. La audiencia se había dado cuenta de que la puerta estaba trancada, pero, si se reían, jamás podríamos recuperar uno de los momentos de mayor tensión de la obra. Entonces, pasmada por la sinceridad de María («I Have a Love» [«Tengo un amor»]), Anita accede a ayudarlos a ella y a Tony. Ante la puerta trancada, añadí otra línea.

—María —e improvisé una línea—. Por favor, María. Tengo algo que decirte.

Pero la puerta no cedía. En ese momento supe que tenía que seguir llorando mientras me daba la vuelta por el proscenio para entrar en el cuarto de María. Funcionó. Mantuve la compostura y el público también. Esos momentos de tensión, cuando suceden cosas inesperadas por tratarse de una función en vivo, pueden ponerle los pelos de punta a cualquier actor.

La sugerencia de Arthur también me inspiró a diseñar un ritual privado entre Kenny y yo todas las noches después de que el telón bajaba al final del primer acto. La trifulca acababa de terminar y los cuerpos sin vida de Riff y Bernardo estaban tendidos en el suelo. Sin que el público pudiera verme tras el telón, salía de las bambalinas, cruzaba el escenario a oscuras, pasaba por encima del cuerpo de Riff, interpretado por Mickey, hasta llegar a Kenny. En silencio, le tomaba la mano, lo ayudaba a ponerse de pie y caminábamos juntos hasta nuestros camerinos. Lo hacíamos noche tras noche. El teatro tiene mucho de ritual, ya sea visible o no. Y *West Side Story* nos infundió un respeto hacia lo que tenía de sagrado.

Cada día descubríamos algo nuevo sobre los personajes y, en el proceso, sobre nosotros mismos. Eso podía ser doloroso. Fue Gerald Freedman, el asistente de dirección de Jerry, el que le abrió a Anita una puerta que yo nunca hubiera querido abrir. Mientras Jerry y Peter trabajaban en los bailes, Gerry trabajaba en las escenas del libro con quienes teníamos roles protagónicos. Un día, estábamos ensayando la escena que culmina en «A Boy Like That». Lenny había avivado el fuego en aquella primera clase magistral sobre la canción. Pero a Gerry le parecía que faltaba algo.

—Muy bien, Chita, pero exploremos un poco más —dijo Gerry—. Tienes hermanos, ¿verdad? ¿Armando y Julio?

Reí.

—Sé lo que estás tratando de hacer —dije moviendo la cabeza. No estaba lista para verme en esa situación. No quería pensar en mis hermanos como pandilleros que podían morir en una trifulca. ¿En serio me estaba pidiendo que imaginara a mis hermanos, en vez de a Bernardo y a Riff, muertos en el jardín de juegos? Era demasiado «método». Nunca había trabajado de esa forma y no estaba segura de querer hacerlo. Temía no poder hacerlo.

—¿Y no puedo tan sólo bailar el papel? —bromeé. Eso sí podía hacerlo.

—¿Por qué no lo intentas? —preguntó Gerry—. Empieza a cantar y piensa en tus hermanos. Veamos a dónde nos lleva.

Ése era el problema. Temía a dónde pudiera llevarnos.

—Chita, estás estancándote. Vamos —dijo Gerry.

Empecé a cantar y pensé en Armando y Julio. Imaginé la expresión en el rostro de mi madre al decirle lo que les había pasado. Empecé a llorar y me detuve.

—¡No puedo hacerlo!

—¡Sigue, sigue! —dijo Gerry. Por primera vez en mi carrera, me sentí desgarrada, expuesta. Mientras cantaba, comencé a alejarme de Gerry, más y más. Al final de la canción había llegado a la puerta del salón. En el momento en que me retiraba, alguien vino hacia mí. Algo se rompió dentro de mí esa tarde. Una parte de mí estaba naciendo. Desgarrada. Triste. Rabiosa. Desafiante.

Anita, sí.

Pero también Dolores.

Aprendí a ser brutal si tenía que serlo.

Esa energía me resultó muy útil cuando Jerry me llamó a ensayar con los Jets lo que me temía: la «escena de los insultos» en la que a Anita casi la violan. María le ha pedido que vaya a la droguería de Doc a llevarle un mensaje a Tony. Allí se encuentra con los Jets, que comienzan a jalarle la ropa y llamarla «*spic* embustera», «cerda de Bernardo», «boca de ajo» y otros insultos.

Al principio, Jerry nos permitió encontrar nuestro propio ritmo. Trazó un diagrama de la droguería con nuestros puestos. Luego dijo:

—Siéntanse libres de comenzar a moverse cuando quieran.

Hubo un silencio tenso y luego los chicos empezaron a rodearme e insultarme. Me sentí como una presa atrapada. Cuando por fin llegué a la puerta para escapar, estaba histérica.

Por tratarse de una escena difícil, no la ensayamos mucho. Pero ya en las funciones, agradecí el reto. Me hizo activar músculos actorales que ni siquiera sabía que tenía... y algunos músculos de verdad también. Si alguien me agarraba la falda, yo lo pateaba, lo empujaba y le arañaba la cara si era necesario.

Algunas noches, esa escena me dolía más que otras. La degradación de Anita caló hondo en mí como persona y me dejó desnuda ante mis emociones. Pero lo importante era que tenía que controlar las lágrimas. Si lloraba, como deseaba, entonces la atención recaería sobre mí y no sobre lo que estaba ocurriendo. ¿Se había visto antes una escena de violación como ésa en Broadway? Yo quería que el público se sintiera más incómodo que yo. Y eso fue lo que percibí.

✳

Después de los preestrenos en Filadelfia y Washington D. C., donde el entusiasmo por *West Side Story* crecía a medida que nos acercábamos a Nueva York —la función se detenía todas las noches después de «América»— por fin llegó la noche del estreno en el Winter Garden el 26 de septiembre de 1957. Al final, cuando el telón bajó sobre el retablo de María arrullando a un Tony herido de muerte, los tiernos acordes de «Somewhere» [«En algún lugar»] se mezclaron con los sollozos ahogados de algunas personas del público. No nos importó lo que escribieron los críticos, aunque la mayoría fueron elogios, si bien matizados; sabíamos que habíamos llevado algo original y atrevido para Broadway.

Mi agente, Dick Seff, me recogió en el camerino para llevarme a la fiesta del estreno en un hotel cerca del Winter Garden. Bajamos las escaleras después de que casi todo el mundo había salido del teatro y me sorprendió ver a Jerry, el hombre que lo había dirigido todo, de pie, solo en el escenario. Miraba hacia la sala vacía y parecía triste.

—Por favor, pídele a Jerry que venga con nosotros a la fiesta —le dije a Dick.

Jerry aceptó la invitación al instante y salimos a reunirnos con el elenco, los productores e invitados.

Lo que no sabía en aquel momento era que el equipo creativo había peleado tanto —por la facturación, el crédito y otras cosas— que ya nadie le hablaba a Jerry. Los actores nunca nos enteramos del drama que vivió el equipo creativo. Estábamos esforzándonos tanto que no teníamos tiempo para chismes tras bastidores. Algo muy raro, déjenme decirles. Cuando llegamos a la fiesta, Jerry se separó de nosotros y no volvimos a verlo en toda la noche. Así era Jerry. Pero, si alguien tenía motivos para sentirse feliz esa noche, era el hombre que había llevado tanto placer a tantas vidas.

West Side Story fue un musical que hizo historia, pero los mitos en torno suyo estaban aún por forjarse. *The Music Man* [*El hombre de la música*] se ganó el Premio Tony al Mejor Musical ese año. (Luego hablaré más de eso). Nuestra primera temporada duró casi dos años, pero *West Side Story* no era para todo el mundo. Su llegada a Broadway no provocó una explosión. Los verdaderos aficionados sabían que estaban viendo algo maravilloso. Pero al público en general se le hacía más fácil respetarnos que amarnos. Nuestro espectáculo era oscuro, a veces violento y real. Todos los actos terminaban con una muerte. Tal vez era demasiado, demasiado pronto, demasiado familiar.

«No me interesa darle al público lo que quiere. Me interesa darle lo que no sabía que quería» solía decir Hal Prince. Y darse cuenta de eso toma tiempo.

West Side Story elevó tanto los estándares de mi carrera, que empecé a tomarme a mí misma un poco más en serio para lo que estaba por venir. (Tampoco demasiado en serio. Si haces eso, ¡te conviertes en la mala!). Con frecuencia me preguntan: «¿Cómo fue estar en *West Side Story*?». ¿La respuesta sencilla? Éxtasis. Muy pronto, incluso en los ensayos, comprendí que ese espectáculo era un regalo de Dios. Sentí una palmadita en el hombro y escuché una voz, muy parecida a la de James Earl Jones, decirme: «Chita, te voy a dar este regalo. Sólo tienes que hacer tu parte, y demostrar que eres digna de recibirlo».

Desde entonces, he hecho todo lo posible por honrar esa promesa. Como diría Pedro Julio Figueroa del Rivero: *¡Gracias a Dios!*

Ésa fue para ti, papi.

Entreacto

La falda recuerda

A menudo, la gente me pregunta, «Chita, ¿te sentiste decepcionada cuando no pudiste interpretar a Anita en la película de *West Side Story*?».

Y supongo que respondería que sí, excepto que, cuando la película salió en el otoño de 1961, yo estaba trabajando en un *show* que causó sensación en Broadway: *Bye Bye Birdie* [*Adiós Birdie*]. Trabajar en ese musical e interpretar el papel de Rosie Alvarez junto con Dick Van Dyke en el papel de Albert, ayudó a aliviar el dolor. Y añadiría que una tiene que aguantar golpes para trabajar en esta industria. Helen Gallagher creó el personaje de Nickie en *Sweet Charity* [*Dulce Charity*] para las tablas, pero yo lo interpreté en la película de Bob Fosse. Y sí, Janet Leigh interpretó a Rosie en la película de *Bye Bye Birdie*. Bueno, sí. Si vas a reaccionar, tienes que reírte. Recuerdo ir en el auto con Larry Kert y pasar frente al Teatro Chino de Grauman en Hollywood, donde se estrenó la película de *West Side Story*. Larry también había perdido el papel de Tony frente a Richard Beymer y, cuando pasábamos frente a la marquesina, montábamos un berrinche por unos segundos y luego seguíamos conversando.

Sin embargo, debo admitir que la primera vez que vi la película de *West Side Story* sentí una punzada de resentimiento. Fue el debut de Rita Moreno, en el papel de Anita, en la pantalla grande. Sentí a Dolores brotar dentro de mí. «¿Cómo se atreve? ¡Ese es mi vestido! ¡Esos son mis aretes!».

Okey, es probable que se estén preguntando, «¿En serio, Chita? ¿Te pones así por un vestido?».

Sí. En serio. Porque se trataba de mucho más que un vestido. Siempre es así. Cuando hablas del vestuario de cualquier espectáculo, pero en especial del de *West Side Story*, estás hablando de una personalidad. Y también de genialidad. En este caso, la genialidad de Irene Sharaff, que diseñó el vestido. Y la de Barbara Matera, que lo confeccionó.

Cuando estás de pie frente a tres espejos midiéndote una pieza, sientes un inmenso respeto por la persona que está arrodillada a tus pies sujetando los alfileres con los labios. Cuando murmura esto o aquello, escuchas porque estás en sus manos sin remedio y porque sabe más que tú. Esos ojos expertos te examinan en toda tu vulnerabilidad, a menudo sin haber dado siquiera una puntada. ¿Cómo fluye y cae el tejido sobre el cuerpo? ¿Cómo drapea y forma la silueta? ¿Cómo se fusionan actor, personaje y tejido para convertirse en algo más grandioso que la suma de las partes?

Cuando llegué al taller de Irene Sharaff para probarme el vestuario de Anita, ya conocía la excelencia de un diseñador de vestuario. Marcel Vertès había vestido a mi Fifi, la prostituta en *Seventh Heaven*. La hizo adorable, accesible y muy seductora; y Bob Mackintosh había confeccionado los pantalones capri y la blusa de mi coqueta y revoltosa Rita Romano en *Mr. Wonderful*.

Pero iba de camino para conocer a la Irene Sharaff. En aquel momento, era conocida en todo el mundo por haberse ganado el primero de muchos premios Oscar por *An American in Paris* [*Un americano en París*] y por haber diseñado el exquisito vestido de seda rosa que llevó Gertrude Lawrence en el baile en *The King and I* [*Ana y el rey de Siam*]. Se mostró mandona y autoritaria cuando entré en el taller; una mujer guapa de nariz prominente y unas facciones que se acentuaban por su delineador de ojos negro favorito. El día que nos conocimos, llevaba el cabello recogido en un moño y un vestido negro con un guardapolvos azul por encima.

Jerry Robbins la conocía del mundo de la danza, pues Irene había diseñado su *Afternoon of a Faun* [*La tarde de un fauno*] luego de diseñar el vestuario del Ballet Ruso de Monte Carlo, el American Ballet Theatre y el New York City Ballet. Me preguntaba si Jerry le habría contado algo de nuestra conversación sobre Anita y que el violeta fue el color que me vino a la mente. No tuvo que hacerlo. Irene admitió que en su paleta dominaban los rojos, rosados y naranjas en diversos tonos e interpretaciones.

—Creo que los Sharks deben vestir en tonos sensuales de rojo-cereza y Anita debe vestir de violeta —me dijo cuando me coloqué entre los espejos. Había rollos de tela por todo el estudio. Me sorprendió un poco su poderosa presencia. Irene se estaba dirigiendo a alguien que nunca se había considerado una aficionada de la moda. Antes de llegar a Broadway, siempre fui una niña poco femenina que vestía faldas y blusas corrientes y que después pasó al uniforme básico de danza para las clases de *ballet*.

En *West Side Story*, yo tenía tres cambios de vestuario: una bata al principio, una combinación de falda y blusa para la escena de la droguería en la que casi me violan y, antes... el vestido, el que llevaba puesto en la fiesta en el gimnasio. Pueden imaginarse mi emoción cuando una asistente me lo trajo y me lo puse por primera vez.

—¡Guau! —dije—. ¿Jerry te dijo que me gusta el violeta?

—No —bromeó—. Me lo dijo Anita.

Me miré en el espejo y vi a Anita, orgullosa y desafiante, en todo su esplendor. El corpiño ajustado me llegaba a las caderas y la falda terminaba en tres filas delgadas de volantitos que cubrían el dobladillo. El refajo tenía un vuelo plisado y la enagua de malla tenía un ribete rojo en el ruedo. Me sentí esplendorosa. El vestido acentuaba mis encantos y disimulaba mis defectos. Se sentía como una segunda piel. Me encantó cada centímetro cuadrado de la tela.

Me vi dar vueltas y jugar con la falda al ritmo del mambo de Lenny.

—Ten cuidado, Chita —dijo Irene—. No abuses de él. No estés batiéndolo todo el tiempo. Juega con los colores. Espera al momento oportuno. Cuando alces esa falda, el público debe ver un mundo, una emoción, una provocación.

Comprendí lo que decía. Mi impulso había sido revelarlo todo de una vez: «¿Ven esta fiera?». Pero Irene, con mucha sutileza, me estaba enseñando cómo llevar un vestido para lograr el efecto máximo; me dio una lección muy valiosa, que seguiría aplicando por el resto de mi carrera. En pocas palabras: Chita, nunca olvides que un vestido es algo vivo y tiene sus propias exigencias y personalidad.

Irene me pidió que hiciera algunos pasos del baile, íntimos y contenidos al principio, luego grandes y reveladores. Quería asegurarse de que el vestido siguiera cada movimiento como debía, una coreografía de cuerpo, tela y silueta. Luego una asistente me trajo unos aretes. Me los pasé por el hueco de las orejas. Irene los observó con ojo crítico desde todos los ángulos.

Mientras daba vueltas a mi alrededor, me atreví a sugerir:

—¿Y si me quito uno?

Irene se detuvo un instante y me preguntó:

—¿Por qué?

—Anita es medio pirata, ¿no crees?

—¿Cuál? —preguntó.

—El izquierdo —dije quitándomelo. Ambas miramos hacia el espejo. Sonrió.

—Ahí está. ¡Ésa es Anita! —exclamó.

Décadas después, en enero de 1980, recibí una llamada de Jerry para pedirme que fuera al Minskoff Theatre, donde estaba ensayando una nueva puesta en escena de *West Side Story*. Debbie Allen interpretaba el rol de Anita, y Josie de Guzmán y Ken Marshall interpretaban a María y a Tony respectivamente. Jerry me explicó que le había estado enseñando a Debbie los pasos del mambo en el baile en el gimnasio y que había olvidado por completo una sección de ocho compases.

¿Cómo me sentí cuando entré en el teatro y volví a escuchar la percusión rápida y enloquecida de pies al ritmo de la música palpitante de Lenny? Bueno, cuando una origina algo, en especial en un *West Side Story*, siempre siente que le pertenece. Los originadores de cualquier espectáculo se merecen ese respeto. Pero el elenco no pudo recibirme con más afecto y Debbie estuvo adorable y abierta a que yo le enseñara los pasos.

Podía recordar algunos, pero me confundí en algunos movimientos de un par de compases previos. Volví a intentarlo. Pero no lograba recordar.

—Jerry, regreso mañana —dije—. Tengo que ir a casa a buscar algo.

Ese «algo» era una falda negra que estaba colgada en mi armario y que había usado en los ensayos de la producción original. Aún me quedaba como un guante. Al día siguiente, Anita volvió a la carga. Supe, desde el instante en que me la puse, que la falda recordaría los pasos. Y así fue. Todos. Jerry y yo nos reímos por el hecho de que la falda, como las zapatillas de *ballet* de *The Red Shoes* [*Las zapatillas rojas*], tuviera vida propia.

—¿Por qué no la dejas aquí, por si acaso? —bromeó Jerry—. Tiene mejor memoria que nosotros dos juntos.

No cabe duda de que el recuerdo de ese vestido violeta nunca se aparta demasiado de mi memoria. Hay recordatorios constantes. Casi todas las Noches de Brujas o el Día del Orgullo Gay en la ciudad de Nueva York, puedo estar caminando por la Novena Avenida en Hell's Kitchen y, ¿qué veo venir hacia mí? El vestido. Ahora en el cuerpo de un chico de dos metros de altura con peluca negra, tacones violetas y una prominente manzana de Adán.

Me detengo a ver si tiene los accesorios correctos. Sip. Un sólo arete, contrario a la película en la que Rita lleva dos. (Un error). Esos homenajes a Anita me parecen un tremendo elogio. Cuando le paso por el lado, le guiño un ojo.

—¡Eso es, chica! —Y también me dan ganas de decirle: —No abuses de él.

Una posdata sobre Irene Sharaff y los premios Tony y Oscar que se ganó por *The King and I*. La estrella del musical, Gertrude Lawrence, murió de forma trágica a los cincuenta y cuatro años en plena temporada de Broadway. La enterraron con el vestido de gala con el que bailó el vals por todo el palacio en brazos de Yul Brynner en «Shall We Dance?» [«¿Bailamos?»]. Fue uno de los momentos más sobrecogedores de la historia de Broadway. No puedo decir que quiera conocer a mi Creador en el vestido violeta de *West Side Story*. Pero sé que lucirlo fue una experiencia celestial.

Entreacto

Tony Mordente: algo no tan discreto

Hay una bellísima canción, «A Quiet Thing» [«Algo discreto»], del musical *Flora the Red Menace* [*Flora, la amenaza roja*] de mis amigos John Kander y el fenecido Fred Ebb. A menudo la canto en mi acto de cabaret. Y cuando lo hago, su hermosa letra me transporta a los muchos amores de mi vida.

When it all comes true	Cuando todo sucede
Just the way you'd planned	Tal y como lo esperabas
It's funny but the bells don't	Es gracioso, pero las
ring	campanas no tañen

La mayoría de las veces, el amor ha llegado a mi vida de puntillas. Excepto la primera vez. Llegó rugiendo. Gritando. Apasionado. Loco. Su nombre era Tony Mordente.

¿Recuerdan al chico de la hermosa melena negra y patillas que les mencioné? ¿El querendón de Jerry Robbins porque era un bailarín extraordinario? ¿El que era coqueto, seductor y aspaventoso? Ése era Tony. Desde el instante en que nos vimos el primer día de los ensayos, se prendió una chispa entre nosotros; lo cual era un poco peligroso, porque Jerry no permitía que los Jets y los Sharks socializaran, y Tony estaba interpretando a A-Rab, un Jet. No se suponía ni que nos miráramos. Para los bailarines, ésa es una regla difícil de seguir, porque nos encanta reunirnos, mezclarnos y compartir. Pero, como ese momento en *West Side Story* cuando Tony y María se ven en el baile en el gimnasio, Tony M y yo nos lanzábamos miradas furtivas y el salón de ensayos desaparecía.

—¿Verdad que es guapo? —preguntó mi amiga Frances Taylor cuando me vio mirar a Tony ejecutar sin esfuerzo unos pasos difíciles—. Y, Chita, no es gay.

—No digas —respondí con indiferencia—. Es muy buen bailarín. No puedo dejar de admirar su técnica.

—Ajá, su técnica —dijo Frances sonriendo—. ¿Será por eso que lo llaman «Buns» [«Nalguitas»]?

Okey. Siempre me han gustado los hombres con un buen trasero, sólido y redondito. Pero lo primero que me atrajo de Tony fue su talento. En serio. Siempre era de los primeros en aprenderse las combinaciones. Y cuando empezaba a moverse, volaba. Eso me robó el corazón. Y Tony les hizo saber a sus amigos del elenco que admiraba mi forma de bailar. Bueno saberlo.

Después de intercambiar algunas miradas subrepticias, Tony se atrevió a hablarme. Tenía un encanto de niño y una forma particular de pronunciar algunas palabras. Me preguntó:

—¿Te gustaría almorzar conmigo en la Midtown Pharmacy?

Por supuesto. Luego vinieron más invitaciones que siempre me alegraba recibir (y reciprocar).

Mientras Peter y Jerry montaban los bailes de apareamiento en *West Side Story*, Tony y yo empezamos a cortejar de una forma no muy discreta que digamos. En la compañía se regó la voz de que estábamos saliendo. Jerry nunca dijo nada al respecto, pero los compañeros Jets de Tony lo regañaban por violar las reglas. Eso no hacía más que acentuar su encanto bocón y altanero. Si iba caminando por la acera después de un ensayo y un auto se me acercaba furtivamente, era Tony en su carroza: un Oldsmobile azul descapotable de 1954. Ese auto era su epítome: vibrante. Ruidoso. Y veloz.

—¡Amo a Chita! ¡Escuchen todos, amo a esa mujer! —le gritaba a la multitud que intentaba abrirse paso a través de Times Square.

Y yo gritaba:

—¡Amo a Tony! ¡Amo a Tony!

Tony me puso en un pedestal. Me llamaba su «dama latina».

—Como tu madre, Katherine. Amable, femenina y bien educada. Una buena chica católica —me explicaba.

Esta última descripción nos mantuvo inocentes... al menos al principio. Vivíamos en la década de los 50. No saltamos a la cama sin más. Aunque no me parecía mal dormir de una manera casta con algunos de mis amigos varones. Nunca pasaba de eso porque, bueno, muchos eran gais. Pero también porque los bailarines sabemos olernos, así que sabíamos quién haría una movida y quién no. Tony hizo sus movidas, claro está, pero casi siempre se limitaban a besarnos y acariciarnos como chicos de secundaria detrás del gimnasio. Después de que terminaban los ensayos a las 6:00 p. m., éramos libres, así que íbamos a Sid and Al's o a Downey's, donde se reunían todos los chicos del coro o íbamos a comer algo en nuestro restaurante italiano favorito.

Tony era el más joven de la familia y, por supuesto, era un mimado. Su madre, Rose, le quitaba las espinas a su pescado, no fuera a ser que su bebé se atragantara en uno de los maravillosos banquetes que preparaba para la familia. Su padre, que también se llamaba Tony, era conductor de un camión de cerveza Schaefer. Muchas veces me pregunté qué pensaba de las ambiciones de su hijo, primero en el *ballet*, donde sobresalió, y luego en el teatro musical. Eso fue mucho antes de que *Billy Elliot* y los bailarines atléticos como Jacques d'Amboise se dieran a conocer. Los jóvenes italianoestadounidenses se la pasaban en los bares, no en la barra. Rose lo apoyaba, al igual que sus hermanos, Sonny y Sammy, y su hermana, Catherine. Pero a Tony padre le tomó un tiempo hacerse a la idea. Hasta que vio a su hijo bailar el *pas de deux* de El pájaro azul de *La bella durmiente* en la 92nd Street Y. Eso disipó todas las dudas de papá Mordente.

Yo adoraba a la familia de Tony y ellos, a su vez, me adoraban a mí. Creo que mi amor por todo lo italiano comenzó con Rose, Tony y los Mordente. Dios le dedicó un poco más de tiempo a Italia que a los demás países. Sin duda le prodigó algunas bendiciones especiales: la ópera, la comida, el humor, la gente hermosa. El norte, con su belleza, abolengo y poesía; el sur con sus olivos, pasión y calor. Ah, sí. El calor o, más bien, la calentura. Ahí está el detalle. ¿Puede haber en el mundo alguien más propenso a los celos que un hombre italiano? Tony no era la excepción. Era celoso en extremo. Y yo también. Pero él era olímpico.

Una vez, íbamos caminando por la acera y un hombre en un camión me miró de arriba abajo. Tony se enfureció.

—¿Qué estás mirando, amigo?

Volaron algunos improperios y, en un dos por tres, un hombre enorme y musculoso sale del camión y se planta frente a Tony como Bluto, el de los comics de Popeye. Pensé que iba a matarlo. Pero Tony no retrocedió ni un centímetro, a pesar de que el puño del tipo de seguro era más grande que su cabeza.

Tony y yo rompimos unas cuantas veces, lo cual es inevitable cuando se junta a un italiano con una puertorriqueña, a un Jet con una Shark. Una noche —ya llevábamos bastante tiempo juntos— tuvimos una pelea memorable. Estábamos en el dormitorio de nuestro apartamento en Flushing, Queens y a mí me acababan de hacer unas fotos profesionales. Eran retratos, muy al estilo de esa época, así que tenía los hombros descubiertos.

—¿Y qué tenías puesto? —dijo en un tono de voz inquietante.

—¿Qué crees que tenía puesto, Tony? —respondí con sarcasmo.

—¿Qué es eso de llevar los hombros descubiertos? —preguntó—. Parece que estás desnuda.

—¡No seas tonto! ¡Claro que llevaba ropa puesta! —Refuté. Estaba despertando a mi Dolores—. ¡Eres un tonto celoso!

Tony se me acercó como si fuera a estrangularme.

—¡No te atrevas! —grité—. Me puse en pie, erguí mi metro sesenta y eché la cabeza hacia atrás—. ¡Soy Dolores Conchita Figueroa del Rivero y a mí nadie me asfixia! —Luego añadí—: ¡Y por tu bien, más te vale que no me asfixie!

Ambos caímos en la cama muertos de la risa. Al cabo de un rato, Tony dijo:

—Me estoy riendo, ¡pero aún estoy furioso!

Cuando hace poco le recordé el incidente, no se acordaba.

—Jamás te habría puesto un dedo encima —dijo—. Aunque es probable que te lo merecieras.

Tony y yo nos reíamos más de lo que peleábamos. Cuando llevábamos como seis meses de relación, le dije después de una función:

—Vamos a cenar. —Aceptó de inmediato, aunque pensó que iba a matarlo por algún que otro motivo. Por el contrario, le lancé la pregunta—: ¿Vas a casarte conmigo algún día?

Como ya deben saber, puedo ser una tirana cuando me lo propongo. Pero Tony y yo nos amábamos. Profundamente. Éramos almas gemelas. Le pareció una gran idea. Brindamos con vino tinto y luego dijo:

—Lamento no haberlo dicho antes.

Nos casamos a principios de enero de 1958 rodeados de amigos, familiares y todos los compañeros y miembros del elenco de *West Side Story*. Jerry, Dios lo bendiga, nos hizo una fiesta en su casa del Upper East Side de Manhattan. Fue una celebración feliz.

Un mes antes, me había enterado de que estaba embarazada. (Okey, sé lo que están pensando. Yo era una buena chica católica... casi siempre. ¡Pero esa Dolores!). No lo habíamos planificado, pero Tony y yo estábamos encantados con la idea de ser padres.

—¡Voy a ser papá! —Le gritaba a la gente en la calle cuando paseábamos en el Oldsmobile del 54.

Y la gente siempre nos gritaba:

—¡Felicidades!

Ya me había acostumbrado a que Tony anunciara los titulares de nuestra vida desde el auto. Nunca dejó de expresar sus sentimientos.

Cuando se lo dijimos a Jerry y al resto del elenco, su respuesta fue cálida, como de costumbre. Se alegraron por nosotros. Mi suplente se alegró aún más porque eso significaba que yo tendría que abandonar el elenco. Pero yo no tenía prisa. A los cinco meses, aún no se me notaba. Me sentía fenomenal. No tenía vómitos ni calambres. Estaba tan firme y saludable como siempre en las funciones. Incluso la escena más difícil —cuando Anita va a la droguería y casi la violan— se manejó con sumo cuidado. Los Jets le bajaron un poco la intensidad a su actuación por mí y me colocaron encima a Baby John con toda la delicadeza de la que eran capaces.

Cuando tenía seis meses de embarazo, invité a mi ginecólogo a ver *West Side Story*. Por poco le da un infarto al corazón.

—Chita, tienes que salir de ahí. ¡Ahora mismo!

Entregué la notificación. Esa noche, «me quedé embarazada»

en todo el sentido de la palabra. La barriga me creció. Sentí que dentro de mí se movía vida. La bebé que estaba en mi vientre estiró los bracitos y las piernitas y se relajó. Fue como si Lisa, mi futura hija, hubiese escuchado al director de escena en el cielo decirle, con una voz muy parecida a la de James Earl Jones: «A sus puestos, por favor».

No ha habido una producción más grandiosa en mi vida que el milagro que ocurrió el 30 de julio de 1958 cuando nació Lisa Angela Mordente pesando tres kilos. No puedo compararlo con nada, así que no puedo decir si su nacimiento fue fácil o difícil. Sólo recuerdo que, mientras estaba en el hospital en Queens, gritaba de dolor y luego decía «Perdón. Perdón. Lo siento». Ésa es la bailarina que vive en mí, siempre diciendo «Lo siento». El doctor por fin dijo:

—Cállate, Chita. No tienes que pedir perdón. ¡Estás teniendo un bebé!

Y, de pronto, ahí estaba: hermosa, con la cabecita cubierta de pelo negro y los puñitos apretados, lista para comerse el mundo. Tony dijo:

—Se parece a Rocky Marciano.

Los abuelos paternos la llamaron «el expreso puertorriqueño». Pero lo único que sentí en ese momento maravilloso fue: «No es mía. No es de Tony. Es su propia persona». Comprendí que, no importaba lo que pasara, Lisa era un alma independiente que transitaría por la vida con sus propios sueños, ambiciones, amores y alegrías. Podíamos inculcarle valores mediante el ejemplo, rezar por que hallara su felicidad, proveerle comida, ropa y techo. Y sobre todo

protección. Juré allí y en ese momento que Tony y yo la protege-
ríamos con cada fibra de nuestro ser sin condiciones. Me lanzaría
sobre cualquier persona o cosa que amenazara con hacerle daño.
No se me escapaba el hecho de que el nacimiento de Lisa coincidía
con el hermoso pero trágico desfile de muertes que se representaba en *West Side Story*.

Llevamos a nuestra bebé al apartamento de dos habitaciones
en Queens donde nos habíamos mudado después de casarnos. Yo
no regresaría a la producción de Broadway de *West Side Story*.
Me alegró mucho saber que el productor británico, Hugh «Binkie»
Beaumont, había decidido posponer su producción en el West End
hasta que yo estuviera lista para reanudar las funciones. Estaba
emocionada de hacer mi debut en Londres con *West Side Story*,
y Tony también interpretaría a A-Rab.

Con un contrato con el Manchester Opera House en noviembre,
y un mes después con el Her Majesty's Theatre, mi cuerpo se recuperó en un santiamén. Cuatro semanas, para ser precisa. Déjenme
decirles que no hay mejor terapia para la depresión posparto que
el doctor Espectáculo.

Tony siempre decía que cuando más feliz me veía era cuando
iba a los ensayos; y esta vez no fue la excepción. Salimos de Nueva
York hacia Manchester en octubre junto con la pequeña Lisa, que
entonces tenía tres meses. Al llegar a Manchester, nos presentaron
a una niñera con un nombre muy inglés: Blenda Peacock.

Regresé al rol de Anita con pasión y brío renovados. Los actores
siempre son la suma de sus experiencias vitales y, en dieciocho
meses, yo había experimentado un mar de cambios. Cuando Lenny
me invitó a su estudio en el 3B del Osborne, era una joven soltera
y hambrienta de lo que la suerte y la vida pudieran depararme.
Ahora esa chica me parecía muy inocente e ingenua. Desde aquel
entonces, me había convertido en esposa y madre y me reinte-

graba al mundo de *West Side Story* con un nuevo cargamento de emociones y experiencias. El valor inapreciable de la vida ya no era algo teórico. La había sostenido, recién nacida, entre mis manos temblorosas.

Anita —y Chita— no volverían a ser lo que eran antes.

2

DOLORES ENCUENTRA SU ALEGRÍA

Dolores, ¿qué vas a hacer al respecto?

Miré a mi madre, Katherine, y se me apretó el pecho. Tenía una expresión de cansancio y exasperación en el rostro. Acababa de regresar de un día largo y tedioso de su trabajo de secretaria en el Departamento de Defensa. Lo último que deseaba era tener que lidiar con el reguero que había dejado en el salón su hija hiperactiva de nueve años. Hice una mueca para hacerla reír. Eso casi siempre funcionaba. Pero no esta vez.

—Dolores, ¿qué te he dicho mil veces? —preguntó.

—Que no salte en los muebles —respondí mirando la mesita de bambú que yacía rota a mis pies. Era el resultado de que me pusiera a rebotar por las paredes, en el sentido literal, en nuestro hogar, un edificio de ladrillo de dos plantas en el número 2134 de Flagler Place, Washington D. C. No calculé bien la distancia entre el sofá y el butacón y me estrellé sobre la mesita. Mi hermano menor, Armando, no podía ocultar su alegría.

—Ay, nena, te has metido en un lío —dijo.

—¿Qué vas a hacer al respecto? —repitió mi madre con los brazos cruzados.

—¿Pegarla? —respondí.

No bien lo dije, supe que eso no funcionaría. Como de costumbre, contaba con que mi madre hallaría la solución. Eso es lo que hacen las mujeres. Resuelven problemas. Y ella lo hacía. Mi madre tenía un lado práctico inigualable. (Tener cinco hijos traviesos puede provocar eso). Me hizo recoger el desastre. Al día siguiente, recorrió conmigo el vecindario hasta que llegamos a un lugar que había escogido con esmero. El cuadrante noroeste de D.C. era mayormente afroestadounidense con algunas familias latinas. Estaba a pocos kilómetros del Capitolio de los Estados Unidos, donde las calles estaban repletas de personal del ejército que iba de un lado a otro. El país estaba saliendo de la Depresión y entrando en la Segunda Guerra Mundial. Eso apenas afectó nuestra vida, aunque mi madre trabajaba para el Departamento de Defensa. Nunca traía los problemas del trabajo al hogar, algo que aprendí a hacer años después gracias a ella.

Mis hermanos ahora recuerdan las sirenas de ataques aéreos que sonaban de vez en cuando. Se decía que los submarinos alemanes atacarían D.C. La verdad es que yo no les prestaba mucha atención a las sirenas. En aquella época, mi mundo era muy reducido. Constaba de mi familia, la escuela y todo lo que lograra hacer para divertirme. No sólo estaba activa durante el día, también estaba activa de noche. Era sonámbula. Una noche, incluso logré caer desde el rellano de la segunda planta hasta los arbustos, que, por suerte, amortiguaron el golpe. Ese evento, sumado al desastre de la mesita de bambú, convenció a mi madre de que tenía que hacer algo.

Nos detuvimos frente al edificio que era nuestro destino final. El pequeño letrero anunciaba «The Jones-Haywood School of Ballet». Mi madre me acompañó a subir los escalones donde me esperaba la atractiva y esbelta mujer afroestadounidense que me cambiaría la vida.

—Dolores, ésta es Miss Jones —dijo mi madre. La mujer tomó mi mano extendida y la estrechó en un cálido apretón de manos.

Se inclinó hacia mí y me dijo:

—¿Estás dispuesta a trabajar mucho, Dolores? ¿Más de lo que has trabajado hasta ahora?

Asentí con la cabeza. Ésa fue la respuesta a la pregunta de mi madre. La danza fue lo que iba a «hacer al respecto».

✳

Todos estos recuerdos me llegan de repente y me sorprende cómo algunas cosas en nuestra vida parecen inevitables. Cómo una mesita rota puede llevar a un *jeté* en un estudio de *ballet*, que, a su vez te lanza al coro de un espectáculo de Broadway. Es posible que Katherine del Rivero, nacida Katherine Rosalia Anderson, abrigara sus propios sueños de ser bailarina y me pasara esa ambición. Se desplazaba por el mundo como una bailarina. Mi madre tenía la gracia, la esbeltez, las piernas largas y el torso delgado de una bailarina. Sin duda lo habría sido, si el destino no la hubiera llevado en otra dirección: un encuentro con un joven músico llamado Pedro Julio Figueroa del Rivero, mi padre.

Eso ocurrió once años antes de mi nacimiento el 23 de enero de 1933. Cuando se conocieron, mi madre, era apenas una adolescente; la menor de las tres hijas de Robert Anderson y Sarah «Sallie» Anderson. Mis abuelos se mudaron de Carolina del Norte a Washington D. C. a principios del siglo veinte. Fue una buena decisión. Según el folklore familiar, Robert consiguió un trabajo de mensajero en el que llevaba documentos de la Casa Blanca del presidente Teddy Roosevelt a varias oficinas alrededor del Capitolio. Mi madre decía que uno de sus primeros recuerdos era hacer carreras de huevos en el césped de la Casa Blanca durante la celebración anual de la Pascua. Yo siempre imaginaba que ella ganaba la competencia. Si lo hizo, era muy modesta para admitirlo.

Cuando mi madre y yo subimos las escaleras del estudio de *ballet*, su padre ya había muerto hacía tiempo y mi abuela viuda, Sallie, vivía con nosotros en Flagler Place. De vez en cuando, sus hermanas, mis tías Mabel y Lily, se reunían con la familia. Los adultos eran todas mujeres porque mi madre también había enviudado joven. Pedro Julio, mi padre, había muerto de cáncer poco antes de cumplir cuarenta y un años, en 1940. Yo tenía siete años y era la hija del medio con dos hermanos mayores —Carmen, que entonces tenía dieciséis años, y Julio, que tenía once, y a quien llamábamos Hoolie— y dos hermanos menores —Armando, que tenía seis años, y la pequeña Lolita, que tenía uno. Mi madre, que sólo tenía treinta y cinco años cuando murió mi padre, enfrentó ese golpe del mismo modo que enfrentó los obstáculos toda su vida: con fortaleza. Las penas siempre se las guardó para sí.

Los recuerdos que tengo de papi son pocos, pero tienen mucho valor. Hay una foto de él, gallardo y elegante, vestido con un traje de chaqueta blanco impecable, corbata y sombrero panamá, que ocupa un lugar preciado en la familia. Tocaba el saxofón y el clarinete en la banda de la Marina de los Estados Unidos y, después, en la orquesta de Harry James. Un saxofonista. No en balde mi madre se enamoró perdidamente de él. A los niños nunca nos contaron los detalles. Si se nos ocurría preguntar —y no estoy segura de que nos atreviéramos— la respuesta era algo como: «Aquí no se habla de eso».

Tuve que imaginar cómo y dónde se conocieron. ¿Sería como Robert De Niro y Liza Minnelli en la película *New York, New York*? ¿Una jovencita que cae rendida ante los encantos del saxofonista de la orquesta? ¿O se conocieron en el mostrador de una cafetería tomando café en una noche lluviosa? ¿Tal vez en Detroit donde vivieron antes de que yo naciera? Con el tiempo, comencé a preguntarme si la joven Katherine tendría un espíritu rebelde como el mío. Después de todo, cuando me fui de gira con *Call Me Madam* a los diecinueve años, me inventaba formas de escapar de mis chaperones. ¿Por qué ella no habría hecho lo mismo para escapar de los ojos de águila de sus padres?

Cuando no tocaba en una orquesta, mi padre trabajaba para el gobierno en algún puesto. Recuerdo que cada vez que llegaba del Capitolio con la compra, nos traía una bolsa de palomitas de maíz a los niños. Era tan elegante como mi madre, a quien llamaba Kate. Siempre se sentaba a la mesa para cenar con chaqueta y corbata. Cuando había invitados, siempre vestía chaqueta deportiva con corbata. Esa formalidad era un mensaje a los niños para que nos comportáramos bien en la mesa. Ni soñarlo. Esa regla era casi imposible de obedecer, excepto por mi hermana mayor, Carmen, que heredó la compostura de mi madre. Los demás nos pateábamos por debajo de la mesa cuando no intentábamos bailar encima de ella. Hasta Carmen una vez se enfureció con Hoolie y le tiró un cuchillo, que se le clavó en el zapato. ¿Qué puedo decirles? Los del Rivero éramos gente apasionada. ¿Pero qué esperaban? Estoy segura de que no éramos la única familia latina que destrozaba los muebles.

Los modales impecables de mi padre le fueron inculcados por su extensa familia, dirigida por sus padres, Armando Modesto y Aurora Figueroa, a quienes dejó atrás en su hogar en Yabucoa, Puerto Rico. Eso ocurrió durante la gran migración de la Isla a los Estados Unidos después de que a los puertorriqueños se les concedió la ciudadanía estadounidense en 1917. Junto con varios de sus hermanos, vino a los Estados Unidos a los diecinueve años. Pronto consiguió trabajo como músico en orquestas, primero en Detroit y luego en D.C.

No recuerdo que mi padre practicara en casa. Pero sí recuerdo a mi madre salir bailando de la cocina cuando la cena estaba lista. Ambos tenían un sentido del humor maravilloso, lo que para mí se convirtió en prerrequisito de cualquier hombre que saliera conmigo. Mi madre tenía una risa grandiosa, que comenzaba en la punta de los pies y viajaba por todo su cuerpo. Debe haber sido devastador enviudar de repente y tan joven. No volvió a casarse, no volvió a salir con nadie, que yo recuerde. Eso siempre me ha parecido un indicador de lo mucho que veneraba el recuerdo de mi padre. La última vez que vi a mi padre fue cuando mi madre nos llevó a los cinco al hospital. En aquel tiempo, los niños no podían entrar en los hospitales, así que esperamos afuera. Ayudado por mi madre, mi padre salió a la ventana, lucía demacrado. Con una leve sonrisa nos saludó con la mano... y luego desapareció.

No recuerdo mucho su muerte ni el funeral. Es probable que lo haya bloqueado en mi mente. Mi hermano Armando me dijo que en aquella época era costumbre exponer el cuerpo en un ataúd abierto en el centro de la casa antes del entierro, y así le dijimos adiós. Esto explica, al menos en parte, el inicio de mi eterna fascinación por la muerte; una fascinación que recordaría cuando actuaba en musicales sobre la mortalidad, como *Zorba*, *El beso de la mujer araña* y *The Visit* [*La visita*].

Antes de que muriera, recuerdo a mi padre, rebosante de vitalidad, al volante de su Packard de 1930. Nos apretujábamos en él cuando la familia salía a pasear por el Distrito para ver los monumentos, que estábamos acostumbrados a ver. ¿Acaso no los tenían todas las ciudades? En primavera, hacíamos picnics entre los cerezos florecidos a la sombra del Monumento a Lincoln, y en las tardes sofocantes de verano, íbamos a la playa para escapar del calor. Mi padre parecía venerar el sol casi tanto como yo lo hice después. ¿Eran aquellos viajes a Chesapeake un intento de recapturar su juventud en el clima tropical de Puerto Rico? Cuando mi padre describía la isla, yo me la imaginaba como un paraíso sensual. Anhelaba estar ahí, en especial cuando se nos congelaba el trasero en los inviernos de D.C. Pero en aquella época viajar era algo poco habitual y costoso.

Por fin pude hacer realidad ese sueño a principios de la década de 1960 cuando volé de Nueva York a Puerto Rico para hacer una función en el Club Tropicoro en San Juan. El avión descendió bajo las nubes y por primera vez vi el verdor tropical y los edificios color arena sobre un fondo brillante de mar azul. De repente me sentí conmovida. La historia familiar de mi padre, que había corrido por mis venas durante tantos años, se volvió más real en ese momento.

Aunque me tomó un tiempo llegar a Puerto Rico, había conocido la isla a través de mis parientes. Entre éstos, por supuesto, estaban el tío Luciano, el hermano de mi padre, y su esposa, tía Rita. Viví con ellos en el Bronx en la avenida Intervale cuando fui a Nueva York por primera vez a estudiar en la School of American Ballet. Pero conocí al más famoso de la familia de mi padre, su primo Ramón del Rivero, cuando visitó Nueva York por primera vez en el invierno de 1953. Me emocionó el frenesí de la multitud que lo saludaba. Era un famoso comediante, compositor y estrella de teatro, cine y televisión puertorriqueño conocido como Diplo. Se había inspirado en el comediante cubano, Leopoldo Fernández, para crear un personaje afropuertorriqueño y nombró a su alter ego por un amigo de su juventud.

Ramón era guapo y seductor de un modo medio gracioso. Tenía un rostro elástico, un cuerpo ágil y un humor socarrón, como una mezcla medio payasa de Charlie Chaplin y Red Skelton. Se inventaba muchos personajes, incluido un travesti, para programas como *El tremendo hotel* y *La taberna india*. También produjo y protagonizó programas televisivos muy populares como *A mí me matan, pero yo gozo*. Ese título es muy del Rivero. Lo querían muchísimo, en especial los boricuas, los puertorriqueños nacidos en la isla que habían migrado a los Estados Unidos. A través de él podían mantenerse en contacto con lo que habían dejado atrás. El tío Luciano y la tía Rita escuchaban fielmente sus programas de radio y morían de la risa.

Insistió en que lo llamaran Diplo en vez de Ramón porque a su padre, José Ortiz Alibrán, que era abogado, le parecía impropio tener un comediante en la familia. ¿Un cantante de ópera y un cura? Okey. Pero un comediante, no. Supongo que mi tío abuelo recapacitó cuando Diplo se volvió famoso. Era aclamado como artista, pero también como humanitario. En 1953, inició lo que se considera el primer caminatón del mundo. Dirigió a un grupo en una caminata de 129 kilómetros de San Juan a Ponce para recaudar fondos para combatir el cáncer. Diplo moriría apenas tres años más tarde de un aneurisma congénito a los cuarenta y siete años. Cuando su ataúd abierto fue transportado de la iglesia al cementerio, cincuenta mil personas salieron a la calle para decirle adiós. En 1965 se erigió una estatua de bronce de cinco metros para honrar su memoria en su pueblo natal de Yabucoa, y en 2009 se declaró el día nacional de Diplo. Resulta fascinante ver en YouTube los vídeos de su funeral, las mujeres con mantilla secándose las lágrimas y los hombres vestidos con traje de chaqueta y la cabeza inclinada.

No sé qué impacto, si alguno, tuvo en mi futura carrera el que hubiera un comediante famoso en la familia. Debió de impresionarme la conmoción que provocaba en la gente. Pero también había un cura en la familia y eso me cautivaba de otro modo. No se rían, pero hubo un tiempo —brevísimo— en que quise ser monja. Me inspiraron las Hermanas de la Misericordia de nuestra parroquia, San Martín de Tours. En aquella época, las monjas llevaban hábitos negros hasta el suelo, el rosario colgado de la cintura, tocas blancas almidonadas y velo. Todos los domingos los Rivero íbamos a la Santa Misa, las mujeres con sombrero y guantes y los niños luciendo sus mejores galas. Fue mi primer encuentro con el teatro, pues las palabras de la misa en latín mezcladas con el olor del incienso y los cirios encendidos eran todo un espectáculo, sobre todo, después de que el cura, con sus vestimentas coloridas, y los monaguillos con su sobrepelliz, hacían su entrada por el pasillo. Olvídense del convento. Yo quería ser monaguilla. Me parecía que se divertían más. Sobre todo, después de que mi hermano Armando casi quema la iglesia. No fue culpa suya. Fue la combinación de un abanico, una bandera ondulante y una hilera de cirios encendidos. Luego... ¡Manda fuego, señor!

Después de que murió mi padre, mi madre salió a trabajar para mantenernos. La tarea de pastorear a sus cabritas recayó en nuestra abuela, Sallie. La recuerdo como una mujer dulce y amorosa en una batola floreada. La tía Lily era más estricta. Llevaba el pelo recogido en un moño y era anticuada e irascible, no se parecía en nada a su hermana menor, mi madre. Abuela Sallie era misericordiosa, pero la tía Lily se negaba a encubrirnos cuando nos portábamos mal. Nuestras súplicas caían en oídos sordos. Exhibit A: la mesita desbaratada. Por lo general, agotábamos nuestra energía ilimitada afuera, no importaba el tiempo que hiciera.

Nuestro vecindario era el escenario de nuestras propias olimpiadas juveniles. Yo saltaba de portal en portal, me encaramaba en el peral sembrado en nuestro jardín, era una amenaza en la bicicleta y competía en carreras con los chicos. Nunca jugué con muñecas. Las cosas de niñas no me interesaban. Aun después de una visita de mi «amiga femenina», seguía atrayéndome menos el romance y mucho más la velocidad. Nadie podía ganarme en el vecindario. Era una «chita», un guepardo. Veloz. Y una mona. Temeraria. Anduve con las rodillas peladas casi toda mi juventud. Nada me gustaba más que encaramarme en la copa del peral, esconderme y luego asustar a cualquiera que pasara por debajo.

No puedo recordar una época en que no fuera una buscadora de retos. Todo comenzaba los sábados por la noche cuando convertíamos el sótano de nuestra casa en un cine, que era un imán para los vecinitos. Mi hermano mayor, Hoolie, había comprado un proyector de dieciséis milímetros de segunda mano y construyó una sala de proyecciones colocando una sábana blanca en la pared detrás del almacenaje de carbón. Alquilaba películas en una tienda del centro, colgaba un letrero en la ventana que anunciaba la película y cobraba once centavos por entrada. Hoolie era todo un capitalista. Su entusiasmo infeccioso por el cine no tenía igual y sus gustos iban desde las películas de Frankenstein hasta las películas viejas y las épicas de ciencia ficción. Una de nuestras preferidas era *One Million Years B.C.* [*Un millón de años a. C.*], de 1940, con Carole Landis y Victor Mature. ¿Quién puede olvidar la escena en la que Tumak pelea con un bebé triceratops?

Esos once centavos compraban no sólo una película, sino también un *show*. Debíamos creer que estábamos en el Roxy Music Hall. Tan pronto como empecé a tomar clases de *ballet* en la Jones-Haywood School, obsequiaba a esa audiencia de mocosos mis grandiosas habilidades. Cuando Hoolie, mi primer director, me daba la señal, salía al escenario a realizar una pirueta, un arabesco inclinado hacia delante o un paso de gato, lo que hubiera aprendido ese día. La pequeña Dolores se creía la gran cosa. El público opinaba lo contrario. Me abucheaban. Pero no me importaba. Sabía que ninguno podía hacer lo que yo hacía. Me alegra que mi debut en escena fuera tan poco auspicioso. Habiendo caído tan bajo, sólo podría ascender. Después de echar mis perlas a los cerdos como bailarina, me tocaba descorrer la cortina para revelar a Armando, vestido de negro con una máscara de Frankenstein sobre el rostro. Los abucheos de nuestro público de quince o veinte espectadores se transformaban en chillidos agudos mientras un caos de niños subía de forma atropellada las escaleras del sótano. A veces, yo descorría la cortina con tanto ímpetu que se caía de los ganchos. Después me unía a las hordas despavoridas perseguida por Hoolie que estaba listo para darme una patada en el trasero. El daño se reparaba rápido —a Hoolie no lo llamaban «señor Arreglalotodo» en vano— los niños regresaban a sus asientos y la película comenzaba, mientras más terrorífica, mejor.

La Noche de Brujas siempre ha sido mi fiesta favorita. En octubre, mi casa es famosa por convertirse en un paraíso embrujado. Es un escenario digno de Edgar Allan Poe. Hay maniquíes grotescos en el porche que rugen «¡Tu alma me pertenece!» cada vez que suena el timbre, y adornos variados que le hielan la sangre a cualquiera. Me encanta la Noche de Brujas porque la gente puede disfrazarse, hacer tonterías y perder la dignidad. Resulta imposible mantener las inhibiciones, mucho menos la compostura, cuando estamos asustados. Nuestras «máscaras» cotidianas caen y nuestra verdadera personalidad aflora. Cualquiera que haya estado conmigo en un espectáculo puede decirles que me encanta asustar a la gente y pedirle a cambio que me asusten. Soy una loca demente en ese sentido.

Debo decir que uno de mis encuentros favoritos como fanática fue cuando conocí a Boris Karloff. En la década de los 60, Caterina Valente, Carol Burnett y yo estábamos en el *show* televisivo de variedades de Garry Moore. Cantamos «I Enjoy Being a Girl» [«Me gusta ser una chica»] vestidas como renegadas de *Los locos Addams*. No nos veíamos muy bonitas que digamos. Me puse eufórica cuando Boris Karloff llegó para hacer una breve aparición en el mismo programa. Toleró a esta fanática como todo un caballero. Pero estoy segura de que no tenía idea de qué hacía allí con aquellas payasas descabelladas. Si me preguntan, todavía pienso que Boris

Karloff es el hombre más sexi del mundo. O lo era. Cuando estaba vivo, quiero decir.

También pueden echarle la culpa de mis rarezas a *King Kong*, otra de las películas favoritas de nuestra infancia. Aún me cuesta estar sentada en un teatro sin fantasear que la cortina se abrirá y un enorme simio saldrá rugiendo y jalando las cadenas, como hizo King Kong en el clásico de 1933 con Fay Wray. (La versión de 1976 con Jessica Lange no le llega a los tobillos a la original). Ver a King Kong en el tope del Empire State Building, atacado por los aviones de combate, es el tipo de melodrama que me gusta. La última línea, «No fueron los aviones. Fue la bella quien mató a la bestia», siempre me enloquece.

Como era de esperar, Hoolie y yo compartíamos el amor por los musicales, sobre todo, las películas clásicas de Ginger Rogers y Fred Astaire. Aunque admiraba a Gene Kelly, prefería a Fred Astaire como bailarín, la delicadeza con que construía un personaje a través de la cabeza, el corazón y los pies. Lo que me cautivaba era que parecía no tener que esforzarse. Años después, cuando trabajábamos juntos en *Sweet Charity* y *Chicago*, Bob Fosse me comentó que veneraba a Astaire como el perfecto bailarín. Bobby siempre decía que la única ambición de su vida había sido ser el sucesor de Fred Astaire. Yo no me parecía mucho a Ginger Rogers, era más curiosa que ambiciosa. Todos los días descubría algo nuevo, ya fuera a través de la educación que recibía en la escuela primaria en la Mott Elementary School y la secundaria en la Banneker Junior High o tan sólo caminando por el vecindario.

Si Dios tenía algún plan para mí, en aquella época yo no era capaz de adivinarlo. ¿Qué niño puede hacerlo? En retrospectiva, sin embargo, puedo decir que hubo un momento en que vi la señal. Tiene que ver con las cajas que había debajo de la cama de mi madre.

Contenían el clarinete y el saxofón de mi padre, reliquias de una vida profesional silenciada antes de tiempo. De vez en cuando, me metía en su habitación y abría las cajas, me quedaba deslumbrada ante su resplandor. Con cautela posaba los labios en la embocadura y soplaba con curiosidad de lo que saldría. Lo único que lograba producir era más ruido en un hogar ya de por sí ruidoso. Mi madre soportaba nuestra energía desmedida como podía. Ahora comprendo que, aunque sufría en silencio, debía de saber que sus hijos también estaban lidiando con la pérdida. ¿Cómo les afectaría crecer sin un padre, en especial en sus años de formación?

Como mencioné antes, las mujeres resuelven problemas y la solución de mi madre al problema que era yo fue matricularme en la escuela de *ballet* antes de que destruyera el resto del mobiliario del hogar. Debió de pensarlo mucho. Después de todo, conllevaba un gasto en un hogar en el que el dinero escaseaba. Canalizar mi energía inagotable en los deportes o la gimnasia habría sido menos costoso. Pero mi madre escogió el mundo de la música y la danza. ¿Sería una forma de atarme aún más no sólo a sus sueños, sino a los de mi padre?

Eso pensé cuando en 2013 me nombraron Gran Mariscala del Desfile Nacional del Día de Puerto Rico en Nueva York. Era un hermoso día de junio cuando desfilé en una carroza por las calles con mis sobrinas-nietas, Alexis y Arielle. Disfrutamos de saludar a la multitud volcada a lo largo de la Quinta Avenida y el Central Park, moviéndonos al son de los vibrantes ritmos latinos provenientes de las bandas que desfilaban. Al escucharlas, ¿quién podía quedarse quieto? En la banda que iba delante de nuestra carroza, vi a un joven saxofonista, vestido con pantalones blancos y una chaqueta verde bordada con una trenza dorada. No puedo recordar que mi padre hubiera tocado para mí, y nunca tuve la oportunidad de bailar para él. Pero en ese momento, me sentí unida a él, como la primera vez que fui a Puerto Rico. Ese día vi a todos los del Rivero que vinieron a los Estados Unidos reflejados en la muchedumbre que celebraba nuestra herencia y nuestra cultura. Al igual que mi tío Luciano, muchos habían escuchado en la radio a Ramón «Diplo» Rivero. O habían visto sus programas en las pantallas borrosas de sus televisores. El desfile celebraba la resiliencia de un pueblo y los sacrificios que tantas generaciones tuvieron que hacer para procurarles una vida mejor a sus familias.

Hubo un sacrificio, entre los muchos que hizo mi madre, que sobresale entre los demás. Fue el día en el que sacó el saxofón y el clarinete de debajo de la cama. La vi cargarlos mientras bajaba las escaleras hasta el salón donde un desconocido aguardaba para comprarlos. Sólo puedo imaginar lo conmovida que debió de sentirse cuando se los entregó. Estoy segura de que pagó cualquier cantidad de cuentas pendientes con el dinero que recibió de la compra. Pero ahora me pregunto si habrá vendido el clarinete y el saxofón de mi padre para pagar por mis clases de baile. En cualquier caso, siento que mi vida y mi carrera han sido un esfuerzo por recompensar la inversión que hizo en mí desde el dolor y el amor.

Durante muchos años, la Jones-Haywood School of Ballet fue como un segundo hogar para mí. El lugar olía a sudor y cera para pisos, y tenía una hilera de espejos en una enorme pared a lo largo de la cual se extendía una barra de *ballet*. A un extremo, las ventanas daban a la calle bordeada de árboles y en el medio del salón había una escalera que llevaba a la residencia de Miss Jones. La compartía con Claire Haywood, quien había sido su estudiante cuando enseñaba danza en la casa de sus padres en Roxbury, Massachussets.

En 1940, Miss Haywood convenció a Miss Jones de mudarse a

Washington D. C. con ella. Nunca habían visto a una bailarina negra en una producción y decidieron hacer algo al respecto. Al año siguiente, abrieron un estudio para darles a las minorías, en especial a las afroestadounidenses, las oportunidades a las que, hasta entonces, prácticamente no habían podido acceder. Al cabo de varias décadas, después de que fundara la Capitol Ballet Company, Miss Jones fue comparada con Rosa Parks en la reseña de una pieza de baile que honraba a la heroína de los derechos civiles. «Al verla, era imposible no pensar en los paralelismos entre Parks y Jones», escribió el crítico del *Washington Post*, Alan M. Kriegsman. «Ambas marcharon por donde otros no se atrevieron a caminar, rompieron barreras que al resto del mundo le parecían impenetrables».

Tanto Miss Jones como Miss Haywood eran disciplinarias estrictas e insistían en que entre sus estudiantes hubiera cortesía y respeto. Lo primero que aprendimos fue que la danza era difícil y exigía mucho. «Prácticamente hay que sacudirse para introducirse en ella», decía Miss Jones. Yo me imaginaba a una bailarina en una batidora, pero no me atreví a reírme. Eso no nos lo hubieran permitido, sobre todo Miss Haywood, que era muy severa. Yo me inclinaba más hacia Miss Jones, que también era exigente, pero dulce cuando era necesario. Se movía por el espacio con tanta gracia que, desde el principio, mi meta fue poder bailar como ella. También quería sonar como ella. Corregía nuestros movimientos con un acento bostoniano suave, que hacía que sus críticas fueran más tolerables. Y siempre había muchas. Cuando Miss Jones nos corregía la posición, nunca se sentía raro ni tortuoso. Lo importante era la naturalidad combinada con la experticia técnica.

No les sorprenderá saber que su primera misión fue lograr que me enfocara. Jamás apisonó mi energía; más bien la encaminó y la contuvo.

—Tienes que calmarte, Dolores —decía—. Tienes que aprender a concentrarte en el momento con intensidad, como si nada más importara.

No nos dejaban pasar ni una. No había excusa. No importaba cuánto nos esforzáramos, la evaluación inevitable de Miss Jones era:

—Hagámoslo otra vez. Creo que pueden hacerlo mucho mejor.

Pronto empecé a ilusionarme con las clases, cuatro días a la semana por unas cuantas horas después de la escuela. Había dejado de ser una niña poco femenina —una bailarina con las rodillas peladas no se ve bien— y me sentía más cómoda en mi nuevo entorno. Me mantuve atlética, pero desarrollé una gracia femenina cultivada por Miss Jones inspirada en la belleza de la música grabada que sonaba en el salón. Las obras maestras clásicas de Tchaikovsky, Satie y Ravel fueron algo nuevo para mí. La radio-consola de la casa de los Rivero solía reproducir el sonido de las *big bands* o, con frecuencia, historias de terror como *The Shadow* [*La sombra*] («¿Quién sabe qué mal ocultan los corazones de los hombres?»). Sin mucho esfuerzo me dejaba llevar por aquella música maravillosa mientras repetía una y otra vez los *pliés*, *éntendres*, *relevés*, *sautés*, *tournés*, *glissés* y *élancés*. Los términos de por sí revelaban todo un mundo nuevo más allá de nuestro pequeño rincón. A veces me costaba regresar a la tierra.

A otro que le tomaba mucho tiempo regresar a la tierra —literalmente— era a mi compañero de clase Louis Johnson. Había muchas mujeres jóvenes en la escuela, pero muy pocos chicos. Louis era unos años mayor que yo, había nacido en Carolina del Norte y se había mudado con su madre y su abuela a D.C. cuando tenía seis años. A través de la YMCA local, se enamoró de las artes y la gimnasia, y aprendió a bailar el claqué y a actuar con Miles Conti. Luego se unió a un grupo de acrobacia que se presentaba en las bases militares cercanas. Cuando hubo que renovar la YMCA, ensayaron por un tiempo en la Jones-Haywood School. Al verlos ejercitarse, Miss Jones, que tenía un buen ojo para el talento, no pudo evitar fijarse en aquel joven negro que no se estaba quieto ni en los descansos. Le preguntó a Louis si quería tomar clases de *ballet* y él dijo que sí, pero que no tenía dinero. Empezó a pagar por las clases limpiando el estudio y, con el tiempo, la escuela le ofreció una beca.

Cual monumento, Louis era uno de los bailarines más fabulosos que he visto. Tenía una gracia natural, una elevación asombrosa y una técnica brillante. Era de estatura baja, de modo que, a diferencia de los bailarines más altos, que tenían un estilo lánguido, corría, saltaba y volaba más alto que cualquiera de nosotros. Bueno, que casi cualquiera de nosotros. Yo me esforzaba por igualarlo en cada movimiento y uno al otro nos hacíamos mejores. A menudo, Miss Jones nos pedía a Louis y a mí que demostráramos varias técnicas frente a los demás estudiantes. No nos hizo pedantes. No lo creo. En la Jones-Haywood School no estaba permitido jactarse, aunque nos enseñaban a dominar el escenario.

—Hagan que la gente los note —decía Miss Jones. A medida que se acercaba un recital, nos inculcaban el oficio de la interpretación. Imagínense cómo pude aplicar ese entrenamiento básico cuando despegó mi carrera en los escenarios.

Un día, Miss Jones nos informó que unos buscadores de talentos de la School of American Ballet de Nueva York iban a ir a observar nuestras clases. George Balanchine, cofundador de la SAB en 1934 junto con Lincoln Kirstein y Edward Warburg, admiraba y respetaba la técnica Jones-Haywood. Tenía la idea de que podía reclutar algunos bailarines del banco de talentos de la escuela.

—Es muy importante que hagan su mayor esfuerzo cuando vengan —nos dijo Miss Jones—. De ustedes depende.

Yo tenía quince años en aquel momento, Louis tenía dieciocho, y ambos éramos demasiado ingenuos como para comprender la importancia de aquella visita. Unas semanas después, Miss Jones, llena de emoción, nos llamó aparte y nos dijo que nos habían invitado a Nueva York para una audición de niveles en la escuela. Si pasábamos la prueba, podían ofrecernos una beca.

Cuando llegué a casa esa noche, Miss Jones ya le había informado de la oferta a mi madre.

—Dolores, ¿quieres ir a Nueva York? —preguntó mi madre mientras preparaba la cena.

Demasiado joven como para asimilar todo lo que implicaba, simplemente respondí:

—Sí.

Luego me explicó que, el mes siguiente, Miss Jones nos llevaría a Louis y a mí en tren a Manhattan para las audiciones. Si me admitían en la escuela, podía vivir con el tío Luciano y la tía Rita, que tenían un apartamento en el Bronx.

—Ahora lávate las manos y la cara y prepárate para cenar —dijo mi madre como si tal cosa.

Unos años antes, mi hermano mayor, Hoolie, se había ido de casa para unirse a las fuerzas armadas. Ahora existía la posibilidad de que yo también me fuera de la casa en la que había crecido. Comencé a ilusionarme. ¡Nueva York! ¡La School of American Ballet! Sonaba impresionante. ¿Pero qué sentiría mi madre en aquel momento? ¿Orgullo? ¿Pérdida? ¿Se preguntaría si estaba haciendo lo correcto al dejarme ir? ¿Se preguntaría qué habría dicho su esposo, mi padre, de que su hija fuera a la Gran Ciudad? Sólo ahora es que me lo pregunto. Cómo me hubiera gustado haberme sentado en la mesa de la cocina y tener una conversación franca con mi madre. Pero a los quince años, una no piensa en eso. A veces toma toda una vida llegar a ese punto, si es que se llega.

3

SANGRE EN LAS ZAPATILLAS

Miss Jones y yo acabábamos de salir del ascensor en el quinto piso de la School of American Ballet cuando se abrió la puerta de un estudio. Una bailarina salió corriendo hacia el pasillo.

—¡No puedo hacerlo! ¡No puedo! ¡No puedo! ¡No puedo! —gritaba mientras las lágrimas le corrían por el rostro.

Yo ya estaba nerviosa, y eso casi me destruye. Como muchas otras chicas en la escuela, ésta era alta, rubia y muy bonita. Si ella no podía hacerlo —fuera lo que fuera ese «lo»— ¿cómo iba yo a hacer esa audición?

Miré a Miss Jones y le pregunté:

—¿Qué pasa? ¿Por qué llora?

—No te preocupes, Dolores —respondió—. No te desvíes de tu rumbo. Mira hacia adelante y sé tú misma.

¿«Ser yo misma»? Nunca me había sentido más bajita, oscura y puertorriqueña en la vida. Las mujeres a mi alrededor parecían más altas, delgadas y bonitas que yo. No podía dejar de pensar que mi hermana menor, Lola, era quien debía estar allí. Yo tenía buenos pies, era flexible y atlética, y tenía una técnica bastante sólida. Pero, al igual que mi madre, Lola tenía las características de una hermosa bailarina. Tenía un buen porte, las piernas y el torso largos. Siempre me decía a mí misma «Piensa que eres alta, Chita. Enfócate». Sin embargo, en ese momento, tenía ganas de salir corriendo y gritar: «¡No puedo! ¡No puedo! ¡No puedo!». Pero Miss Jones no iba a aceptar eso.

Entramos en el salón donde un maestro esperaba por nosotras. Era de mediana estatura y tenía los labios gruesos y la frente amplia. Me sentí intimidada hasta que saludó a Miss Jones de forma afectuosa y le habló con un marcado acento ruso. Hablaron sobre la Jones-Haywood School un rato mientras yo permanecía allí de pie; el corazón me latía más rápido a medida que pasaban los minutos. Por fin, anunció que íbamos a comenzar la audición. Para mi decepción, Miss Jones salió y me dejó sola con él en el salón forrado de espejos y una barra de *ballet*. Me pidió que empezara a hacer una serie de ejercicios de barra. Observaba con mucha concentración y aplaudía para marcar el ritmo mientras yo realizaba combinaciones en el centro del salón. No me atreví a mirar al espejo —ni me atreví a mirarlo a él— cuando empecé a hacer piruetas y extensiones según me las requería.

Cuando me pidió que le mostrara unos giros de *fouetté*, mi ansiedad empezó a disminuir. Había algo en ese instructor que me hacía desear complacerlo. Incluso empecé a disfrutar. Justo cuando empezaba a sentir que tal vez estaba yendo bien en la audición, gritó:

—¡Detente!

Me hizo una señal para que me sentara con él en el banco. Me sentí avergonzada de pensar que había hecho algo mal. Pero a medida que me acercaba a él, miré hacia abajo y vi que tenía sangre en las puntas de las zapatillas. Se me había reventado una ampolla. Me pidió que me sentara en el banco y le pusiera la pierna en el muslo.

—Creo que tenemos que atender esto, jovencita —dijo con gentileza.

Le gritó a un miembro del equipo que le trajera un poco de antiséptico y una curita. Mientras limpiaba y vendaba la herida, me preguntó acerca de mí y qué esperaba alcanzar si entraba en la escuela. Me exprimí el cerebro para responder de la forma correcta. Por fin, lo único que pude decir fue:

—¡Miss Jones piensa que puedo hacerlo mucho mejor!

—Doris tiene razón —dijo—. Dar el cien por ciento nunca es suficiente. Hay que dar el doscientos por ciento.

Cuando terminó de vendarme, reanudé la audición. En aquel momento ya estaba tan entusiasmada que no sentí ni una gota de dolor. Al final, Miss Jones entró en el salón. Ella y el instructor conversaron un rato mirando de vez en cuando hacia donde me encontraba yo, sentada en el banco asimilando ese extraño mundo nuevo en el que acababa de adentrarme. De pronto, lo que había comenzado como una diversión se convirtió en una meta. Por primera vez desde que me había montado en el tren en D.C., deseé esa beca, con toda mi alma.

Por fin, después de que el maestro salió del salón, Mis Jones se me acercó con una gran sonrisa.

—Buenas noticias, Dolores —dijo—. El señor Balanchine piensa que lo hiciste muy bien.

✳

En el musical *El fantasma de la ópera*, Madame Giry, la maestra de *ballet*, marca el tiempo con su varita y fulmina con la mirada al cuerpo de ballet en tutús. Los maestros de la School of American Ballet no se parecían en absoluto al estereotipo. Eran estrictos, pero mucho más excéntricos y coloridos. Algunos, como el señor Balanchine —todo el mundo se refería a él como *míster* Balanchine— se habían entrenado y habían madurado en las escuelas y teatros de la Rusia imperial, sobre todo en el Mariinsky en San Petersburgo. Por lo tanto, en los pasillos siempre se escuchaban susurros en ruso. Otros eran de Inglaterra y de los Estados Unidos, pero todos estaban inmersos en enseñarnos los elementos del *ballet* clásico. La escuela había sido fundada con el propósito de traer esas técnicas a los Estados Unidos y entrenar bailarines para el New York City Ballet.

Junto con Louis Johnson, que también fue admitido, estaba ansiosa por abrirme paso con mis zapatillas de *ballet*. Tenía entonces dieciséis años, pero era muy joven e ingenua para mi edad. Cualquiera creería que ir a Nueva York por primera vez sería abrumante. Pero no lo recuerdo así. Antes de irme de D.C., mi madre había hecho los arreglos para que viviera en el Bronx con el tío Luciano y la tía Rita. Después de llegar, me matriculé en la Taft High School en la calle Ciento Setenta y Dos Este, de modo que la energía latina de las bulliciosas calles del Bronx ocupaba buena parte de mi día. El *subway*, las bodegas y los apartamentos con sus escaleras de emergencia y sus torres de agua forjaron mis primeras impresiones de la Gran Ciudad. Entre esas primeras impresiones, hubo una que no puede obviarse después de haberla visto: un exhibicionista se abrió el abrigo frente a mí en el *subway*. No era nada del otro mundo, pero fue una iniciación memorable a los peculiares ritos de la ciudad a la cual llegué a amar.

Los bailarines tienden a tener una visión estrecha. Por lo tanto, a pesar de todas las atracciones que había a mi alrededor, lo que me atrajo como un imán en esos primeros años fueron las dos plantas de la SAB en un edificio de la calle Cincuenta y Nueve y la avenida Madison. El sitio parecía un poco destartalado por fuera, pero por dentro, los salones estaban decorados al rico estilo de la Rusia imperial. No me tomó mucho tiempo sentirme cómoda ahí. Ávida de aprender, lo engullía todo. Pronto adopté el «estilo» —medias, falda, zapatillas negras y la coleta de rigor de toda bailarina—. Años después, cuando sonó la alarma de incendios en mi edificio de apartamentos, corrí a buscar mi coleta postiza. El pequeño fuego se extinguió rápido, pero mi reacción no fue muy inteligente que digamos. Échenle la culpa a Dolores.

Los maestros, en especial las mujeres, eran la imagen viva de la belleza, la elegancia y la gracia. Allí estaba Muriel Stuart, que había crecido en Inglaterra y estudiado con Anna Pavlova en la Academia Rusa y Martha Graham en Nueva York. Dorothie Littlefield era estadounidense y un poco gruesa. Era menos intimidante que las demás y una de las favoritas de los principiantes. Yo era más apegada a Madame Felia Doubrovska, quien, al igual que el señor Balanchine, venía de Rusia. Madame Felia prefería las faldas con estampados de flores amarradas a la cintura con un pañuelo de seda y se movía por el salón con autoridad, aunque llevaba en brazos a Lala, su perrito yorkie. Era estricta con nosotros, pero malcriaba a Lala, a quien le gustaba marcar su territorio. Debíamos mirar por dónde caminábamos. Madame Felia escrutaba nuestros *développés* y extensiones fijándose en el equilibrio y la tersura. Sus críticas eran dulces, pero podían ser fulminantes. Su esposo, Pierre Vladimiroff, también era uno de nuestros maestros y, como ella, insistía en que los bailarines eran intérpretes que se debían por completo a su público. Ambos enfatizaban la precisión, las extremidades en perfecta simetría, una actitud alerta, animada y majestuosa. Tenían ojos detrás de la cabeza y no nos dejaban pasar ni una.

Así también era, sobre todo, Anatole Oboukhoff, a quien le encantaba provocar en nosotros dos cosas: miedo y fatiga. Justo antes de clase, lo escuchábamos rugir por el pasillo de camino al salón. Eso nos daba tiempo de callarnos y ocupar nuestros puestos en la barra. Su uniforme favorito era un pantalón de lino negro con una camisa blanca holgada. Con impaciencia nos guiaba en nuestras rutinas en compases rápidos, gritando órdenes, chasqueando los dedos y pegándosenos a la cara. Cuando hacía esto último, podíamos oler los dulces marca Lifesavers, o Salvavidas, de fresa que chupaba sin cesar. Si lo hacías muy bien, incluso podía darte uno de premio. Le gustaban las repeticiones —*port de bras, enchaînements*— para fortalecernos. Y cuando creías que ya no podías más, el señor Oboukhoff gritaba: «¡Otra vez! ¡Otra vez!». Luego nos ponía aún más a prueba presionando los dedos contra nuestros cuerpos para ver si perdíamos el equilibrio. Algunas niñas no podían soportarlo y salían farfullando para nunca más volver.

Yo lo aguantaba todo. Incluso el día en que, en una clase, me empujó debajo de un piano. Habíamos hecho incontables repeticiones del *relevé* —que es elevarse a puntas desde el pie plano en el suelo— y se arrodilló para agarrarme los tobillos. Quería ver cuán fuerte era yo y por cuánto tiempo podía permanecer en esa posición. Sentí que empezaba a tambalearme y temí caerle encima. Como era de esperarse, perdí el equilibrio y cuando estaba a punto de caerle en la cabeza, me dio un empujón tal que fui a parar debajo del piano. Me arrastré de vuelta a mi lugar, miré hacia arriba, vi su cara de desaprobación y solté una carcajada, lo cual provocó que las demás niñas comenzaran a reírse. Luego me puse en pie de un salto, recuperé la compostura y me puse en actitud de *relevé*. El señor Oboukhoff fijó los ojos en mí durante lo que pareció una eternidad, luego buscó en su bolsillo y me puso un dulce Salvavidas en la mano, extendida en posición.

La SAB era como un campamento de entrenamiento, y a mí me encantaba. Nos ponían a prueba todo el tiempo. Yo esperaba eso. El año anterior, había experimentado una muestra de lo que me deparaba el futuro cuando vi *The Red Shoes*. Mi hermano Hoolie me la había mostrado en el cine del sótano de nuestra casa. La película me fascinó. Me pareció que Moira Shearer era una maravillosa Victoria Page, cuyas zapatillas de *ballet* se vuelven mágicas. Me perturbó, no obstante, cuando se le fueron en contra. No llegué a comprender del todo la película hasta que entré en la SAB y me di cuenta de cuánto sacrificio exige una carrera en la danza.

En ese nuevo mundo, nuestra Victoria Page era Maria Tallchief. El año en el que llegué a la SAB, disfrutó de un tremendo éxito como protagonista en *El pájaro de fuego* de Stravinski, coreografiado por el señor Balanchine. La intensidad de su interpretación revolucionó el *ballet* y la consagró como prima ballerina. Su interpretación se comentaba en la escuela y yo anhelaba verla, pero no tenía el dinero para comprar una entrada. En su defecto, lo único mejor era fisgonear a través de un agujero en la puerta del salón de ensayos cuando el señor Balanchine trabajaba con Maria y otros bailarines a los cuales admiraba. Entre ellos estaban Nora Kaye, con su pasión, y Tanaquil Le Clercq, cuyas piernas parecían infinitas. Los estudiantes nos reuníamos detrás de la puerta y nos turnábamos para mirar, sobrecogidos ante lo que veíamos. Yo quería ser capaz de bailar así, pero temía no lograrlo nunca. Ser una prima ballerina, incluso una de las principales, parecía escapar mis posibilidades. Llegar a bailar en el cuerpo del New York City Ballet era a lo más que podía aspirar.

Durante el primer par de años en la SAB, me aferré a ese sueño. Era lo único de lo que hablábamos los estudiantes. Pero, en ese tiempo, tal vez sin que yo lo supiera, se estaban sembrando las semillas que me llevarían en otra dirección. Todo comenzó con Janet Collins, una maestra de la escuela. Como me habían ubicado en el nivel B como estudiante, mi currículo no incluía la clase que ella enseñaba. Se llamaba danza de «carácter» y era muy diferente de las técnicas tradicionales de mis clases. Miss Collins era una joven y atractiva afroestadounidense, la única persona de color en la escuela. Había nacido en Nueva Orleans, se había criado en Los Ángeles y había estudiado con Katherine Dunham. Después de ser aclamada en el 92nd Street Y por obras que ella misma había coreografiado y diseñado, el señor Balanchine la invitó a sustituir a Merce Cunningham como instructora invitada en la SAB. Enseñaba una brillante combinación de danza moderna, *ballet* y lo que había aprendido con Katherine Durham. No había muchos hombres en la escuela y muchos se habían concentrado en sus clases, incluido Louis Johnson. Me gustaba verlos repasar sus combinaciones, que eran más vigorosas y rápidas que las nuestras. Los saltos eran más altos, la energía más intensa, los movimientos más libres y subversivos. Louis brillaba bajo la mentoría de Miss Collins y pronto se estableció como una fuerza en la escuela. Yo me juntaba con los chicos cada vez que podía por pura diversión. Me fascinaba haber descubierto que existía otro tipo de danza más allá del *ballet* clásico.

Desde que empecé a estudiar en la Jones-Haywood School, apenas pensaba en otra cosa que no fuera el *ballet*. La clase de Miss Collins fue una revelación. Como lo fue otro descubrimiento: el Palladium. Alrededor de mi tercer año en la SAB, un grupo de bailarines sugirió que fuera con ellos al Palladium Ballroom, un gran salón de baile en Broadway y la Cincuenta y Tres. Quedaba cerca del apartamento de mi hermano Hoolie. Después de dos años de servicio militar, se había mudado a Manhattan y trabajaba como fotógrafo en la Medical Film Guild. Cuando me gradué de la Taft High School, me mudé con él. El Palladium recién había empezado a promocionar las Noches Latinas con las orquestas de los dos Titos: Tito Puente y Tito Rodríguez. Mi primera visita a ese lugar me abrió los ojos. Me encantó.

Cientos de parejas —cubanos, puertorriqueños, dominicanos y panameños— vestidos de punta en blanco bailaban hombro con hombro sin cesar bajo las luces de colores y la música estrepitosa de las grandes orquestas. Se decía que, si no habías tocado en el

Palladium, no podías considerarte una orquesta o músico. Para mí también fue un rito de paso. Pronto me dejé llevar por esas noches en el Palladium. Había competiciones y casi siempre las ganaba una pareja joven y sexi que daba gusto observar en la pista de baile. Augie y Margo Rodriguez se habían casado hacía poco y apenas estaban comenzando una carrera de conciertos y apariciones en la televisión que les darían fama como «embajadores del mambo». Su estilo era una mezcla de bailes latinos con elementos de *ballet*, *jazz*, danza moderna y atletismo puro. ¿Quién podía quedarse quieto mientras escuchaba esa música sensacional y observaba el contoneo de caderas de la multitud? En un santiamén estaba en la pista de baile fusionando mi entrenamiento en *ballet* con los pasos de salsa, mambo y rumba que iba aprendiendo.

En la SAB me había sumergido por completo en las tradiciones atemporales del *ballet* ruso imperial. En el Palladium, me embriagaron las posibilidades que ofrecía el salón. Los Estados Unidos acababan de ganar una guerra mundial y los latinos expresaban el optimismo y la promesa de su país adoptivo, como lo hizo mi padre, Pedro Julio, cuando llegó de Yabucoa. Inspirada por Miss Collins y Augie, sentí que mi entrenamiento en el *ballet* podía expandirse para incluir los ritmos que siempre habían sido parte de mi ser.

Hasta que un buen día, algo se volvió más real para mí: Broadway. Lo conocía, por supuesto. Hoolie era un fanático. Pero los estudiantes de la SAB éramos medio *snobs* respecto al teatro musical. Cuando nos enterábamos de que alguien iba a una audición, fruncíamos el ceño: «Oh, ¿va a actuar en un *musical*? Pobrecita». Pero el chachareo en los pasillos de la SAB de pronto tomó otro giro. Miss Collins iba a hacer su debut en Broadway en *Out of This World* [*Fuera de este mundo*] de Cole Porter, dirigido por Agnes de Mille. No podíamos faltarle al respeto a ninguna de las dos. Agnes de Mille había coreografiado *Rodeo* de Aaron Copland y había llevado su experiencia en el *ballet* a Broadway en *¡Oklahoma!*

Ya entonces, había empezado a cuestionarme si mi temperamento era adecuado para el *ballet*. Después del encontronazo con el señor Oboukhoff, disfrutaba de mi estatus de payasa de la clase. Me costaba mucho suprimir mi gen bufonesco y no hacer muecas que provocaran carcajadas entre los estudiantes cuando el maestro nos daba la espalda. Era divertido, pero no tenía cabida en el mundo serio del *ballet*. Aun si lograba que me admitieran en el cuerpo de *ballet*, pensaba que me echarían porque no era capaz de mantener una expresión circunspecta. Mis compañeros tendían a estar de acuerdo. Tampoco ellos podían imaginarme en una fila de bailarines bailando en puntas *El lago de los cisnes*. Para darse cuenta de que yo no era apta para el *ballet* sólo había que verlos a ellos y luego verme a mí. Ellos representaban lo que entonces se llamaba «*All-American*» [«americanos en todos los sentidos»]. Yo no era así. Ahora que lo pienso, es probable que fuera la primera y única latina en la SAB mientras estuve allí. Louis Johnson y Arthur Bell eran los únicos dos negros en la SAB. Luego se les sumó Arthur Mitchell. El *ballet* era entonces un mundo casi exclusivamente blanco. Por más que ansiara bailar tan bien como Maria Tallchief o Nora Kaye, debía saber que ser una principal o solista no estaba en mi futuro. De hecho, tuvieron que pasar veinticinco años antes de que Evelyn Cisneros del San Francisco Ballet hiciera historia como la primera *prima ballerina* hispana.

Con el tiempo supe que mi futuro estaba fuera del mundo del *ballet*. Pero el entrenamiento que recibí en la SAB sería fundamental en toda mi carrera. Aprendí a considerar lo que hago como una vocación —un llamado— que exige disciplina, compromiso y pasión. Los maestros no toleraban las chapucerías. Nos enseñaron a soportar dolor sin quejarnos, hacer lo que nos decían sin excusas. Miss Jones y los maestros de la SAB me prepararon no sólo para mi carrera sino para la vida. Años después, cuando me desbaraté una pierna en un accidente automovilístico, no tenía más que imaginar a Miss Jones diciendo «Dolores, tú puedes superar esto» para saber que lo haría.

Entre las muchas fotografías que hay en la repisa de mi chimenea, hay una foto antigua de un hombre en ropa de *ballet* con la espalda recta como una vara, los brazos extendidos a la perfección y una expresión de seriedad en el rostro. Es Anatole Oboukhoff. No puedo ver esa foto sin recordar los metrónomos, los susurros en ruso en los pasillos, las repeticiones hasta el desmayo y el olor de los Salvavidas de fresa. El *ballet* fue un salvavidas para mí.

4

HAZLOS REÍR

De gira con *Call Me Madam*

Un día, a principios de la primavera de 1952, le pregunté a mi amiga Helen si quería ir conmigo al Horn & Hardart Automat en la Park Avenue y la calle Cuarenta y Cuatro. Ese autoservicio era un gran favorito de los estudiantes de la SAB. Allí podíamos sentarnos con una taza de limonada «gratis» que preparábamos con agua caliente y rodajas de limón o, cuando teníamos dinero, echar una moneda de cinco centavos en la máquina de aluminio, descorrer la ventanilla y agarrar un pedazo de tarta.

—No puedo, Chita —dijo acortando mi segundo nombre, Conchita, como habían empezado a hacerlo todos mis amigos—. Voy a una audición para un *show* de Broadway esta tarde.

Si bien en el pasado me había mostrado escéptica hacia el teatro musical, gracias a mi recién descubierto aprecio por esa forma de arte, la noticia me animó.

—¿En serio? ¿Un *show* de Broadway? ¿Cuál? —pregunté.

—*Call Me Madam* —respondió—. Está presentándose ahora en el Imperial, pero la gira nacional comienza en mayo. Van a estar unas semanas en Washington D. C., y luego viajarán por el país durante un año. La obra debe ser muy buena.

No puedo asegurar que la idea de regresar a mi ciudad en un *show* de Broadway me haya pasado por la cabeza en aquel momento. Cuando una acaba de cumplir diecinueve años y se considera una bailarina de *ballet*, la idea de recorrer el país con un *show* de Broadway puede parecer algo exótico, si no inalcanzable... hasta que, de pronto, deja de parecerlo.

—¿Te molesta si voy contigo? —pregunté.

Justo el año anterior había visto *Los caballeros las prefieren rubias*, protagonizada por Carol Channing en el Ziegfeld Theatre. «Había visto» puede ser un poco exagerado. En aquella época, no tenía los dos dólares que costaba una butaca barata en un palco, mucho menos los cinco dólares que costaba una en la orquesta. Por lo tanto, mis amigos y yo nos mezclábamos con el público en el intermedio de un espectáculo y nos colábamos para ver el segundo acto. Nunca olvidaré cuando vi a Carol, en el papel de la buscadora de oro Lorelei Lee, iluminar el escenario. Con sus ojos enormes y expresivos era la perfecta combinación de astucia e inocencia. Pero lo que en realidad me cautivó fue la forma en que su tenacidad doblegaba a los hombres. Ése era el tipo de mujer que yo quería ser.

Alta y desgarbada, no parecía una «estrella». Yo estaba acostumbrada a las bellezas frágiles del cine. De hecho, Carol no se parecía a nada que hubiera visto antes, y, para colmo, se atrevía a ir a lugares que yo ni sabía que existían. Me voló la cabeza que una mujer pudiera dominar un escenario así.

—Quiero hacer lo que ella le hace al público —pensé—. No sé cómo lo hace, pero quiero aprender a ejecutar esa magia.

✳

Helen y yo entramos en el escenario del Imperial Theatre donde se presentaba *Call Me Madam*, pusimos nuestros bolsos de danza en una esquina y empezamos a calentar en el escenario con otros cientos de chicas. Podía escucharlas hablar entre sí como profesionales que evalúan la competencia, consideran sus probabilidades y se preguntan si el «señor Robbins», el coreógrafo del espectáculo, sería quien haría la selección final. Escogerían a ocho mujeres que bailarían en el coro con ocho hombres. Con el tiempo, las suplementarían con otros dieciséis actores que se encargarían de cantar. Treinta y dos en total, ¡sólo para el coro!

Yo había escuchado, por supuesto, el nombre de Jerry Robbins, pues ya entonces era conocido en el mundo del *ballet* por *Fancy Free* [*Elegante y libre*], que luego se convirtió en el musical *On the Town* [*Un día en Nueva York*]. Pero estaba tan despistada que apenas sabía quién era Ethel Merman, la estrella de *Call Me Madam*, mucho menos George Abbott, su director. Y si hubiera mirado a mi alrededor en el teatro, habría visto a un joven de veinticuatro años, asistente del director de escena, llamado Harold Prince.

Cuando Bobby Griffith, el director de escena, nos pidió que nos alineáramos, Helen se colocó al fondo del escenario. Sin miedo, medio atrevida y bastante ingenua, busqué un espacio en la primera fila. Mi entrenamiento en *ballet* me ayudó. Las rutinas que nos pedían me salían sin dificultad. Cuando vi que las otras chicas le ponían un poco más de chispa al baile, hice lo mismo. Fue embriagante. A lo largo de la tarde, aprendí por primera vez lo que significa «Gracias» en el proceso de audición: «Adiós y mejor suerte la próxima vez». Fue un milagro que no me lo dijeran a mí en las docenas de cortes, que incluyeron a Helen. En su lugar, hacia el final, escuché:

—Conchita del Rivero, ¿podríamos verte bailar con Kip Carlisle, por favor?

Un chico alto y guapo de pelo negro y ojos azules vino hacia mí, se presentó y me tomó en sus brazos. Esto se pone cada vez mejor, pensé. Claro que había bailado en pareja en el *ballet* desde que comencé a estudiar con Miss Jones, sobre todo con el exuberante Louis Johnson. Pero bailar «La Ocarina» de Irving Berlin con Kip fue una experiencia muy distinta del *pas de deux* de El pájaro azul de *La bella durmiente*. A medida que transcurría la canción, me empezó a ocurrir algo muy nuevo: poco a poco, el *ballet* fue desvaneciéndose en mi mente. En aquel lugar no había nadie con una vara marcando el tiempo y gritando «*Plié, assemblée, tour en l'air!* ¡Otra vez!». O que te empujara debajo de un piano por hacer reír a tus compañeros. Aquí te premiaban por hacer reír a la gente. Me sentía en casa.

Tal vez por eso no me sorprendió cuando Bobby, el director de escena, me dijo que me habían seleccionado. Hay momentos en la vida en los cuales sientes que estás donde siempre debiste de estar. Para mí, fue el teatro. Me sentí bienvenida. Me sentí bien. Me sentí segura.

Ahora que formaba parte del elenco, me pareció una buena idea saber de qué trataba el espectáculo. *Call Me Madam* ya llevaba dos años presentándose en Broadway. ¿Y qué sabía yo? Hasta ese momento, mi mundo en Nueva York se circunscribía a las clases de danza de la SAB y al *subway* que me llevaba de allí a casa del tío Luciano y la tía Rita en el Bronx. El espectáculo estaba inspirado en la verdadera Perle Mesta, una mujer de la alta sociedad de Washington D. C., a quien Harry Truman nombró embajadora de Luxemburgo. Howard Lindsay, Russel Crouse e Irving Berlin escribieron el rol para que Merman interpretara el papel de embajadora del principado ficticio de Lichtenburg; una viuda rica que sostiene un romance con el guapo ministro del exterior Cosmo Constantine. Aquello no era *Giselle*.

Me reuní con los bailarines escogidos para escuchar a Bobby explicar lo que haríamos después.

—Ensayaremos durante cuatro semanas y estrenaremos en D.C. con Merman y el elenco original. Después de tres semanas allí, harán las funciones con el elenco suplente por una semana más, y luego nos iremos de gira.

¿De gira? Esa palabra no significaba nada para mí. Sólo sabía que iba a trabajar y que me iban a pagar por hacer algo que me encantaba: bailar.

Kip alzó la mano:

—¿Quién va a sustituir a La Merm? —preguntó.

—Elaine Stritch —respondió Bobby—. Les gustará, chicos. Es fantástica.

Lo primero que hice cuando me dieron el trabajo fue llamar a casa, por supuesto. Mi emoción se escuchaba a través de la estática de la llamada a cobro revertido que le hice a mi madre.

—Dolores, ¿qué pasa? —preguntó alarmada. En aquella época, las llamadas de larga distancia eran caras y uno sólo llamaba a casa si había una emergencia.

Le expliqué mi súbito cambio de fortuna; las palabras me salían de la boca de forma atropellada, por lo cual le costaba entenderme. Mi madre se dio cuenta de lo feliz que estaba y se alegró por mí. También se preocupó. Sabía lo testaruda e independiente que era yo. Ir de gira con *Call Me Madam* significaba un año lejos de casa, viajar por todo el país, dormir en Dios-sabe-qué-tipo-de-lugares en compañía de gente que no siempre tenía la disciplina y el enfoque de los bailarines de *ballet*. Su Dolores viviría entre gente del mundo del espectáculo.

Mi madre no iba a creerme así sin más. Se montó en el tren hacia Nueva York y se reunió con Carl Bernstein, el gerente de la compañía (no ese Carl Bernstein), quien le aseguró que permanecería bajo la mirada vigilante de Frances Clark y Owen Coll, una pareja mayor que interpretaría al duque y la duquesa en la producción. Sólo después de darles su aprobación, mi madre me permitió firmar el contrato. Con lo que no contaba mi madre era con mi determinación a escapar de cualquier tipo de supervisión y con que la estrella de la producción me tomaría bajo su ala. Bobby Griffith tenía razón. Elaine Stritch no sólo me caía bien, la veneraba. Que era justo lo que Elaine necesitaba de todo el mundo, todo el tiempo, como descubriría después.

No sé por qué le caí tan bien a Elaine. Tal vez porque era la más joven del elenco, aunque ella misma sólo tenía veintisiete años en aquel momento. Parecía mucho mayor, pero, claro, siempre la hacían interpretar roles de gente mucho mayor que ella. Era casi como si pudiera decir, al igual que Tallulah Bankhead: «Nací... y luego cumplí cuarenta años». Además, ambas éramos católicas y, en aquel tiempo, los católicos se buscaban entre sí. Incluso escuché que su tío era cardenal. Cuando conocí a Elaine, aún le quedaban cosas de chica de convento de Michigan.

—Sabes, Chita, el catolicismo no es muy distinto del mundo del espectáculo —me dijo un día—. Es muy teatral y no cierra los sábados por la noche.

Muy al principio, Elaine notó que yo la observaba ensayar cada vez que tenía la oportunidad. ¿Y por qué no? Era una rubia de piernas largas, glamurosa y esbelta, muy distinta de lo que luego llegaría a ser: la popular actriz, estridente e indecorosa que podía decir una sarta de improperios y hacer reír al público con tan sólo cantar «Ohhhh» en una canción como «Broadway Baby» [«Bebé de Broadway»] de *Follies* [*Disparates*]. O lanzar un estruendoso grito en el papel de Joanne en «The Ladies Who Lunch» [«Las señoras que almuerzan»] en *Company* [*Compañía*]. Su voz también era mucho más tersa entonces; aún no se había tornado áspera de tanto fumar y tantas noches largas en los salones. También me alarmó ver que nunca usaba sujetador en los ensayos. «Son demasiado opresivos», decía.

Se hizo famosa en las columnas de Nueva York por los hombres con los que salía: Marlon Brando, el productor-director Jed Harris y el magnate Conrad Hilton. Elaine estaba decidida a convertirse en una estrella y no tenía el menor reparo. Lo quería todo.

—Es muy jodido de otro modo —me dijo una vez.

Eso sólo hacía que se sintiera más nerviosa respecto a su primer rol protagónico en *Call Me Madam*. Peor aún, estaba poniéndose en los zapatos de Ethel Merman, quien interpretaría el papel al inicio de la gira nacional con nosotros en D.C. Las comparaciones eran inevitables. El espectáculo en sí mismo era importante. No sólo era una parodia política de Washington; también era la producción inaugural del recién renovado National Theatre.

Call Me Madam también era importante para mí. Era regresar a casa. Habían transcurrido un poco más de tres años desde el día en que me monté en el tren con Doris Jones y Louis Johnson para ir a Nueva York a la audición de la School of American Ballet. Y ahora iba a hacer mi debut en escena con un éxito de Broadway en el National. El teatro estaba sólo a unos kilómetros de Flagler Place, pero bien podía haber estado en otro país. Iba a poder invitar a mi madre, a mi abuelita Sallie y a mis hermanos a verme. Aunque mi familia no podía distinguir a una Ethel Merman de una Kate Smith, estaban encantados de ver su primer espectáculo de Broadway. No podía sentirme más orgullosa de presentarles a mis nuevos compañeros de coro. El estrellato aún me parecía muy lejano, así que nunca se me ocurrió presentarles a Ethel Merman.

A decir verdad, yo no entendía el éxito de Merman. Sabía que tenía un público que la adoraba en Broadway y que su nombre significaba mucho en la taquilla. Tenía una voz impresionante que llegaba hasta el palco y el público se la agradecía con la misma fuerza. Pero no la encontraba cálida ni graciosa. No como a Stritch. Elaine era más sutil y divertida en el rol. También era más sexi, tal vez porque compartía escena con Kent Smith en el papel del General Cosmo Constantine. Kent era guapo y caballeroso, y tenía dieciocho años más que Elaine. Ya había actuado en varias películas, entre ellas, *Cat People* [*La mujer pantera*] y *The Curse of the Cat People* [*La venganza de la mujer pantera*], que era el tipo de películas que mi hermano Hoolie hubiera presentado en el sótano de Flagler Place.

Cuando comenzamos la gira, Elaine me invitó muchas veces a su camerino, casi siempre justo antes de que Kent llegara. Eso debió alertarme de que yo era una suerte de camuflaje para ellos. Era evidente que estaban locos uno por el otro y Kent estaba casado en aquel momento, si bien la relación estaba tambaleándose. Me incomodaba un poco desempeñar el papel de tapadera de sus encuentros íntimos, aunque nunca supe cuán íntimos eran. Casi puede decirse que las niñas católicas inventaron la culpa, pero yo ya sabía que los besos robados podían ser más fogosos que los que se daban con libertad.

Antes de salir del camerino para dejar a solas a Elaine y a Kent, bebíamos un poco de champán. En los camerinos siempre había botellas de espumoso enfriándose en las hieleras. En aquella época, todo el mundo bebía y hasta los directores más estrictos, como George Abbott, lo toleraban. Cuentan que cuando Elaine estaba ensayando *Call Me Madam*, le estaba dando mucho trabajo la canción «You're Just in Love» [«Solo estás enamorado»]. Llegó a un ensayo con una taza de café llena de *whisky* escocés. Soplaba la taza como si estuviera demasiado caliente para beberlo.

—¿Café caliente, Elaine? —pregunto el señor Abbott.

—Sí, señor —respondió ella.

—¿Puedo probarlo? —preguntó.

Elaine tuvo que acceder. El señor Abbott lo probó y le devolvió la taza.

—Hmm. Qué buen café —fue lo único que dijo. Es probable que supiera que Elaine lo necesitaba para calmar los nervios.

Elaine me admitió que había sobrevivido el estreno de *Call Me Madam* en D.C. con un rosario y una botella de brandy.

—Al menos era Benedictine —rio.

En escena, Elaine jamás demostraba un ápice de miedo o nerviosismo. A pesar de que estaba comenzando su carrera, me enseñó a dominar el escenario, a ajustar mis talentos al papel y no a la inversa. En sus manos, Sally Adams se convirtió en una dama indecorosa y astuta, con agallas femeninas y un ritmo impecable. Elaine exigía la atención del público y, una vez que la tenía, no la soltaba ni un instante. Al igual que Carol Channing, lograba salirse con la suya en situaciones en las que nadie más hubiera podido, sólo por su personalidad. Era fuerte y, a través de esa fuerza, hacía reír. Al fingir que no le importaba si el público se reía o no, extraía hasta la última gota de humor del personaje, lo cual a veces podía resultarles difícil a sus coestrellas.

Kent no se sentía amenazado por ella. Le gustaba la química que había entre ellos en escena. Pero David Daniel, que interpretaba el rol de Kenneth Gibson, el agregado de prensa de Sally Adams, tenía que aguantar que ella le robara todas las escenas. «You're Just in Love», el dueto de Sally y Kenneth, que Elaine por fin dominó, se convirtió en uno de los puntos culminantes del *show*. Vestida con un camisón para la escena, agitaba tanto la falda de tul rosado, que apenas se podía ver a David. Usaba el cuerpo como la atleta innata que era.

Elaine me animaba a que estudiara, como lo había hecho ella, con Erwin Piscator y Lee Strasberg, los grandes gurús de la época. Pero yo me la estaba pasando demasiado bien bailando como para preocuparme por la actuación metódica. Además, bailar era actuar, ¿verdad? Lo aprendí en el momento en que pisé la escuela de danza de Doris Jones. Y bailar en *Call Me Madam* era lo más divertido que había hecho hasta entonces. Me sorprendía lo fácil que me resultaba integrarme a ese mundo.

Nunca olvidaré la primera vez que entré en los camerinos que compartíamos en el sótano del National Theatre. Unas chicas guapísimas con las piernas encaramadas sobre el tocador, se ponían medias de nilón, se rizaban las pestañas, se aplicaban delineador de ojos y me miraban de arriba abajo por encima del hombro. Me sentí como una rata ahogada entre ellas, pero pronto le dieron la bienvenida al club a «la nena». Como las bailarinas de *ballet* no saben maquillarse muy bien, me enseñaron a hacerlo frente a los espejos alineados. Crema Nivea, polvo compacto Max Factor, rubor Chanel, pintalabios semirrojo Nars y polvos gruesos de Mehron.

Si alguna vez me preocupó no estar a la altura de las profesionales experimentadas que estaban en esos tocadores, fue en vano. Tuve la suerte de que mi pareja de baile en *Call Me Madam* fuera Kip Carlisle. ¡Kip era la bomba! Y no estaba mal que también fuera guapo. Como bailarina, no eres más que lo que haces, con quién lo haces o ante quién lo haces. Y Kip me ayudó muchísimo.

Pronto aprendí que en el coro lo importante era su fuerza como grupo. Si nada más te preocupabas por ti, no durabas mucho. Los compañeros tenían que protegerse entre sí. Si no lo hacías, te podías matar. O, por lo menos, alguien podía atropellarte. Nunca, desde el primer día, me sentí sola en el escenario. Si te perdías —«Un momento, ¿cómo he terminado tan a la izquierda?» o «¡Mierda! ¡Se me cayó un arete!»— duraba poco porque la propia fila te llevaba de vuelta a tu lugar. Éramos como una cadena viva, tan fuerte como su eslabón más débil, unida por el deseo de hacer magia frente al público. Décadas después, Gwen Verdon y yo seríamos «dos bailando como una sola» en *Chicago*. Pero en 1952, éramos dieciséis bailando como uno solo.

Lo que más llamó mi atención era lo unida que era la compañía. Los bailarines nos burlábamos de los cantantes y ellos se burlaban de nosotros. Ellos intentaban bailar, pero no podían y nosotros intentábamos cantar, pero no podíamos. Tenían unas voces espectaculares, que a mí me resultaban afrodisiacas. Incluso llegué a salir con uno de los cantantes del *show*. Excitados después de terminar las funciones íbamos a los bares cercanos y cantábamos alrededor del piano hasta que sonaba la última llamada para ordenar. Con diecinueve años, aún no tenía edad para beber alcohol, pero no les hacía caso a Owen Coll y Frances Clark. No iba a permitir que el grupo fuera al Top of the Mark en San Francisco o a Sammy's en Chicago sin mí. Así que, cuando mis chaperones creían que estaba en mi habitación leyendo el superventas *Gigante* de Edna Ferber, me escapaba con mis cómplices Mary Alice Kubes y Rae Abruzzo.

Después de la vez que no me dejaron entrar en un club por mi edad, Rae sugirió que tal vez parecería mayor si me pintaba el pelo de rubio champán y me lo peinaba al estilo caniche. No me encantaba la idea de cortarme la coleta; casi todas las bailarinas en aquella época las llevaban. Pero salí de un salón de belleza en Chicago con un nuevo peinado que yo creía que me hacía lucir más sofisticada. Tal vez sólo me hacía lucir más como un caniche. Presumo que en aquella época era medio alocada, aunque no tanto. Cada vez que estaba a punto de meterme en un lío —lo que Elaine llamaba «cagadas de las chicas malas»— pensaba en mi madre y me contenía. Dios y mi madre me mantuvieron por el buen camino.

Casi siempre viajábamos en tren y dormíamos en vagones Pullman que cruzaban con gran estruendo la campiña estadounidense. Bajábamos las paredes divisorias y hacíamos fiestas en pijamas, jugábamos a las barajas, tejíamos o intercambiábamos historias, como las chicas de la banda en la película *Some Like It Hot* [*Con faldas y a lo loco*]. Me encantaba ser la payasa del grupo. Los bailarines eran los bromistas; los cantantes eran los más serios. La duración de la gira —un año— te permitía conocer a la gente y conocerte a ti misma muy bien. Si alguien era egoísta, aprendía a ignorarlo. Y si no podía ignorarlo, aprendía a hacer a un lado cualquier negatividad que pudiera afectarme en lo personal o en lo profesional. Contar con todo ese tiempo para formar parte de un conjunto en espacios reducidos me brindó una lección invaluable que le recomendaría a cualquiera que estuviera empezando en la industria.

La gira nacional de *Call Me Madam* fue una época feliz de mi vida. Andaba por ahí, como dice la canción, «flotando en el aire». Ese periodo de la historia de Broadway suele llamarse la edad dorada. Suele referirse a los grandes artistas —como Irving Berlin, Cole Porter, Rodgers y Hammerstein, y Lerner and Loewe— que crearon musicales en la cumbre de sus poderes. Pero también fue una edad dorada para los intérpretes porque había tanto trabajo en cada temporada. Tantas oportunidades para aprender y practicar el oficio. Y eso era lo único que deseábamos en la vida. ¿Y los aplausos? Sólo era el premio, el barómetro que nos decía que lo estábamos haciendo bien. Aún no había aprendido lo que Elaine Stritch me dijo desde un principio: «El público, Chita, puede ser tu mejor amigo».

Otro beneficio añadido era lo que Sally Adams llamaba «¡Repollo, lechuga, dinero!» en *Call Me Madam*. Por primera vez en la vida me estaba ganando un buen sueldo: doscientos cincuenta dólares semanales. Me gustaba tener dinero. Me gustaba gastarlo. En un corte de pelo estilo caniche o en cualquier otra cosa. Pero sabía que, tan pronto como pudiera, le compraría a mi madre una estola de visón. Ya saben, una de esas estolas en las que un visón le muerde la cola a otro. Jamás olvidaré la expresión de su rostro cuando le puse en las manos la caja de Saks Fifth Avenue a esa mujer que sacrificó tanto por su familia a lo largo de tantos años difíciles desde que mi padre había muerto.

—Oh, Dolores —dijo—. Apenas puedo esperar a que llegue el domingo para lucirla en misa.

Una de mis posesiones más atesoradas es una fotografía de mi querida madre en el parque con su estola; luce *chic*, elegante y tan feliz.

Llámenla Madame del Rivero.

5

UN ENCUENTRO CRUCIAL

Gwen Verdon y *Can-Can*

Corría el año 1954, acababa de cumplir veintiún años y, para mi sorpresa, estaba trabajando en un gran éxito de Broadway, escrito y dirigido por Abe Burrows y coreografiado por Michael Kidd. De hecho, ese *show* sería la semilla de la que brotó mi carrera, y la sembradora sería nada más y nada menos que Gwen Verdon.

Una tarde, entre la matiné y la función nocturna de *Can-Can*, me dirigía al camerino del coro, que estaba en la tercera planta del Shubert Theatre, cuando Dee Dee Wood, mi amiga y compañera de elenco, me alcanzó.

—Chita, Gwen te está buscando —dijo.

—¿Gwen Vernon quiere verme? ¿Por qué? —pregunté.

Dee Dee encogió los hombros. Angustiada por haber podido hacer algo mal, bajé corriendo a la segunda planta donde Gwen, la gran estrella de *Can-Can*, tenía su camerino. Aunque llevaba seis meses en el *show*, no la conocía muy bien. En aquel momento, los chicos del coro rara vez socializábamos con las estrellas de una producción y no hablábamos con ellos a menos que ellos nos llamaran. Lo más desconcertante de la llamada de Gwen era que yo había hecho la audición para ser su suplente en el papel de Claudine. Era una de las lavanderas que noche tras noche bailaba el pícaro cancán en el club de La Môme Pistache, interpretada por la estrella francesa Lilo. Para mi desilusión, no me dieron el puesto. ¿A quién intentaba engañar? ¿De dónde sacaría el carisma para ocupar el lugar de Gwen si me lo pedían? Me parecía escuchar las protestas del público cuando el director de escena anunciara: «Damas y caballeros, en esta función, el rol de Claudine, que suele interpretar Gwen Verdon, será interpretado por Conchita del Rivero». ¿Conchita qué? Tal vez con el tiempo podría manejar eso. Pero ahora no.

La puerta del camerino de Gwen estaba abierta, así que, cuando llegué, me vio primero reflejada en el espejo de luces. Llevaba puesto su vestido de rayas, el pelo rojo recogido en un moño alto y una gargantilla del terciopelo alrededor del cuello. Me hizo una seña para que agarrara una silla y me acercara al tocador. Al sentarme a su lado, me llamaron la atención sus brillantes ojos verdes, su piel perfecta y su boca amplia, que sonreía al recibirme. El aire estaba impregnado de maquillaje de teatro mezclado con su perfume favorito y, en mi mente, de la seguridad en sí misma de una actriz que enloquecía al público noche tras noche. Se giró hacia mí y me dijo en su voz reverberante e inconfundible:

—Oye, Chita, sé que tal vez te decepcionó que no te dieran el trabajo de suplente. Pero déjame decirte algo. Tú no tienes que ser suplente de nadie. Ten más confianza en ti misma. Sal a crear tus propios roles. Forja tu propio camino.

Sentí que el rostro se me ruborizaba, como si un sistema atmosférico estuviera pasando a través de mí. Gwen acababa de abrirme una puerta de par en par. ¿Pero hacia dónde? No estaba segura. Sólo sabía que, en ese momento, mi vida había cambiado. Ese consejo no venía de un padre, un maestro o un par. Venía de alguien que podía reconocer un talento y conocía la industria. Antes de llegar a Broadway, Gwen había sido la asistente del hermético y difícil coreógrafo Jack Cole en la costa oeste. Sólo por eso, los bailarines la idolatrábamos. Luego llegó la noche del estreno de *Can-Can*, que obligó a los críticos a competir entre sí para encontrar los superlativos que pudieran describir su asombrosa interpretación.

Walter Kerr, del *New York Herald Tribune*, la declaró «el gran descubrimiento de la danza de la temporada» y escribió: «La señorita Verdon aborda el sexo con magnífico asombro, arrepentida, consternada, con interés y a la vez con mucho placer. El abandono con que se hace cargo del asunto "apache" —lanzando sillas y hombres al aire con un movimiento del pie— es devastador».

Ahora, en su camerino y ante semejante regalo de exhortación, lo único que pude hacer fue murmurar mi agradecimiento, resistir el impulso de hacerle una reverencia o besarle la mano y salir flotando de la habitación.

—¿Y qué quería Gwen? —preguntó Dee Dee al tiempo que me sentaba frente a la hilera de espejos que cubrían una pared del camerino del coro.

—Oh, sólo quería consolarme porque no me dieron el puesto de suplente —respondí. Lo que debí de responder fue: —Gwen me dijo que desarrollara un buen par de...

Nunca había deseado tanto algo como ser parte de *Can-Can*. Mientras estábamos de gira con *Call Me Madam*, llegó el rumor de que Cole Porter había escrito una nueva pieza, una secuela del éxito con el que había hecho su retorno, *Kiss Me, Kate* [*Bésame, Kate*]. Trataba sobre un club nocturno en Montmartre en el París del siglo XIX, que provocó la ira de la policía moral porque presentaba a señoras mostrando las pantaletas en un baile escandaloso llamado «cancán». Lo que nos parecía más tentador aún a los bailarines era que Michael Kidd iba a ser el coreógrafo. Quien pudiera dominar sus bailes desinhibidos, atléticos y de patadas altas, podía considerar que se había graduado.

Me perdí las audiciones de *Can-Can* porque aún estaba de gira con *Call Me Madam*. Cuando por fin regresé a Nueva York a finales de la primavera de 1953, el *show* estaba haciendo el preestreno de Broadway en Filadelfia. Pensé que aquel barco ya había zarpado. Pero se regó la voz de que una de las coristas había tenido que retirarse por enfermedad y Michael Kidd iba a hacer una audición en Nueva York para reemplazarla. Fui volando hacia allá. Pero no fui la única. Cuando llegué al salón de ensayos, había cientos de bailarinas que también esperaban la oportunidad de reemplazarla.

Entre la multitud de mujeres en leotardos que calentaban en el escenario del teatro, vi por primera vez al hombre que ya entonces se había ganado sendos premios Tony por *Finian's Rainbow* [*El arcoíris de Finian*] y *Guys and Dolls*, el fenómeno musical que seguía en cartelera en Broadway. Michael era flexible y musculoso, tenía una abundante cabellera negra y labios sensuales. Era menos alto de lo que creía, tal vez porque lo imaginaba grandioso. De facciones toscas y piel oscura, no parecía siquiera un bailarín. Parecía más bien el gánster que había interpretado en su juventud en la producción de *Filling Station* [*La gasolinera*] del Ballet Caravan. O el arreglalotodo chaplinesco que creó para sí en su propio ballet *On Stage!* [*¡En escena!*], que interpretó antes de ser lanzado a Broadway.

La precisión de Michael al ponernos en nuestros puestos fue increíble. Nos pidió que hiciéramos piruetas, giros, *tour jetés* y *chaînés*. Luego, sólo por diversión, nos mandó hacer patadas dobles y trotes de pavo; pasos rápidos y robustos característicos de sus espectáculos. Después de reducir el grupo a unas veinticuatro bailarinas, anunció:

—Bien, chicas, ahora quiero que se pongan tacones altos para las próximas rutinas.

Se escucharon algunos lamentos mientras todas corríamos hacia nuestros bolsos de danza. Pero, al igual que la mayoría de los coreógrafos, ignoró nuestras quejas. El dolor y el agotamiento eran parte de nuestro diario vivir. Además, Michael nunca les pedía a los bailarines que hicieran algo que él no pudiera hacer. Ya entonces la leyenda de Kidd se había pulido gracias a una historia que circulaba por ahí. Unos años antes, estaba ensayando el número «Take Back Your Mink» de *Guys and Dolls*. Onna White, que en aquel momento bailaba en el coro, levantó la mano.

—Michael, no podemos hacer esta rutina en tacones altos. No va a funcionar.

Al instante, Kidd le respondió:

—Onna, dame tus zapatos.

Tenía los pies pequeños, así que no le costó ponerse los zapatos de tacón alto. Entonces, procedió a realizar la rutina completa, a la perfección. No hubo más quejas. O, al menos, los bailarines se limitaron a hablar del asunto sólo entre sí. Los golpes y lastimaduras eran un lugar común mientras intentábamos hacer lo que Michael hacía sin dificultad. Unos años después, Grover Dale dijo que cuando trabajaba en *Li'l Abner* [*Pequeño Abner*], él y Tony Mordente estaban ansiosos por terminar otra más de las rutinas maratónicas y agotadoras de Michael. Al final, casi sin aliento, se susurraban uno al otro: «¡Michael Kidd, cabrón!».

✳

Había transcurrido una hora en la audición de suplente de *Can-Can* y de las doscientas bailarinas esperanzadas sólo quedábamos dos: otra chica y yo. En ese momento, Michael nos llamó a cada una aparte. Era parte de su proceso para extraer la personalidad de sus bailarines con una charla. Si estaban tensos o incómodos mientras hablaban con él, era señal de que no iban a encajar en el conjunto.

Al principio estaba nerviosa. Aunque Michael sólo tenía treintaiséis años entonces, parecía mucho mayor. Pero me tranquilizó con su sentido del humor y su pasado de oficinista. Hijo de judíos rusos inmigrantes cuyo padre era barbero, Michael había sido de todo: despachador de sodas, percusionista de *jazz*, fotógrafo y chico de las copias en un periódico. Su verdadero nombre era Milton Greenwald, pero pronto comenzaron a llamarlo «kid» [«chico»] porque era pequeño y delgado. Su ambición había sido ser ingeniero químico hasta que un amigo lo llevó a un espectáculo de danza moderna. Poco después, estaba frente a los espejos ensayando lo que acababa de ver en escena. Con el tiempo, empezó a tomar clases, «sólo por diversión». Le gustaron la energía y camaradería que encontró en el mundo de la danza, tan distinto al ambiente estéril de las ciencias.

—Allí no hay gente. No hay risas. Es demasiado solitario —decía.

Después, un día, Michael estaba en el laboratorio de química cuando alguien le preguntó:

—¿Y qué diablos es una pirueta?

Así que hizo una. El problema fue que aterrizó sobre un equipo carísimo y un montón de ácido hidroclórico salió volando. Después recordaría:

—La evidencia sugería que debía abandonar mis estudios antes de que matara a alguien. Cuando les dije a mis padres que quería ser bailarín, ¡pensaron que estaba loco!

Le conté que casi me mato al caer sobre una mesita antes de que mi madre me enviara a tomar clases de danza con Doris Jones.

—Tal vez somos demasiado peligrosos para andar por ahí —dijo. Y cuando le conté de la beca en la School of American Ballet, se le iluminó el rostro—. ¡Yo también fui ahí! —exclamó—. Fue ahí donde aprendí que la danza tiene que regirse por el carácter. La danza sin emoción, sin conectar con el público, no es danza. No para mí.

Mientras compartíamos las historias de guerra de nuestros maestros en la SAB, empecé a pensar que tenía muchas probabilidades de que me dieran el trabajo de suplente.

El optimismo no duró mucho. Mi supuesta carrera bendecida se detuvo en seco cuando sufrí mi primera gran decepción en el teatro. (A la que seguirían muchas otras, debo añadir). No me dieron el rol. Me dirigí a la salida, humillada, y fui directo a Sid and Al's. A la hora que fuera, siempre había una pila de bolsos de baile amontonados en una esquina del restaurante. Era donde los chicos del coro iban a tomarse un vaso de leche, una taza de café o un bourbon doble para celebrar un rol imprevisto o ahogar sus penas cuando no lo conseguían. Me uní a una mesa de amigos y pedí mi habitual vodka con tónico, pues había escuchado que la ginebra hacía malvadas a las mujeres. Mientras mis amigos se conmiseraban conmigo, de pronto vi a Michael Kidd entrar en el restaurante y dirigirse a nuestra mesa.

De pie a mi lado, Michael dijo:

—Chita, tenía que venir a decirte que la única razón por la cual no te llevaste el rol es porque no te sirven los zapatos ni la ropa de la chica que va a abandonar el *show*. Los productores no quieren gastar en un vestuario nuevo.

¡Guau!, pensé. Así eran las cosas: podías obtener —o perder— un papel por factores ajenos a tu control. El tamaño de tus pies. O de tu cabeza. Es una lección básica del mundo del espectáculo, pero ésa era la primera vez que me pasaba. Sentí que mi pesadumbre se disipaba. Le di las gracias a Michael por decírmelo. No tenía que haberlo hecho, pero ése era el tipo de hombre que era. Lo que no le dije es que me hubiera cortado los dedos de los pies como las hermanastras de Cenicienta por estar en *Can-Can*.

Luego Michael dijo:

—Oye, en el instante en que tenga que reemplazar a alguien en *Guys and Dolls*, el papel es tuyo. Y eso también aplica a cuando necesitemos una nueva chica en *Can-Can*. —Luego añadió—: Eres buena, Chita. Pero puedes ser mucho mejor.

Entendido.

Michael cumplió su palabra y, en pocas semanas, me llamaron para reemplazar a Onna White en *Guys and Dolls*. Era la primera vez que pisaba un escenario de Broadway, pero no grabé el momento. No distinguía —y sigo sin hacerlo— entre Broadway y los demás escenarios. Tal vez porque mi primer rol fue en una gira nacional de *Call Me Madam* y, para mí, el público es el público. Vienen al teatro, ya sea en Nueva York o en Keokuk, Iowa, con las mismas ilusiones y expectativas: para que los entretengan y para pedirles a los actores, como me dijo alguien una vez: «Conmuévanme, sorpréndanme, rómpanme el corazón».

Lo que sí sentí al pisar el escenario del 46th Street Theatre, ahora el Richard Rodgers, fueron los fantasmas de todos los actores que lo habían iluminado con su presencia. Soy una de esas personas locas que es capaz de escuchar los sonidos leves de los actores, bailarines y cantantes de espectáculos anteriores, el eco de sus pasos a través de las décadas hasta el presente. Por lo tanto, cuando fui a ver *Hamilton* en el Rodgers, era imposible no sentir la presencia de Vivian Blaine, graciosísima, cantando «Adelaide's Lament» [«El lamento de Adelaide»] y la de Isabel Bigley, tocando su tambor para llamar a esos jugadores «pecadores» interpretados por Sam Levene, Robert

Alda y Stubby Kaye. Yo fui una chica Hot Box en *Guys and Dolls* durante unos pocos meses y disfruté cada minuto.

Me asignaron un papel especial en el número «Habana» cuando la historia de Sky Masterson y Sarah Brown se traslada a Cuba. Como latina, podía añadirle sabor a la secuencia atolondrada. Llevo algo en la sangre que me hace mover las caderas como una lavadora de ropa a alta velocidad, y deseé que mi padre, Pedro Julio, que tocó con algunos de los grandes latinos, hubiera podido verme. Por cierto, no me costó nada bailar en esos tacones altos que tanto mortificaban a Onna White. Siempre me han gustado los zapatos de tacón alto, sobre y fuera del escenario. Me encanta cómo alargan y hacen lucir tan sexis las piernas de las mujeres. Como dijo Bette Midler una vez: «Denle a una chica los zapatos correctos y conquistará el mundo». Hasta el día de hoy, jamás me verán en zapatos planos o zapatillas deportivas.

También me divertí mucho interpretando el burlesco «Take Back Your Mink» en *Guys and Dolls*, donde comenzábamos con las estolas de imitación de piel y los atuendos extravagantes de Alvin Colt, que luego nos quitábamos para terminar en las picardías de encaje negras. ¡Nos veíamos regias! Pero, como siempre decía Michael: «La belleza en el escenario no es nada, chicas. No basta con que se vean bien. Deben sentirse bien».

❋

A principios de 1954, después de unos meses en *Guys and Dolls*, me invitaron a unirme al elenco de *Can-Can* para sustituir a Ina Hahn, una de las lavanderas que también interpretó a la Oruga en el famoso *ballet* «El jardín del Edén». Detesto esas cosas peludas con docenas de patitas, pero eso no me impidió desear ser la mejor oruga que se hubiera arrastrado por el escenario del Shubert Theatre. Los bailes de *Can-Can* eran mucho más agotadores que cualquier cosa que hubiera hecho en *Guys and Dolls*, pero había decidido estar a la altura de un coro compuesto por los mejores bailarines de cualquier lugar. Yo apenas tenía veintiún años, era la más joven del grupo, así que su instinto era ayudar a «la chiquilla» hasta que me aclimatara.

Comencé a desarrollar el hábito de llegar al teatro una hora, incluso noventa minutos antes de las funciones para calentar en el escenario. Me encantaba estar sola en el teatro a media luz, mirando las filas de butacas vacías y escuchando las conversaciones asordinadas de los técnicos que se preparaban para la función. Con el tiempo, se me uniría una fabulosa criatura rubia y de ojos azules, toda piernas y encanto seductor. Era Dee Dee Wood, que se convirtió en una de mis mejores amigas. Dee Dee y yo habíamos sido estudiantes en la School of American Ballet, pero fue en *Can-Can* que nos acercamos más.

Al poco tiempo, yo la llamaba Deets y ella me llamaba Chita-Beeta. La compañía nos veía como el lado Blanco y el lado Oscuro de Eso. Dee Dee era mi hermana del alma, aunque en lo físico éramos polos opuestos. Me encantaba su glamour natural, que minimizaba para convertirse en «uno de los chicos» conmigo. Bromeábamos mucho, algo que también hacíamos con su novio y futuro esposo, Marc Breaux. Marc era un apuesto cajún que, como todos mis amigos de Luisiana, era amante de la diversión y un espíritu libre, sobre todo, después de unas cuantas rondas de bebidas espiritosas. Más adelante, Dee Dee y Marc asistirían a Michael Kidd en *Li'l Abner*, antes de que se los llevaran a Hollywood a coreografiar películas como *Mary Poppins* y *Chitty Chitty Bang Bang*, en las que le enseñaron a Dick Van Dyke sus movimientos elásticos e ingeniosos.

En *Can-Can* la pareja de Dee Dee era Eddie Phillips, un fabuloso bailarín pelirrojo, y la mía era Socrates Birsky. Socrates también era un bailarín maravilloso y vivaracho, pero en una ocasión tuvo muy mala puntería. Se volvía más peligroso cuando bailábamos la «Quadrille». Era un número acelerado con patadas altas, volteretas, caídas y ruedas, que se nos hacía más difícil ejecutar porque llevábamos faldas de lana largas y pesadas, y pantaletas debajo. En un momento dado, yo estaba en un arabesco con una pierna alzada y Socrates debía lanzarme para que cayera en un *split* y me deslizara hacia un lado del escenario. Pero lo que hizo fue lanzarme directo hacia una mesa. Logré esquivarla; si no, tal vez no estaría aquí. Por cierto, ese vestuario daba tanto calor que recuerdo que Beverly Tassoni, una bailarina, se sentaba en segunda posición y se abanicaba no el rostro, sino la entrepierna. Y tener talento es hacer eso y no parecer indecente.

Si nos esforzábamos más en *Can-Can* no era tan sólo por Michael, sino también porque compartíamos el escenario con Gwen. Como acostumbraba a hacer, me quedaba tras bastidores y la observaba cada vez que podía. Gracias a su cuerpo ligero y ágil y sus adorables gorjeos, la Claudine de Gwen era capaz de transmitir un amplísimo abanico de emociones: sensualidad, inocencia, sandez, vulnerabilidad y fortaleza. Cuando Gwen se colocaba en una posición, ni un camión Mack podía moverla. Una vez que capturaba tu atención, no te soltaba, y podía llegar hasta la última fila del teatro. Lo hacía con la voz y con el cuerpo. Pero también con el espíritu. Volcaba el alma en su interpretación, fiel en todo momento, sólida como una roca y ligera como el aire. Gwen no podía disimular, aunque lo intentara. Se tomó muy en serio el lema de Michael: «Los bailarines son actores sin palabras». Cada gesto tenían que contar.

La fusión del *ballet* y la teatralidad fue una revelación para mí, pero también me resultó familiar al instante. Cuando estaba en la School of American Ballet, deseaba hacer mucho más de lo que nos pedían. Quería ir más allá de lo que se nos enseñaba para contar historias. Las bailarinas de *ballet* que encontraba más atractivas, Nora Kaye y Maria Tallchief, sobresalían en eso. No debía sorprender a nadie que Michael seleccionara a Nora para su primer y único *ballet*, *On Stage!* En *Can-Can*, me di cuenta de que era posible contar una historia a través del baile con estallidos de entusiasmo y humor. Participar en ese espectáculo fue como inhalar oxígeno puro día tras día durante casi un año. Para mí, la mejor droga del mundo.

Michael había dicho: «Si pueden lograr que el público responda al bailarín como a una persona real que hace algo creíble en el marco teatral, entonces han hecho bien su trabajo». Para nosotros, era una experiencia liberadora observar a Gwen hacer justo eso porque daba paso a toda suerte de posibilidades.

Tanto Michael como Gwen, cada cual a su modo, me habían dicho: «Haz algo que sólo tú puedas hacer, Chita». A partir de ese momento, juré que ése sería mi mantra personal.

Lo que sucedería después de *Can-Can* me haría vivir esa promesa. Y para parafrasear a Will Loman en *La muerte de un vendedor*, allí estaría sin un centavo y con una plegaria.

Entreacto

Una vela romana

A mediados de mi temporada con *Can-Can*, tuve un encuentro romántico febril con el presidente de Armenia. Bueno, el apodo se lo puse yo, aunque les aseguro que no sé por qué. Digamos tan sólo que Greg Roman era un chico imponente, aunque apenas era unos años mayor que yo. ¿Imponente? Corrección. Era uno de los hombres más guapos que había visto en la vida. Su verdadero nombre era Ishkhan Giragosian, pero el agente y productor Paul Gregory ya lo había rebautizado Greg Roman. Gracias a su agente, Greg había conseguido su primer rol como actor: un papel pequeño en la producción de Broadway de *The Caine Mutiny Court-Martial* [*Consejo de guerra del motín del Caine*] de Herman Wouk, protagonizada por Henry Fonda, John Hodiak y Lloyd Nolan.

El drama, en el que todos los personajes son masculinos, se estrenó en Broadway en enero de 1954 en el Plymouth Theatre, convenientemente localizado a un callejón del Shubert Theatre, donde un grupo de guapas señoritas lanzaban patadas al aire en *Can-Can*. No pasó mucho tiempo antes de que los chicos se «amotinaran» con las chicas. Entre esos chicos estaban un mucha-chito llamado Jim Bumgarner —que luego se convirtió en la estrella James Garner— y Richard Norris, el compañero de habitación de Greg en el Hotel Belvedere en la calle Cuarenta y Ocho Oeste.

Una noche, Richard, preocupado porque su compañero pasaba casi todo su tiempo libre encuevado en la habitación, convenció a Greg de que lo acompañara a una reunión convocada por el sindicato Actor's Equity en el City Center. Mi amiga Dee Dee y yo fuimos a esa misma reunión, que era a las 11:30 p. m., después de finalizadas nuestras funciones. Al entrar en el teatro repleto de gente, mi mirada se cruzó con la de un hombre guapo, musculoso, de cabello oscuro, quijada prominente y un aspecto provocativo. Me dejó sin aliento. Cuando Dee Dee y yo nos sentamos al lado del pasillo, miré hacia arriba y vi a Richard —que nunca perdía la oportunidad de ejercer de celestino travieso— con el mismo chico.

—Chita, quiero que conozcas a Ishkhan Giragosian, coleccio-nista de hierbas persa —dijo.

Ni Greg ni yo supimos cómo interpretar esa presentación. No creo que Richard hubiera querido decir «hierba» en el sentido que se le da hoy a la palabra. Pero ambos agradecimos la invitación y no perdimos tiempo en juntarnos. El veredicto de Dee Dee fue fulminante:

—¡Qué bueno está!

Para ilustrarles cómo estaban nuestras hormonas en aque-lla época, nada mejor que el mundo evocado en la canción de Stephen Sondheim «Waiting for the Girls Upstairs» [«Esperando por las chicas de arriba»] de *Follies*.

En nuestra primera cita, después de nuestras respectivas fun-ciones, Greg me llevó a pasear en el *ferry* de Staten Island. El viaje de ida y vuelta costaba cinco centavos, así que era la mejor ganga del mundo. Al pasar por la Estatua de la Libertad, empezamos a conocernos. Greg era hijo de inmigrantes armenios que se asentaron en Toronto. Mientras crecía, se interesó por el fisiculturismo y llegó a ser finalista en el concurso de Mr. Ontario antes de encaminarse a Los Ángeles para convertirse en actor. Greg había leído en una revista de la industria que Paul Gregory era el agente del actor Zachary Scott. De manera impulsiva, tomó el autobús de Santa Mónica y llegó a la oficina de Paul Gregory. Fue una movida inteligente. Lo llevó al debut en Broadway y a mis brazos en el *ferry*.

Cuando regresamos a Lower Manhattan, descubrimos que el *subway* ya había cerrado por el resto de la noche. Así que caminamos, de la mano, los ocho kilómetros de Battery Park hasta mi apartamento en la calle Cincuenta y Cinco Oeste, donde vivía con mi hermano Hoolie. Después, Greg me dijo que, cuando llegó a su habitación, Richard lo estaba esperando despierto para que le contara todos los detalles «jugosos». Cuando Greg le contó lo de la caminata de regreso, Richard explotó.

—Espera, ¿hiciste a Chita caminar ocho kilómetros después de romperse el trasero bailando en *Can-Can*? —preguntó Richard—. ¡Debiste gastarte el dinero en un taxi, idiota! ¡Tienes suerte si vuelves a verla!

A mí no me importó en absoluto la caminata. Creo que habría caminado hasta Armenia por estar con Greg. Y no sólo caminamos. *Flotamos*. Casi todas las noches, al terminar nuestras funciones, flotábamos por la Octava Avenida, doblábamos a la derecha en la calle Cuarenta y Ocho Oeste y nos escabullíamos en la habitación 1119 del Hotel Belvedere. Allí, noche tras noche, Greg me enseñó los misterios de la vida, el amor y el sexo. En las noches calurosas, arrastrábamos un colchón a la azotea y contemplábamos la luna y las estrellas eclipsadas por las luces de Broadway.

En una ocasión, Greg y Richard se colaron por la entrada de artistas y se quedaron entre bambalinas durante una función de *Can-Can* para verme. David Colyer, el asistente del director de escena, los pilló y se los comió vivos.

—¡Qué *gauche* hacer algo así! —les dijo a los chicos antes de echarlos.

Greg dijo que se volvió hacia Richard y le preguntó:

—¿Qué diablos significa «*gauche*»?

No es un adjetivo que yo hubiera empleado con Greg. Se me ocurren otros: «Dulce». «Atento». Y «enloquecedoramente guapo».

Después de que *The Caine Mutiny Court-Martial* cerró, Greg y yo seguimos viéndonos, a veces con Dee Dee y Marc Breaux, y de vez en cuando con James Garner y Lynn Bernay, una hermosa bailarina que también trabajaba en *Can-Can*. Una de las cosas que me gustaba de Greg era que, por primera vez, estaba saliendo con un actor dramático. A medida que me adentraba en ese nuevo mundo, me convencía de que mi lugar era en el teatro. Me cautivaba escuchar a los chicos hablar de Lee Strasberg y Stella Adler, el Actors Studio y el Group Theatre, Marlon Brando y James Dean.

A la larga, Greg regresó a California y cada cual siguió su camino. Pero décadas después, en 1966, participé en la gira nacional de *El beso de la mujer araña* en el Ahmanson Theatre en Los Ángeles. Al terminar una de las funciones, en la ovación final, un hombre salió del público con un ramo de tres docenas de rosas rojas. Era Greg. Cuando me entregó las flores, susurré:

—¡Ven a mi camerino!

Greg llegó a mi camerino y, como dice la canción, «lucía mejor de lo que cualquier cuerpo tiene derecho a lucir». Conversamos e hicimos arreglos para salir a cenar. Tan pronto como salió, giré hacia mi indispensable asistente, Rosie, y la mandé a comprar ligas, medias de seda, portaligas y una camisa de hombre blanca impecable. Cambié de imagen a prisa y a lo loco. Cuando oí que tocaron a la puerta de mi *suite* en el hotel, recibí a mi invitado especial con un vestuario digno de las asesinas de *Chicago*. Estaba vestida para matar.

—Adelante —dije como si siempre anduviera vestida así en mis aposentos. Nuestro reencuentro no fue una decepción.

A menudo, la gente me pregunta si pienso en alguien en particular cuando canto canciones de amor en mi acto de cabaret. Sinceramente, la respuesta es que canto para servir a los compositores de esos temas atemporales y universales. Pero sé que siempre puedo añadir una capa más de sentimiento al evocar ciertas imágenes de amantes pasados como, por ejemplo, en una habitación de hotel o en una azotea. Conjuro la sonrisa traviesa y cómplice, y la tibieza envolvente de esos encuentros íntimos memorables. Así fue Greg, mi guapo presidente de Armenia.

6

DE ORUGA A MARILYN MONROE

———

Shoestring Revue

Sabes que no eres la persona más indicada para el papel
—dijo el director de escena—. Pero ya que estás aquí, ponte
en la fila.

Me entregó algunas hojas de un libreto que yo debía leer para el
equipo creativo de un nuevo espectáculo: *Shoestring Revue*.

Al recorrer con la vista el salón de audiciones, confirmé que no
tenía nada que hacer allí. A mi lado, esperando su turno, había
rubias de piernas largas y busto amplio, con vestidos reveladores
y pintalabios rojos que acentuaba sus lindos rostros. Y ahí estaba
yo, bajita, de piel oscura, vestida con falda y leotardos negros, y esta
nariz que parece un «culo de gallina», como decían en broma mis
hermanos. Pero no me sentí intimidada. Dania Krupska, mi amiga
de *Can-Can*, me había hablado del espectáculo en el cual la habían
contratado como coreógrafa.

—Va a ser una revista musical con baile, comedia y canciones nuevas —explicó. El estreno en el President Theatre, fuera de
Broadway, estaba pautado para fines de febrero de 1955, pocos meses
después de que *Can-Can* cerrara. La paga no era nada del otro

mundo: cincuenta dólares semanales en un espectáculo cuya capi-
talización total eran dieciocho mil dólares.

—Pero no sé si puedo ser graciosa en escena —protesté.

—Sí, pero puedes bailar y estoy buscando una bailarina
—respondió Dania—. Puede ser divertido. El productor es un
chico llamado Ben Bagley. Sólo tiene veintiún años. ¡Todo un personaje! Pero parece que sabe lo que hace. ¿Qué tienes que perder?

Leí las hojas que me entregaron y solté una carcajada que provocó que las demás chicas me miraran. El libreto era de Michael
Stewart, que entonces tenía treinta años y escribiría *Bye Bye Birdie*
cinco años después. Aplicó sus talentos cómicos en elaborar un
libreto titulado «Epic, or I'll Be Glad When You're Dead, You
Roskolnikov You» [«Épico o me alegraré cuando estés muerto,
maldito Roskolnikov»]. En la historia, el productor de cine Mike
Todd intenta convencer a Marilyn Monroe de protagonizar una
película, basada en *La guerra y la paz* de Tolstoi, que se filmaría
en Yugoslavia.

«¿Yugoslavia?», exclama Marilyn. «¡Eso está cerca de Europa!».
Marilyn le dice a Todd que ha llegado tarde. Su archienemigo,
David O. Solznikoff, ya le ha ofrecido el papel principal en una
película de *Los hermanos Karamazov* de Dostoievski. A lo que
Todd responde: «¡Dostoievski! ¡Tolstoi! ¿Qué diferencia hay?
Ambos son eslavos».

«¡Qué importa lo que coman!», dice Marilyn.

Me encantó el material. Quería formar parte del espectáculo.
Que yo recuerde, fue una de las primeras, sino la primera personificación de Marilyn Monroe en un espectáculo. Pero yo era una
latina de veintidós años con apenas un par de créditos como corista. ¿Sería capaz de interpretar a esa rubia seductora tan blanca y
tan sexi? Era comprensible que lo dudaran. Bendito, yo misma lo
dudé, incluso me arrepentí de no haber intentado parecerme más

a ella. Pero estaba decidida a probarlo todo, aun si era atropellada por un montón de bellezas despampanantes. Creían que la mejor forma de impresionar al director, Christopher Hewett, era hacer piquitos con los labios, suspirar los diálogos, mostrar los pechos y contonear las caderas.

Mientras esperaba mi turno, Diana se me acercó con un hombre al que me presentó como Alvin Colt, el diseñador del vestuario del espectáculo.

—Ven con nosotros —dijo Dania y me llevó a un lado del salón. Ahí, Alvin me dijo que me pusiera unos *shorts* blancos y un suéter ajustado mientras me metía pañuelos desechables en el sujetador. Luego me puso una peluca rubia en la cabeza.

—Vamos a conseguir que te den ese papel —dijo—. Sólo tienes que decir los diálogos de Michael y te irá bien. Ellos sabrán qué hacer contigo.

Me miré en el espejo. La imagen que vi reflejada —una latina rubia y tetona en pantalones cortos— me hizo reír. Pensé que me parecía más a Mae West que a Marilyn. Me contoneé: *Ven a verme en algún momento.* Tal vez podía incorporar un poco de Dietrich: *Enamorarme otra vez, nunca quise...* Pero seguí el consejo de Alvin. Con un diálogo tan ingenioso, ya has adelantado más de la mitad del camino. El resto depende de ti. A fin de cuentas, decidí canalizar a Marilyn a través de la Lorelei Lee de Carol Channing. Sexi. Graciosa. Pero con un corazón de acero. Parecía que, después de todo, podría hacerlo.

✳

Para mi sorpresa, me ofrecieron el papel en *Shoestring*. Por un momento sentí que había alcanzado un imposible. ¿En realidad podía ser graciosa? ¿Hacer improvisaciones? Es decir, salir de mi zona de confort de bailarina de reparto de Broadway y aterrizar entre un grupo de cómicos jóvenes y brillantes en un pequeño teatro fuera de Broadway con los camerinos en los baños. Todos teníamos figuras y tamaños diferentes. En el elenco estaban Arte Johnson, Dody Goodman, Dorothy Greener y una formidable amazona de mirada penetrante y voz profunda: Beatrice Arthur.

Beady, como llegué a conocerla después, tenía once años más que yo, casi treinta y tres años, y estaba casada con Gene Saks. En aquel momento, Gene era actor, pero luego se convertiría en el director predilecto de Neil Simon para sus producciones teatrales y cinematográficas. Me sentí atraída hacia Beady de inmediato. Era una «dama-jefa»; había pertenecido a la Reserva de Mujeres del Cuerpo de Marines de los Estados Unidos antes de que la picara la mosca de la actuación. Excéntrica y complicada, detestaba ponerse zapatos, así que andaba descalza cada vez que podía, y les tenía fobia a los pájaros y a la goma de mascar. Beady nunca fue mala, pero podía ser brusca. A pesar de su presencia imponente, era generosa y me tomó bajo su tutela. En poco tiempo me convertiría en Little of It [la chispita] y ella, aun descalza, en Big of It [la grandota].

Nuestro productor, Ben Bagley, nos puso esos nombres. Era delgado, de estatura baja, nervioso y usaba espejuelos para que la gente creyera que era mayor. También tenía unas orejas prominentes que le ganaron el apodo de Dumbo. Ben era extraño y cáustico y se sentía orgulloso de serlo. Nos contaba que, una vez, un transeúnte le dijo a su abuela:

—¡Que criatura tan dulce!

—Hace falta un detective para encontrarle algo de dulzura a esta criatura —respondió la abuela. Ben alardeaba de ser un «loco sin remedio».

Shoestring reflejaba la personalidad errática de Ben. Pronto aprendí que en una revista musical te «abofeteaban» un poco y te echaban a los leones de vez en cuando. A mí no me importaba porque, a la par de sus gustos excéntricos, Ben tenía una habilidad sorprendente para reconocer el talento. Además del elenco, su ojo de águila había identificado a los compositores Lee Adams, Charles Strouse, Sheldon Harnick y Ronny Graham, que en el futuro crearían importantes éxitos teatrales. En el popurrí de *Shoestring* insertaron comedietas musicales, entre ellas «Medea» tal y como la imaginó Walt Disney (Dorothy canta entre los pájaros azules antes de despedazar s sus hijos), la llegada del calentamiento global a Manhattan («There are oysters in the Cloisters» [«Hay ostras en los Claustros»]), una parodia de los titulares del *Reader's Digest* («The Eleventh Baby Is the Easiest» [«El onceavo bebé es el más fácil»]) y una canción de amor para acabar con todas las canciones de amor titulada «Garbage» [«Basura»].

En esta canción, Beady lleva «quince años... melancólica y llorosa» bajo una farola y se queja de su repugnante amante empleado sanitario. Mientras canta, Arthur Partington, mi pareja en *Can-Can*, y yo bailamos un tango «narrativo». Al final de la canción, yo me meto de cabeza en una bolsa de basura.

¡Era divino! Después de que Beady sacaba la basura —a mí— yo regresaba para interpretar a Marilyn y a Lady Godiva en la revista, lo cual, en aquel punto de mi carrera, era un curso de comedia para principiantes. Aun así, yo no había llegado a *Shoestring* sin preparación alguna. Estaba acostumbrada a hacer el ridículo en casa y había sido la payasa de la clase en la School of American Ballet. Como la esponja que era (y sigo siendo), había aprendido mucho de observar a Carol Channing, Elaine Stritch y Gwen Verdon. Pero *Shoestring* me obligó a llegar más lejos de lo que había llegado hasta entonces, sobre todo, el rol de Marilyn. Me sentía vulnerable, lo que me servía para el papel. Por primera vez, no contaba con la protección de una fila de bailarines en un enorme escenario de Broadway. El espectáculo se presentaba en un teatro fuera de Broadway con trescientas cincuenta butacas y muy poca distancia entre los actores y el público.

Para mi suerte, me había unido a una tropa de payasos que se estimulaban unos a otros para ensayar el material sin miedo. Estaban dispuestos a llegar al límite y sobrepasarlo; y yo los seguía. Nos protegíamos unos a otros. Ahí estaba Dody, cuya voz había sido descrita en alguna ocasión como «un pajarillo de muñequitos atragantado con mantequilla de maní»; Arte Johnson, dulce, infantil y gracioso; y Dorothy Greener, un dínamo pequeñito que tenía un brillo lunático en la mirada y que nunca se llevó el reconocimiento que merecía. Sin embargo, Beady fue la que más influyó en mí.

Beady era audaz y atrevida como buena neoyorquina. Su seguridad en sí misma, su voz grave y su dominio de la comedia eran irresistibles, aunque su entrenamiento en el Actors Studio le dio una sensibilidad refinada. Fuera del escenario, no se andaba con tonterías. ¿Pero en escena? Tenía un sentido del humor seco e irónico y un sentido del ritmo experto. Comenzaba con «la mirada», firme y altanera, que ya de por sí, captaba la atención. Luego fruncía los labios y hacía una pausa antes de decir una línea que dejaba a todo el mundo boquiabierto. Beady podía salirse con la suya como nadie, lo cual es el sello distintivo de la genialidad.

Al darse cuenta de lo verde que yo estaba, me dijo:

—Cheet, cuando estés ahí afuera, tienes que ser como un nervio expuesto. —Y refiriéndose a su héroe, Sid Caesar, añadió—: Todo se reduce a creer, a la verdad, nada más importa. Para que la gente se ría, tienes que decir las cosas muy en serio. Tómate tu tiempo. No lo des todo de entrada. Y que se jodan si no se ríen.

Buen consejo, sobre todo para el rol de Marilyn. En la primera función de *Shoestring* no sabía si alguien se reiría en la comedieta. Sabía que, después de que me dieron el papel, los escritores lo adaptaron para mí con el mismo esmero con el que Alvin Colt diseñó mi ropa ajustada y ornamentada, y mi peluca rubia. Yo temblaba de pies a cabeza mientras Maxwell Grant, en el papel de Mike Todd, le describía a Marilyn la película que estaba produciendo. En un momento dado, se detuvo al ver que yo torcía la boca como la diosa a la que intentaba conquistar para su película.

—¿Ibas a decir algo? —preguntó.

Después de una pausa, respondí:

—Parece que sí, pero no.

El público rio. Luego solté un gran suspiro de alivio que viajó por todo mi cuerpo. Y el público volvió a reír.

Interpretar a Marilyn no es la única de mis transformaciones que le debo a *Shoestring*. Unas semanas antes del estreno, Arthur Partington y yo estábamos en un restaurante en la calle Cuarenta y Ocho Oeste, frente al teatro.

—Ben me dijo que debo cambiarme el nombre —dije mientras me zampaba mi sándwich habitual de atún en pan blanco con mayonesa.

—¿Y qué pasa con Conchita del Rivero? —preguntó.

—Dijo que es demasiado largo para los carteles —respondí—. ¿Qué te parece Chita O'Hara?

Entonces ya todo el mundo ya me llamaba Chita y me gustaba cómo sonaban todas esas vocales. Además, mi madre, Katherine, tenía sangre escocesa e irlandesa y me pareció que sería un buen tributo a ella. Mis nociones de la mujer ideal en pantalla eran Bette Davis, Joan Crawford, Ida Lupino y, sobre todo, Maureen O'Hara. Ella podía descuartizar a John Wayne sin sudar ni una gota.

Arthur estuvo de acuerdo.

—Me parece muy bien —dijo.

Pero pronto descubrí que a mis amigos no les pareció tan bien. Cuando contestaba el teléfono diciendo «Chita O'Hara», escuchaba unos cuantos «clics» al otro lado de la línea. La gente pensó que me había vuelto loca.

—Chica, no pareces muy O'Hara que digamos —observó Dee Dee—. He oído hablar de irlandeses negros, pero ¿Chita O'Hara? ¿En serio?

Tenía razón. ¿Temía perder trabajos porque mi nombre sonaba demasiado «étnico»? Tal vez. Después de considerar otros nombres, pensé ¿qué diablos? Chita del Rivero. Ésa soy yo. Ésa es la mujer del espejo. Luego pensé ¿por qué no quito el «del» y sustituyo la «o» por una «a»? Chita Rivera. Sonaba más elegante, más fácil de pronunciar, más melodioso. Cabría en una marquesina... si se daba la ocasión. Y ese nombre también respetaba a mis antepasados. Si me negaban un papel porque el director o los agentes pensaban que mi nombre sonaba muy al sur de la frontera, el problema era suyo.

Apoyados en la seguridad que nos dábamos unos a otros y listos para hacer el ridículo, estrenamos *Shoestring* el 28 de febrero de 1955. Fue un éxito de crítica y público. Walter Kerr, un crítico del *New York Herald Tribune* difícil de agradar, escribió: «La revista musical *Shoestring* tiene una pequeña virtud que muchos grandes espectáculos no tienen: es cómica. Es cómica casi desde antes de que uno se quite el abrigo y se mantiene cómica». Otro escribió que yo tenía un «aspecto sensual estilo sur de la frontera» que cautivaba al público en un número de calipso sobre los pecadores a lo largo de la historia, una interpretación «casi calumniosa» de Marilyn Monroe, y una comedieta sobre el visón en la que me paseaba por el escenario como Lady Godiva.

✳

La temporada de *Shoestring* se extendió, y en un momento dado, nos invitaron a Dorothy, a Beady y a mí a Chicago para que interpretáramos nuestros números en una exposición industrial de Oldsmobile. (Esas funciones temprano en la mañana eran comerciales para productos en las convenciones corporativas). Me sentí muy aliviada de estar a la altura de unos talentos tan excepcionales. Recorté las reseñas y se las envié a mi madre. Le encantaba todo lo que yo hacía, con o sin crítica.

Una noche después de la función, Beady me dijo que alguien estaba esperándome. Salí y un chico de rostro redondo, en un traje de tres piezas impecable y con espejuelos de marco oscuros me saludó. Parecía de la CIA. De hecho, era un agente, pero de la MCA, la agencia de talentos donde trabajaba para David Hocker, el director de la división de teatro musical. No parecía mucho mayor que yo. Se presentó.

—Hola, soy Dick Seff. Tu Marilyn estuvo grandiosa y «Garbage» es una maravilla. ¿Cómo lograste meterte de cabeza en esa bolsa?

—La bolsa se abrió y Dania me dijo que me metiera de cabeza, así que lo hice —respondí.

—Eres muy original, Chita. Tienes un gran sentido del ritmo y esas piernas tuyas pueden hacer lo imposible. Creo que tienes mucho futuro en esta industria. ¿Quién te representa? —dijo riendo.

—¿A qué te refieres? —pregunté con ingenuidad.

—Me refiero a que si tienes un agente —respondió.

Nunca me habían preguntado eso. ¿Alguien que se hiciera cargo de mí? ¿Qué me buscara trabajo y todo eso? Dick me dijo que mientras que su jefe buscaba a los grandes talentos, como Ethel Merman, Rosalind Russell y Rex Harrison, él estaba creando su

propia cartera. Por eso emprendió el peligroso camino tras bastidores, entre escalones rotos y por un pasillo oscuro hasta el espacio
central al lado del inodoro. Se ofreció tomarme como cliente. Acepté
enseguida. Me gustaba. Era genuino y divertido. Unas semanas después de firmar el contrato, descubrí que estaba en buena compañía.
Su cartera incluía a John Kander, Fred Ebb y Ron Field, que recién
iniciaban sus carreras. Años después, trabajaría con ellos en varias
ocasiones y todos ganaríamos premios Tony.

Permanecí en *Shoestring* muy poco tiempo porque se me presentó
una oportunidad en un nuevo espectáculo, *Seventh Heaven*, protagonizado por Ricardo Montalbán y Gloria DeHaven. Pero esos
pocos meses me cambiaron la vida. Llegué a *Shoestring* sin saber
apenas lo que era una revista musical y salí convertida en comediante
con un nuevo nombre, algunas buenas reseñas y un agente joven e
inteligente que permanecería a mi lado por décadas. Parafraseando
a E.B. White, si vas a Nueva York, tienes que estar dispuesto a tener
suerte. Yo estaba preparada. Pero eso casi siempre significa entrar
por puertas abiertas aunque te dé miedo. Mi suerte fue que pude
aprender de algunos de los mejores talentos cómicos de aquel momento, en especial, de Beady. Siempre la he considerado una «cien-
tífica cómica». Tal era su precisión. No me sorprendió que luego
hiciera un arte del género de la telecomedia en *Maude*. Por cierto,
Norman Lear, el productor de esa comedia pionera, vio a Beady
por primera vez en *Shoestring*. Así de perspicaz era el «loco sin
remedio» de Ben Bagley a la hora de identificar talentos.

Digo esto porque nunca se sabe quién puede estar entre el público. Temprano en mi carrera aprendí que mientras más te dejas
ver, más probabilidades tienes de que te vean. Si Carol Channing
no me hubiera enseñado a no dejarme limitar por un estereotipo
—al principio, Anita Loos había concebido a Lorelei Lee como
una pelinegra bajita— jamás habría tenido las agallas de competir

con todas aquellas rubias voluptuosas. Sucede que, cuando somos actores y bailarines, casi siempre sentimos que no somos lo suficientemente buenos. Lo único que puede tranquilizarnos es que los artistas a los que admiramos nos acepten. El elenco de *Shoestring* hizo eso por mí. Me dio más seguridad en mí misma. Pude escuchar mejor mi voz. Ejercité músculos nuevos. Si puedes pasar de ser una oruga a ser Marilyn Monroe, has progresado. Y miren mi ejemplo, no hay satisfacción mayor que hacer reír a la gente. Esto no hubiera ocurrido si Dania Krupska no me hubiera abierto la puerta y si yo no hubiera estado dispuesta a hacer el ridículo.

¿Saltar a una bolsa de basura?

«¡Di que sí!».

Entreacto

Chita-Rita y otras revistas

Después de *Shoestring*, no volví a actuar fuera de Broadway, pero sí hice un par de revistas musicales: la producción de 1972 de *Jacques Brel Is Alive and Well and Living in Paris* [*Jacques está vivo, bien, y vive en París*] y *Jerry's Girls* [*Las chicas de Jerry*], que hice en Broadway en 1985. Sin embargo, nunca consideré que *Jerry's Girls* fuera una revista musical. Sobre todo, con números como «I Don't Want to Know» [«No quiero saber»], que es un espectáculo en sí mismo.

Me fascina el formato de la revista musical y una de mis favoritas es *Forbidden Broadway* [*Broadway prohibido*] de Gerard Alessandrini, en la que se burla de un modo muy gracioso de la gente del mundo del espectáculo como nosotros. Cuando supe que iba a incluir a «Chita-Rita», una parodia de la «rivalidad» entre Rita Moreno y yo, me sentí un poco inquieta. Desde que Rita recreó mi rol de Anita y se ganó el Oscar en la película de *West Side Story*, ambas hemos padecido la confusión que genera el que nos identifiquen con el mismo rol icónico. Y ni hablar de que nuestros nombres suenan muy parecidos: el mismo número de sílabas y las mismas vocales. Esa semejanza resurgiría cuando interpreté el rol de Rita Romano en *Mr. Wonderful* en 1956. Pero nunca me molestó hasta que la gente empezó a confundirnos. Ahora, cuando alguien me dice, «Me encantó tu papel en la película de *West Side Story*», yo hago la aclaración y le digo con mucha elegancia: «Yo soy la Anita original».

Cuando se estrenó *Forbidden Broadway*, la gente me preguntaba, «¿Vas a ver el espectáculo?». Las estrellas evitan los espectáculos donde las parodian como si fueran la peste o, por el contrario, corren a verlo. ¿La reacción de Rita? «Sin comentarios». La mía fue diferente. Soy curiosa como un gato. No creía que tuviera que salir ganando; sólo quería no salir perdiendo. Por lo que recuerdo, salí bastante bien. De hecho, me reí a carcajadas. *Forbidden Broadway* siempre presenta a actores muy talentosos y ésa no fue la excepción. Donna English y Jeanne Montano aparecían vestidas ambas con el mismo vestido violeta con enaguas rojas, justo como Anita en *West Side Story*, y cantaban:

Chita:

Chita Rivera is not Rita	Chita Rivera no es Rita
Rita Moreno is not Chita	Rita Moreno no es Chita
Chita is Chita and not Rita	Chita es Chita y no Rita
I would prefer you forgot Rita!	¡Prefiero que te olvides de Rita!

Rita:

My name is Rita and not Chita	Mi nombre es Rita y no Chita
Though I look like you a lot, Chita	Aunque me parezco mucho a ti, Chita
When people smoke too much pot, Chita	Cuando la gente fuma demasiada hierba, Chita
They think you're me and I'm not Rita!	Creen que tú eres yo ¡y yo no soy Rita!

Both:

So if you want to keep who's who straight
Here's how to settle the great debate
I am the one you should emulate
She is the bird who should migrate!

Ambas:

Pues si quieres saber quién es quién
Así se resuelve el gran debate
Yo soy la que debes emular
¡Ella es el ave que debe migrar!

Me sentí honrada de que me incluyeran en la sátira. Me encantan las bromas, en especial si son sobre mí. Quien quiera permanecer en la industria —vamos, quien quiera salir adelante en la vida— tiene que poder reírse de sí mismo. ¡Y yo he tenido muchas oportunidades de hacerlo!

Entreacto

Seventh Heaven

Beady y yo nos fuimos de *Shoestring* para trabajar en *Seventh Heaven* de Victor Young, un melodrama musical sobre dos amantes desafortunados, un soldado y una mujer «poco virtuosa», durante la Primera Guerra Mundial. El espectáculo, protagonizado por Gloria DeHaven y Ricardo Montalbán, en realidad no funcionaba, pero, como estaba ambientado en el alocado Montmartre de París, sólo había que añadir a una madama, interpretada por Beady, y a un trío de prostitutas, Camille, Colette y Fifi, interpretadas por Gerrianne Raphael, Patricia Hammerlee y *moi*. Como el vestuario fue diseñado por Marcel Vertès, quien había ganado un Oscar por la película *Moulin Rouge*, éramos las mujeres de la calle mejor vestidas de la historia de Broadway.

Lo mejor de *Seventh Heaven* era trabajar con un pequeño relámpago llamado Peter Gennaro, uno de los tres bailarines que introdujo «Steam Heat» [«Calor de vapor»], el número icónico de Bob Fosse en *The Pajama Game* [*El juego del pijama*]. Conocí a Peter en *Guys and Dolls* y me quedé impresionada por sus movimientos tórridos, así que tomé sus clases de *jazz*. La actriz Grace

Kelly, que también tomaba sus clases, era amiga de Gant Gaither, el coproductor de *Seventh Heaven*, y le recomendó a Peter. Así hizo su debut como coreógrafo del espectáculo.

Fue una gran decisión y significaba que los bailes eran rápidos, furiosos y muy sensuales. «Sí», solía decir Peter. «Es un poco enloquecido. Pero es tan enloquecido como lo deseo».

Peter sabía de mis comienzos y creó un «White and Gold Ballet» [«Ballet blanco y dorado»] de cinco minutos, que yo bailaba con Scott Merrill, un hombre guapísimo y un bailarín extraordinario. Sin embargo, las patadas y empujones de mi dama de la noche me costaron al principio. Las contracciones del *jazz* moderno de Peter me parecían un tanto extrañas y un poco más sugerentes de la cuenta. Como se había emparejado y luego casado con una bailarina de *ballet*, Jean Kinsella, era el puente perfecto entre ambos mundos. Notó que me estaba costando hacer el «empujón», un atractivo de venta de toda prostituta. Me parecía vulgar. Pero Peter fue el primero en enseñarme a soltar y hacer la contracción con los pies hacia dentro, no hacia afuera. Eso me permitió asumir una postura muy diferente de la que lograba con las cinco posiciones del *ballet*.

—Chita, eres bailarina de *ballet*, pero, al igual que yo, tienes los pies ligeros, las caderas flexibles y sientes la música —me dijo—. Entiendes los ritmos. Déjate llevar por ellos. Confía. Eres incapaz de hacer un movimiento vulgar.

Seguí el consejo de Peter y recibí mis primeras buenas reseñas gracias a él. El crítico Frank Quinn escribió: «Chita Rivera es una chica con una personalidad llamativa y audaz... que se contonea y camina como una pantera. Hace una rutina muy divertida en su calipso can-can».

Lo que aprendí de Peter en aquel momento, y luego en *West Side Story*, fue una bendición en mi carrera, en especial cuando trabajé con Bob Fosse, el hombre que puso en el mapa a Peter, junto con Buzz Miller y Carol Haney, en *The Pajama Game*. Los movimientos pélvicos de Fosse eran más constreñidos, más sutiles y más eróticos. Pero las lecciones de Peter me dieron la libertad de explorar la sexualidad sin dejarme censurar por las «figuras» que vigilaban mis movimientos: Dios, por un lado, y mi madre, por otro.

Otro recuerdo asociado a *Seventh Heaven* es la dulzura de Ricardo Montalbán y la inseguridad de su coestrella Gloria DeHaven. En un momento dado, Gloria, a quien le había dado influenza, no pudo salir en algunas funciones. Pat Hammerlee y yo animamos a Gerrianne, nuestra Camille, que también era la suplente de Gloria, cuando la sustituyó en el papel de La Môme Pistache. Yo, por mi parte, me empeñé en llevarle una sopa de pollo a Gloria, que estaba refugiada en su hotel. Gloria tenía apenas treinta años, pero ya tenía renombre, así que me sorprendió cuando empezó a sonsacarme información sobre la interpretación del Gerrianne.

—¿Cómo lo hizo la chica? —preguntó moqueando y secándose la nariz con un pañuelo. Sentía una curiosidad particular por cómo su suplente había cantado «Where Is That Someone For Me?» [«¿Dónde está ese alguien para mí»] e «It's a Dream» [«Es un sueño»], sus dos baladas. En verdad, Gerrianne las había cantado con más lirismo y una voz más fuerte. Pero yo no iba a decirle eso a Gloria. Era la primera vez que veía de cerca la inseguridad propia del estrellato; por eso Lilo tenía tanto interés en reducir el papel de Gwen Verdon en *Can-Can*. No sabía cómo contestar las preguntas de Gloria hasta que se me ocurrió una respuesta que me pareció salva-egos.

—Bueno, Gloria, ¡lo cierto es que ella no es como tú!

7

EL AÑO DE SAMMY

_____

Mr. Wonderful

En el tocador de mi casa, entre el corazón de cristal y las muchas fotografías enmarcadas de amigos queridos y familiares, hay una que llama la atención. Estoy de perfil, mirando hacia abajo y besando los delgados dedos de ébano de un hombre, Sammy Davis Jr., amigo y amante de antaño. Su rostro, enmarcado en sus espejuelos proverbiales de marco oscuro, se ve sereno, lo cual casi nunca era el caso. Como mucho de lo que ocurrió entre nosotros, el beso es tierno, un gesto de respeto por su talento y por lo que ese talento le costó.

Sin embargo, antes de conocer a Sammy en el invierno de 1956, mi opinión de él era muy diferente. De hecho, cuando me dijeron que venía a Broadway con un espectáculo nuevo llamado _Mr. Wonderful_, no me impresionó.

—¿Qué viene a hacer a Broadway? ¡Es un cantante de clubes nocturnos! —le dije a mi amiga D.D. Ryan, que entonces trabajaba como asistente de un joven fotógrafo llamado Richard Avedon. La nariz casi me llegaba a la nubecita de humo del letrero de cigarrillos Camel, que estaba en la Cuarenta y Cuatro y Broadway, bajo el cual pasábamos en ese momento.

—No sea tan esnob, señorita Chita Rivera —respondió a la defensiva. El esposo de D.D., John Ryan, era el director de escena de *Mr. Wonderful*—. Su último papel no fue Lady Macbeth. Fue una mujer de la calle, si mal no recuerdo.

—Una dama del bulevar —la corregí defendiendo a Fifi en *Seventh Heaven*—. No cualquiera puede hacer ocho funciones por semana sin más. Las presentaciones en los clubes duran, ¿qué, una hora? ¿Un par de días a la semana? No aguantará ni un mes.

—Ya veremos —dijo—. Jule Styne es el productor, pero no está escribiendo la música. Y no es ningún tonto. —Se refería al compositor que después escribiría musicales tan icónicos como *Gypsy* [*Gitana*] y *Bells Are Ringing* [*Suenan las campanas*]. Prosiguió—: No lo subestimes, Chita. Ha tenido mucho éxito con «Hey There» [«¡Oye!»] y sus presentaciones se venden como pan caliente. Johnny dice que el adelanto es considerable, más grande que el de *My Fair Lady* [*Mi bella dama*]. —*My Fair Lady* abriría una semana después que *Mr. Wonderful*.

Lo que picó mi interés fue que D.D. dijera que John le había contado que había un papel perfecto para mí.

—Debes ir a las audiciones —dijo y después, con una sonrisa traviesa, añadió—: Y, Chita, tiene su propio número: «Estoy disponible».

—No me digas. Es una prostituta, ¿verdad? —pregunté.

—Una dama del bulevar —respondió.

El día del primer ensayo, el salón era todo efervescencia con la habitual sensación de inquietud anticipatoria. Pero era el elenco más colorido y diverso en el cual hubiera estado. No eran los prototipos de Broadway. A insistencia de Sammy, *Mr. Wonderful* sería un espectáculo integrado por completo, algo que aún no se veía con frecuencia en Broadway.

—No quiero sólo una chica o un chico de color en un mar de

blancura —les dijo a los productores, entre quienes, además de Jule Styne, estaba George Gilbert. Sammy también había exigido una historia que se acercara a quién y qué era él: un artista negro que había tenido que luchar para llegar a la cima del mundo de los clubes nocturnos. Por lo tanto, él interpretaría a Charlie Welch, que había escapado de las heridas del racismo estadounidense trasladándose a París. Allí, Fred, un agente interpretado por el comediante Jack Carter, lo descubre y lo trae de regreso a los Estados Unidos donde se convierte en todo un éxito. Olga James, una hermosa actriz joven con una voz inigualable, interpretaría a Ethel, el interés amoroso de Charlie.

Había leído el libreto de Joe Stein y Will Glickman. No me pareció muy sólido que digamos. Como todo actor, por lo general saltaba las páginas para ver *mi* parte. Según la había descrito D.D., Rita Romano era una especie de zorra. En aquella época, era una convención que una mujer monumental se paseara por el escenario en varias ocasiones a lo largo del espectáculo contando la historia de algún chico que estaba intentando metérsele en la cama.

«Y me dice "bla, bla, bla". ¿Y saben qué le dije yo a él? ¡Le dije que se fuera al infierno!».

Al menos, por primera vez en toda mi carrera, iba a tener un solo: «I'm Available» [«*Estoy disponible*»].

Jack Donohue, un chico corpulento y amigable, que estaba dirigiendo y coreografiando, nos explicó que el elenco iba a ensayar el primer acto durante las tres semanas habituales para el preestreno en Filadelfia antes de llegar a Broadway. La música original sería de Jerry Bock, Larry Holofcener y George Weiss. Casi todo el segundo acto sería la escena en el club nocturno de Sammy, coreografiada por él con el apoyo de su padre, Sam Padre y del «Tío» Will Mastin. Los tres habían comenzado en su carrera de vodevil como el Will Mastin Trio. Sammy se había incorporado al acto a los tres años y pronto se convirtió en una atracción estelar.

—¿Y qué se supone que debemos hacer durante el segundo acto? —le pregunté a Jack.

—Ustedes tendrán la fortuna de interpretar al público —respondió.

Albert Popwell, que interpretaba lo que aparecía en el libreto como un «músico de *bebop*», se me acercó sigilosamente.

—No pongas los ojos en blanco así, Chita, te van a saltar del rostro.

No importaba lo que pasara, el espectáculo iba a ser un éxito, con chicos como Albert en el elenco. Recién llegado de *House of Flowers* [*La casa de las flores*], era alto, de extremidades ligeras y gracioso. Era un bailarín atrevido. No le costaba caerse de culo en medio de la calle; los conductores horrorizados tenían que frenar de repente para esquivarlo.

Justo en ese momento Sammy llegó —no, entró moviendo el esqueleto— al salón y todo se detuvo. Lucía muy elegante con sus pantalones vaqueros ajustados y un suéter de cuello vuelto. En su dedo meñique relucía un pequeño anillo de diamantes. Eso fue una década antes de las chaquetas estilo Nehru, los kilómetros de blin-blín, las gafas exageradas y las camisas ceñidas abiertas hasta la cintura. Era de estatura baja, oscuro y flaco como un palo. Parecía que una ráfaga de viento podía hacerlo volar sobre el Broadway Theatre.

Nos reunió en torno suyo. Le hizo una seña a Jule Styne y dijo:

—Cuando este hombre empezó a hablarme de venir a Broadway, le dije «Sigue hablando. Pero mantén la distancia, nene, o te puedes llevar un beso en los labios». ¡Broadway siempre ha sido un sueño para mí! Es probable que ustedes ya lo sepan, pero nada sustituye a

Broadway en estatura y dignidad. Vamos a trabajar con intensidad
y también vamos a fiestar con intensidad. Y, si ustedes me ayudan,
vamos a darle una patada en el trasero a esta ciudad.

Sammy no se avergonzaba del hecho de que había llegado a
Broadway con los bolsillos vacíos. Pero también sabía que, si había
alguien capaz de unir el mundo de los clubes nocturnos con el
del teatro, los negros con los blancos y el *jazz* con el pop, era él.
Donohue se encargaría de la coreografía, pero Sammy haría sus
propios bailes y escogería sus canciones de su propio repertorio.
«Tengo que hacer mi música y bailar a mi manera», le había dicho
a Jule Styne.

El elenco aplaudió y vitoreó. Pero yo tenía mis dudas. ¿Hacer su
música y bailar a su manera? Eso no era lo que me habían enseñado.
En el teatro y el *ballet*, uno hacía lo que le ordenaban. *Aquí hay
mentes más brillantes que la suya, señor Sammy Davis Jr.* Y luego
comenzaron los ensayos. Y mis reservas empezaron a evaporarse
en el aire.

Sammy brincaba y saltaba a lo largo del salón de ensayos al ritmo
de la música. Sin embargo, en un instante, podía refrenarse y sus
movimientos se volvían pequeños e intensos. Todo lo que hacía le
salía del alma. Su voz sedosa llegaba a todas las notas con un estilo
singular tocando cada gramo de emoción. Podía hacer de todo, lo
que fuera: cantar, bailar, actuar, bailar claqué, imitar y hacer reír.
La mera exuberancia de todo ello era asombrosa. Su mayor don era
sencillo: transmitía alegría.

Llegué a descubrir la gran ironía que suponía esto por toda la
mierda que había tenido que aguantar, y seguía aguantando, a los
treinta años. Después de todo, hacía poco que casi había muerto
en la madrugada del 19 de noviembre de 1954, cuando su Cadillac
chocó contra otro auto cerca de San Bernardino, California. El

volante cónico le hirió un ojo de forma irreparable. Se había convertido al judaísmo y era un entusiasta del golf, por lo que, desde entonces, bromeaba diciendo que su discapacidad era ser «judío, tuerto y de color».

El ojo de vidrio parecía tan real que un día en un ensayo, durante un descanso, Albert, a quien llamábamos «Poppy» y yo nos pusimos a debatir sobre cuál era el ojo lesionado.

—Creo que es el ojo derecho —dije.

—Ojo derecho, izquierda en el escenario, así que es el ojo izquierdo —dijo Poppy.

—No, el ojo derecho, de frente, que es el ojo derecho —refuté.

Sammy nos escuchó y apuntó hacia su ojo izquierdo.

—Éste —dijo. Y luego añadió—: Pero más vale que se porten bien porque tengo ojos detrás de la cabeza para compensar por él. —Después me apuntó con el dedo—: ¡Te estoy velando!

Avergonzada, reí. ¿Velándome? No sabía bien a qué se refería. ¿Eso era bueno o malo? Durante los ensayos, Sammy insistía en observar mis escenas, aunque él no estuviera en ellas. No me parecía que el material fuera nada del otro mundo. Sólo tenía que intercambiar unas frases tontas antes de la canción «I'm Available». Pero Sammy se reía tanto de las líneas de mi Rita como yo de los apartes cómicos de su Charlie Welch.

Una noche, me alcanzó fuera del salón de ensayos.

—Oye, Chita, espera. Quiero hablar contigo —dijo.

—¿De qué? —pregunté. Sonaba molesta, aunque no era el caso. Por el contrario. Me sentía halagada. Sammy leyó mal mis expresiones. Eso me pasaba con frecuencia porque siempre me han dicho que con el «rostro relajado» parezco seria y hasta enfadada. Poppy me decía todo el tiempo que sonriera más para que no pareciera una bruja.

—Un consejo, Chita. No te subestimes —dijo Sammy—. Eres más ambiciosa de lo que crees. Y tu talento es igual que tu ambición. ¡Ve tras ella! La ambición no es nada malo.

Tenía razón. En aquel momento —y todavía hoy—, a las mujeres, no sólo a las actrices, sino a las mujeres en general, nos enseñaban a no ser ambiciosas. No era de buena educación.

—Eres una payasa innata, como yo. Somos unos tontos, nena. Pero somos unos payasos que sabemos cómo sacarle partido a lo que somos —prosiguió.

Asimilé todo lo que me dijo. La gente que cree en ti más que tú misma es inspiradora. Gwen Verdon me lo había dicho durante la temporada de *Can-Can*. Y ahora Sammy Davis Jr. me lo decía otra vez. Yo idolatraba a Gwen y admiraba a Sammy. Al escucharlo me ruboricé de orgullo y ansiedad. En aquel momento me veía sólo como una bailarina trabajadora que vivía en un sótano con su amiga Mary Alice Kubes. ¿Era posible que estuviera a la altura de lo que ellos veían en mí?

—Por cierto —añadió Sammy—. Si quieres tomarte una copa conmigo un día de estos, «I'm available».

No sabía mucho de la vida amorosa de Sammy, excepto que era soltero. D.D. me dijo que le atraían las mujeres blancas. (Años después, en 1960, su matrimonio con May Britt, una actriz sueca, causaría un revuelo internacional). Cuando le conté que se me había insinuado y que mi atracción por él iba creciendo, no le sorprendió.

—La primera vez que fui a ver a Sammy a un club nocturno, vi a un chico bajito, delgado y no muy guapo que digamos. Cuando terminó su presentación, estaba prendada de él. Lo mismo les pasó a todas las mujeres que estaban en aquel club. El talento es un afrodisiaco —dijo D.D.

Yo era muy coqueta y sin duda aquello me despertó el interés.

Pero no acepté la invitación de Sammy, al menos no por el momento. Él era la Súper Estrella y yo sólo era una artista de reparto destacada. Me bastaba con ir a las fiestas que hacía para el elenco en su *suite* del Gorham Hotel en la Cincuenta y Cinco Oeste. Los productores lo habían instalado ahí por el año que duraría la temporada del espectáculo. No bromeaba cuando dijo que fiestaríamos con la misma intensidad con que trabajaríamos. El Penthouse B, con sus muebles en exceso acojinados y su enorme terraza, pronto se convirtió en la cantina de la producción. Las estrellas compartían de cerca del resto del elenco. El Will Mastin Trio llevaba muchos años abriendo espectáculos, preparando al público para la función principal. Sin embargo, las estrellas nunca invitaban a los subalternos a sus fiestas. Y Sammy no permitiría bajo ningún concepto que eso se repitiera con el elenco de *Mr. Wonderful*.

En todas esas reuniones, Sammy se conducía como el Príncipe de los Revels en la barra situada al fondo de la estrecha habitación. Bebía Kahlúa en una copa de plata como su héroe, Frank Sinatra. Gastaba el dinero a dos manos ordenando bandejas de comida de los *delicatessen* locales y manteniendo una reserva inagotable de licores de primera. Era generoso hasta decir basta y deseaba que lo amaran, aunque tuviera que comprar el amor. Corrían rumores de que, de camino al teatro, bajaba por la Quinta Avenida y gastaba miles de dólares en regalos de Tiffany's, Sulka o Saks Fifth Avenue.

Yo lo admiraba, competía con el resto del elenco por su atención y escuchaba cada historia que contaba. Sobre cómo a los siete años le había robado la película *Rufus Jones for President* [*Rufus Jones para presidente*] a la gran Ethel Waters. «Por supuesto, yo interpreté a Rufus Jones», decía y luego añadía que Ethel no volvió a trabajar con niños hasta *The Member of the Wedding* [*El miembro de la boda*]. Sammy nos divertía con relatos de sus giras con su papá y su tío Will, de quien luego supimos que no era su tío de sangre.

—No la llaman T.O.B.A. en vano —dijo Sammy y nos enseñó que las siglas de la Theater Owners Booking Association [Asociación de Reservas de Propietarios de Teatros] para los artistas negros eran "Tough on Black Asses" [«Duro con los culos negros»]. Se trataba del circuito de ciudades comprendidas en las giras de los espectáculos de artistas y temas negros—. Si puedes sobrevivir eso, puedes sobrevivir lo que sea, incluso Broadway.

Jugábamos juegos, escuchábamos discos. Frank Sinatra, Ella Fitzgerald, Louis Armstrong y Nat King Cole eran especialmente favoritos. Una vez, decidí poner un disco de un muchachito que recién empezaba a despuntar: Elvis Presley. Ésta fue la observación de Sammy:

—Ese chico tiene estilo, Chita, pero lo aprendió de Big Mama Thornton y los cantantes negros de *rhythm-and-blues* del sur. Hay que darles crédito. Si vas a entrar en el mundo de la música, conoce la historia de la música popular. Si vas a entrar en el mundo del arte, conoce la historia del arte. Si vas a entrar en el mundo del teatro, conoce la historia de Broadway.

Sammy estaba obsesionado con Shakespeare y nos entregaba libretos para que representáramos escenas del Bardo. Su imitación de Laurence Olivier era exacta. Desde Elvis hasta Olivier, Sammy absorbía todo lo que lo rodeaba y le sacaba partido si podía. Y yo absorbía todo lo que podía de Sammy.

Sammy compartía su vida con nosotros en esas fiestas del Gorham, pero se cuidaba de no sacar los trapos sucios al sol. No fue hasta después de haber comenzado nuestra relación que me contó de todo el desprecio que había tenido que soportar por ser negro como el ébano. Aunque el Will Mastin Trio tocaba en clubes cada vez más exclusivos, aún tenían que buscar alojamiento y comer al otro lado de las vías en la zona de la ciudad donde vivían los negros.

En el ejército, unos chicos blancos despreciables le orinaron encima. Lo sujetaban mientras le pintaban eslóganes racistas en el cuerpo. Sammy se dio cuenta enseguida de que podría sobrevivir esos horribles ataques si divertía a sus compañeros soldados y los deslumbraba para que dejaran de ver el color, al menos de manera temporal. Sabía que, si conseguía derrotarlos en su propia cancha, saldría a flote. Sammy siempre buscaba la forma de que el racismo no lo hiriera tanto o, al menos, de otro modo.

Todo aquello fue una revelación para mí en el momento en que el movimiento por los derechos civiles comenzaba a crecer. Llámenme inconsciente, pero nunca me había fijado en el color hasta el año de *Mr. Wonderful*. De pequeña, había crecido en la zona donde vivían los negros en Washington D. C., con algunas familias latinas, como la mía. A mediados de la década de los 50, en el centro de la ciudad había fuentes de agua separadas para los negros y la gente de color, y en los teatros recién se había eliminado la segregación. Yo había tomado clases con Doris Jones y Claire Haywood, ambas negras, que habían fundado su escuela para darles a las minorías la oportunidad de entrar en el mundo del *ballet*. Y me había ganado una beca para estudiar en la School of American Ballet junto con Louis Johnson, que era negro, y que después se convertiría en estrella con el Alvin Ailey American Dance Theater y el Dance Theatre of Harlem. Broadway, también, era una especie de ecualizador, aunque me daba cuenta de que los actores y bailarines negros tenían que superar más obstáculos que una latina de piel clara.

Pero, gracias a Sammy, pronto descubrí que la saga de Charlie Welch en *Mr. Wonderful*, que se suponía que estaba más o menos inspirada en su vida, había sido suavizada y se suavizaría aún más antes de llegar a Broadway. La verdadera historia habría sido demasiado brutal para el público. Después de todo, los productores habían contratado a Sammy para que transmitiera alegría.

✳

Las críticas de *Mr. Wonderful* en Filadelfia fueron malas.

—Sammy y Olga gustaron; y Chita también se llevó algunas menciones buenas, pero eso es todo — nos anunció el día siguiente George Gilbert, el productor—. Vamos a hacer algunos cambios, así que prepárense para recibir hojas nuevas mientras estamos aquí.

Cuando a un espectáculo no le va bien en los preestrenos antes de llegar a Broadway, todo el mundo tiende a huir. Puede irle mal de tantas formas que es casi como la escena proverbial de *Titanic* en la cual se reorganizan las sillas en cubierta.

Los creadores estaban de acuerdo en que el «iceberg» era el elemento racial. La ansiedad de Charlie Welch de regresar de Francia a unos Estados Unidos racistas no invitaba al público. Tomaron la decisión de cambiar París por Nueva Jersey y convertir a Charlie en un cantante de salón demasiado tímido para presentarse en grande en Nueva York.

—Bueno, eso es una burla —le dije a Poppy—. Como si a Sammy le hubiera asustado alguna vez el éxito. ¡Él sólo quiere más! No tiene sentido. Espero que Sammy logre que no cambien la historia.

Jeri Gray, que interpretaba a la Chica de los Cigarrillos en el espectáculo, se rio de mi comentario.

—Chica, ¿qué sabes tú? —dijo con su voz ronca—. El Hombre siempre se cree más listo. Sammy lleva haciendo esto mucho tiempo y lo sabe. No va a írseles en contra. Ha apostado demasiado por este *show*. ¡Eso!

Yo amaba a Jeri. Era negra, fuerte y extrovertida. No se parecía a nadie que hubiera conocido antes. Tenía la fortuna de contar con una hermosa figura, pero sin duda no era la típica actriz de teatro musical. De hecho, *Mr. Wonderful* fue su debut en Broadway, y sería su primera y última presentación. Fue una lástima. El teatro pudo haberse nutrido de más gente como ella. Había nacido como Jeruth Persson en Harlem, se había presentado en el Apollo Theater y luego se había ido a Las Vegas donde supongo que se hizo amiga de Sammy. Podía imaginarlo decirle: «Jeri, iremos a Broadway. Vamos. Te pondré en el *show*». Le había dicho lo mismo a varias personas que estaban en el elenco por su gran sentido de obligación y lealtad. Siempre las trataba como si fueran estrellas. Junto a Poppy, Jeri, que tenía una voz rasposa, era la que más me hacía reír. Siempre la buscaba.

Un día, decidí recogerla de camino al ensayo. Estaba alojándose en el Alvin Hotel frente a Decca Records, donde vivían y hacían sus fiestas todos los músicos de *jazz*. Charlie «Bird» Parker tenía un apartamento allí. Llegué a su puerta en mi ropa de *ballet*, toda inocente e ingenua, y toqué el timbre. Un chico grande y fornido abrió la puerta y el olor a marihuana por poco me tumba. Me hizo una seña para que entrara en la habitación oscura, llena de hombres mayores sentados que escuchaban música y compartían cigarrillos de marihuana. En el instante en que uno de ellos iba a ofrecerme un pase, Jeri salió hecha una furia del dormitorio.

—¡Si le das uno de ésos, te mato! —le dijo al que se disponía a obsequiarme el cigarrillo.

Jeri me sacó aprisa de la habitación.

—¿Qué haces aquí? —me preguntó con su voz de fumadora.

—Pensé que podríamos ir juntas al teatro —respondí, aún curiosa, por no decir un poco estremecida después mi primer encuentro con el mundo renegado del *jazz*, el sexo y las drogas.

—Hoy no hay ensayo, cariño —dijo mientras me acompañaba por el pasillo—. Ahora vete. Y no vuelvas más por aquí, ¿me escuchaste? ¡Eso!

Ése fue el año de Sammy. Yo tenía veintitrés años y estaba recibiendo tremenda educación.

❋

Escarmentados por las reseñas de Filadelfia, todos estábamos ansiosos y nerviosos la noche del estreno de *Mr. Wonderful* el 22 de
marzo de 1956 en el Broadway Theatre. Teníamos razón para estarlo.
Brooks Atkinson escribió en el *New York Times* que se trataba de
«una espectacular y ruidosa promoción de la mediocridad». Los
demás críticos no fueron mucho más amables y atacaron la debilidad de la historia. Sammy salió casi ileso en las reseñas, pero, al
día siguiente, la atmósfera era fúnebre. Mientras nos preparábamos
para el público de la segunda noche, sabíamos que el entusiasmo
estaría condicionado por las reseñas. Hasta los columnistas escribían nuestro obituario: «Si quieren ver *Mr. Wonderful* —declaró
uno—, les sugerimos que vayan al Broadway Theatre esta semana.
No va a estar mucho tiempo en cartelera».

Entonces apareció Sammy. Aunque ya casi era la hora de empezar la función, no tenía puesta la ropa raída de Charlie Welch en el
primer acto. Llegó vestido de punta en blanco, rabioso y desafiante.
Parecía toda una estrella y nos demostró cómo había llegado tan
lejos. Les anunció a los productores que en adelante sería él quien
pondría las reglas. Nos reunió en torno suyo y juró luchar por mantener el espectáculo en cartelera.

—Firmé por un año y por Dios que voy a cumplir mi contrato. Me presentaré en todos los programas de televisión, haré todas
las entrevistas, cortaré todas las cintas en las tiendas y participaré
en todas las actividades benéficas que haga falta. Pero necesito su
ayuda. Necesito que actúen cada noche como si fuera la del estreno. Frescos. Al máximo. Como si fuéramos el mayor éxito de
Broadway. Y lo seremos.

Todos accedimos, por supuesto. Y Sammy mantuvo su palabra.
El modo en que perseveró para mantener el espectáculo en cartelera

fue admirable; y fue una gran lección. En aquella época a los críticos no se los desafiaba con facilidad. Todavía es así. Hasta esa noche, siempre había creído que soportar que algo saliera mal era parte del negocio. Reconocer el fracaso y seguir adelante. Pero ése no era el estilo de Sammy. Nada lo excitaba más que irle en contra al Hombre, ya fueran fanáticos o críticos difíciles de complacer. Sammy tenía una necesidad constante de demostrar que podía ganarse el afecto del público, que merecía ser una estrella. Su energía era contagiosa.

Las ventas de boletos aumentaron y, en todas las funciones, el elenco completo se sentaba en las mesas y observaba a Charlie Welch hacer su magia en el segundo acto de *Mr. Wonderful*. Sammy nunca repetía nada en esa hora y pico de canciones y parloteo, incluso insistía en cambiarse de vestuario «para que los chicos no se aburrieran». ¿Cómo aburrirnos? A un número animado le seguía una balada emotiva, luego un claqué. Hasta el paso más simple podía adornarse con un giro.

Durante ese año en Broadway Sammy desarrolló y perfeccionó el estilo de club nocturno que había interpretado toda la vida. Su ritmo cómico era impecable: las imitaciones, las burlas a sí mismo y esa risa que comenzaba con los ojos cerrados, un sonido gutural entrecortado, y luego el acostumbrado tambaleo por el escenario mientras se recuperaba. En cualquier momento, podía empezar a tocar de forma espontánea los tambores, la trompeta, el piano o lo que le diera la gana. Al público le encantaba, sobre todo, las noches especiales en que celebridades como Shelley Winters, Humphrey Bogart, Lauren Bacall o Milton Berle subían al escenario con nosotros en el segundo acto.

Las fiestas en el Gorham después de las funciones también continuaron. Sammy detestaba estar solo, así que su creciente séquito incluía a D.D. y John Ryan, George Gilbert, el columnista Burt

Boyar y su esposa, Jane, y su director musical George Rhodes y su esposa, Shirley Ann Vest. A medida que transcurría la noche, buscaba cualquier pretexto para que nos quedáramos más tiempo: otra ronda de Kahlúas, otro partido de Monopolio, otra tanda de historias alrededor de la barra. Una noche, cuando empezó a irse la gente, agarré mis cosas para irme también.

—¿Te vas ya?

—Sammy, son las tres de la mañana.

—Ven, baila conmigo —dijo acercándome a él.

—Pero no hay música —protesté. Y mientras se me pegaba, pensé: «Vaya, nuestros cuerpos encajan muy bien».

—Chita, tú y yo tenemos mucho en común...

—Lo sé, lo sé, ambos somos puertorriqueños —dije. Él nos había dicho una vez que su madre, Elvera Sanchez, quien se había divorciado de Sam Padre cuando Sammy sólo tenía tres años, era descendiente de boricuas. Sin embargo, después me enteré de que era descendiente de afrocubanos.

Noté que ya no quedaba nadie en la habitación. Me escurrí de entre sus brazos y me dispuse a irme.

—¿Por qué no te quedas? —preguntó.

Me detuve y giré hacia él.

—¿Quedarme? —pregunté—. ¿Te refieres a quedarme?

—Eso fue lo que dijo el hombre.

Sammy parecía un niño vulnerable. No era difícil imaginarlo a los cinco años, bailando por unos centavos en alguna esquina de Harlem. Había en él algo que resultaba muy conmovedor.

En momentos como ése, escucho dos voces. Bueno, tres: la de Dios, la de mi madre, Katherine, y la de Chita. Bueno, cuatro. También la de Dolores. Y ella me decía: «Okey. ¡Es posible que no estés loca por él! Pero admítelo, Chita, es un hombre al que adoras tanto por su talento como por su dulzura. ¡Adelante!

Me quedé.

Pero lo que Dolores no consideró fue si yo sería capaz de alguna vez satisfacer las necesidades del niño que vivía en él.

A mediados de la década de los 50, el matrimonio interracial todavía estaba prohibido en muchos estados. Las leyes antimestizaje no fueron abolidas hasta 1967. Yo era latina, pero estaba inscrita como blanca. En ese sentido, mi relación con Sammy no era algo fuera de lo común para mí. En aquel momento, me preocupaba más que él era la estrella del espectáculo y que su fama crecía por minuto. Le conté a mi hermano Hoolie de nuestra relación y se alegró por mí. Y pronto se regó la voz entre los miembros del elenco, que también estaban en sus propios procesos de emparejamiento. Es la atracción secundaria de cualquier musical de Broadway. Aun así, Poppy tenía que expresar su opinión.

—Chita, ¡ten cuidado, cariño! —dijo.

—¿A qué te refieres? —repliqué.

—A que para una mujer blanca puede ser peligroso andar con un hombre de color, querida.

—¿Qué pueden hacernos, Poppy? Además, soy latina.

—¿De qué planeta vienes? ¡Estás en Estados Unidos! —dijo Poppy—. La gente que odia no va por ahí preguntando.

Al principio, Sammy y yo nos quedamos en «territorio seguro»: el Gorham. Eso significaba no sólo el Penthouse B de Sammy, sino también la *suite* con cocina que ocupaban Sam Padre y su segunda esposa, Rita Wade Davis. Menuda, bonita y siempre sonriente, la llamaban Pee Wee. Sería difícil incluso pronunciar la palabra «relajado» en la misma oración que el nombre de Sammy —con él todo siempre era aprisa— pero cuando más feliz y en casa se sentía

Sammy era cuando cenábamos en la *suite* de su papá. Me encariñé mucho con Sam Padre, que era amistoso y abierto. Pee Wee, que nos cocinaba una exquisita comida del sur de los Estados Unidos, era igual de adorable y mimaba a «mis dos chicos». Me acogieron como parte de la familia. Si yo le gustaba a Sammy, para ellos era suficiente.

El tío Will Mastin nos acompañaba en esas cenas y tenía de retraído lo que los demás tenían de parlanchines. Los tres hombres llevaban juntos desde 1928, y toda una vida expuesto a las artimañas y traiciones de la industria había endurecido a Will. Lo había obligado a mirar con escepticismo a cualquier persona o situación que se encontrara de frente. Le importaban un bledo los beneficios o la fama. Lo único que le interesaba era asegurar que el trío ganara lo justo. De hecho, él estaba ganando más porque Sammy se había convertido en el proveedor principal del Mastin Trio. Incluso cuando ya era una estrella, Sammy insistía en dividir las ganancias en tres partes iguales, y siguió haciéndolo hasta que cumplió los cuarenta y cinco años y se separó de ellos.

Durante las presentaciones de *Mr. Wonderful*, Sam Padre y yo nos hicimos muy amigos. Me confiaba sus preocupaciones a medida que la carrera de su hijo despuntaba. El éxito creaba tantos problemas como los que resolvía. La ganancia semanal de Sammy en Broadway eran seis mil dólares, mientras que en los clubes nocturnos eran doce mil. Sam también me contó que los despilfarros de su hijo lo habían endeudado con la mafia de Chicago. Tanto los mafiosos como sus agentes lo estaban presionando para que abandonara Broadway y regresara al circuito más lucrativo de los clubes nocturnos. Pero Sammy estaba decidido a cumplir su contrato en Broadway mientras el público siguiera yendo a ver el espectáculo. Y gracias a sus infinitos esfuerzos publicitarios, el público seguía haciéndolo.

Por un lado, eso significaba que salíamos a menudo con los Ryan, los Rhodes, y con Jane y Burt Boyar. Aunque Burt no era tan poderoso como Walter Winchell o Ed Sullivan, una mención suya garantizaba un aumento en las ventas de boletos. Sammy escogía con sumo cuidado los clubes de lujo que frecuentábamos. Tenía un sexto sentido respecto a cuáles podían negarnos la entrada, aunque la reserva estuviera a nombre de la estrella de un éxito de Broadway. Unos años antes, el Stork Club había sido escenario de una controversia cuando Josephine Baker, la afamada cantante y bailarina negra, salió echando chispas por la lentitud del servicio, un desaire a ella, sin lugar a dudas. Sammy solía ceder a esas políticas tácitas, pero le molestaban igual.

Por otro lado, Ed Wynne y Frank Harris, que habían trabajado para Sherman Billingsley, dueño del Stork, abrieron el Harwyn Club, que pronto se convirtió en un local popular donde artistas como Joan Crawford, Grace Kelly, Tony Curtis y Janet Leigh tenían su puesto en los banquetes. Wynne había ido a ver *Mr. Wonderful* y le había enviado una invitación especial a Sammy para el club, que estaba en el centro de la ciudad. Se convirtió en uno de nuestros lugares favoritos. El séquito de Davis siempre recibía trato preferencial en el Harwyn Club, así como en Chandler's, Tony's Caprice y Danny's Hideaway, un restaurante especializado en carnes, ubicado a en la calle Cuarenta y Cinco Este.

Aunque la gente que asistía a esos banquetes ganaba en una semana más de lo que yo ganaba en un año, no me sentía intimidada. Yo no conocía el dinero ni me importaba. Lo que me importaba era ser bailarina, hacer bien mi trabajo, ganarme el sustento y pasar tiempo con la gente que me caía bien. Ese mundo representaba sin duda un ascenso respecto al grupito que iba a Sid and Al's. Fue una época embriagadora. Pero me sentía cómoda donde quiera que fuéramos. Como habría dicho Dolores: «Puedo acostumbrarme a esto».

Un día, justo antes de una matiné de *Mr. Wonderful*, Jeri entró en el camerino con un periódico. Me llamó.

—Te han mencionado en la columna de Burt Boyar: «Chita Rivera también es la *Mr. Wonderful* de Sammy Davis Jr. fuera del escenario».

Me sentí emocionada y asustada. Desde que había comenzado a trabajar en Broadway, me habían mencionado en varias reseñas, incluso de *Mr. Wonderful*. Las recortaba y se las enviaba a mi madre. Pero aquella era diferente. No hablaba de mí como personaje. Hablaba de mí, bueno, como yo, una mujer que salía con Sammy Davis Jr. Una caja de Pandora publicitaria acababa de abrirse. Y yo estaba aprendiendo lo que todas las estrellas saben: una vez se abre esa caja, no puedes volver a meterlo todo dentro.

Jeri que, al igual que Sammy, era muy intuitiva, notó mi expresión.

—Vamos, cariño, disfruta de la popularidad. Aun si estás pensando a largo plazo, no durará mucho. ¡Eso!

Jeri tenía razón, por supuesto. Pero no recorté la columna para enviársela a mi madre.

Aunque Sammy disfrutaba del trato preferencial en lugares como el Harwyn Club, con todo su prestigio, no olvidaba los lugares donde no se sentía bienvenido. Incluso una insinuación imaginaria lo sacaba por el techo. Una noche llegamos a Sardi's, donde se celebraba una gran fiesta en el comedor principal. Nos llevaron a una mesa al fondo, cosa que no le agradó a Sammy. Pensó que nos habían enviado a Siberia. Los demás comensales le dieron poca importancia insistiendo en que donde quiera que Sammy se sentara era un área VIP. Pero yo percibí su descontento.

—¿Quieres que nos vayamos? —pregunté. Como buena hija del medio, siempre intentaba arreglar las cosas, lo cual no siempre era posible con Sammy.

—No, eso llamaría demasiado la atención —respondió—. Nos bebemos los tragos y luego nos vamos.

En otra ocasión, estábamos en el Penthouse B del Gorham cuando los Boyar llegaron de su ronda nocturna en los lugares de moda. Sammy llevaba inquieto toda la noche. Sus obligaciones financieras le estaban pesando mucho. Necesitaba una nueva distracción, así que decidió tantear el terreno.

—Oye, Burt, ¿cuándo vas a llevarme a El Morocco?

Burt se detuvo. Un largo silencio. Luego dijo:

—¿Por qué no esta noche?

Sammy lo pensó un momento. Luego hizo una mueca curiosa; sabía lo que estaba a punto de suceder.

—Chita, ¿te gustaría ir a El Morocco? —preguntó. Su voz sonaba más tensa que entusiasta.

Yo nunca había ido a aquel lujoso club decorado con rayas de cebra, que en aquel momento era el paraíso de la vida nocturna neoyorquina.

—Sería divertido —respondí—. ¿Debo cambiarme de ropa?

—Quédate así —dijo Sammy. Pero le sugirió a Burt que llamara a El Morocco para informarles que iba con invitados. Para ser más específicos, que iba a traer un invitado llamado Sammy Davis Jr.

Burt llamó a El Morocco. Cuando contestaron el teléfono, Burt se metió en la habitación, pero podíamos escuchar su exasperación a medida que proseguía la conversación. Cuando Burt regresó, Sammy ya sabía.

—No me digas —dijo—. Están llenos a capacidad.

Nos quedamos en el hotel esa noche, pero nada podía aliviar el malestar, no importaba cuántos Kahlúas se sirvieran en la barra. Los demás desaparecieron en la noche y nos dejaron a Sammy y a mí solos en el hotel. Por más que traté de arreglar las cosas, Sammy seguía perturbado. Nada le resbalaba. Las cicatrices eran demasiado profundas. Seguir haciendo malabares le resultaba cada vez más difícil. Estaba en guerra consigo mismo, con el mundo, con sus obligaciones, con la vida.

Sammy agarró un periódico negro, el *Amsterdam News*. Desde que se había convertido en una gran estrella, la inmersión de Sammy en la alta sociedad blanca no había pasado desapercibida en la prensa negra. Me pasó el periódico. Había una caricatura de dos hombres que leían un periódico con el titular «Sammy ya no viene por aquí. Quiere estar en el centro de la ciudad y ser blanco».

—No quiero ser negro, no quiero ser blanco, sólo quiero vivir en un mundo donde eso no tenga importancia. ¿Por qué no me dejan vivir mi vida? ¿Qué quieren de mí? —dijo con vehemencia.

Entonces, temblando de rabia, se quitó el ojo de vidrio y lo sujetó entre los dedos. Me quedé ahí, pasmada.

—¡Esto! ¡Esto! ¿Es esto lo que quieren? —gritó y tiró el ojo en un cenicero. Reinó un silencio sepulcral.

Fui a abrazarlo. Se puso rígido. Se alejó avergonzado.

—Por favor, vete —dijo con suavidad.

—Sammy...

—Chita. Por favor. Vete.

Salí aprisa de la habitación, corrí por el pasillo y me metí en el ascensor. Cuando salí del hotel bajo un diluvio, el *shock* había pasado y estallé en llanto.

✳

Nuestra relación terminó poco después. En las semanas que siguieron al incidente de la habitación del hotel, nos tratamos con timidez. Había visto a Sammy acosado y vulnerable al máximo y esas imágenes se me habían grabado en la mente. Entonces me di cuenta de que estaba desbordada. No podía satisfacer las exigencias emocionales de aquel hombre dulce y herido. Vivíamos en dos mundos diferentes. Además, yo no era tan valiente. De manera instintiva, sabía que debía quitarme del medio para que él pudiera encontrarse a sí mismo. Esperaba que lo lograra.

Sam Padre y Pee Wee decían que me extrañaban en las alegres cenas en su *suite*. Y yo también los extrañaba a ellos. Sam había abrigado la esperanza de que yo me casara con su hijo. Luego supe que Sammy sentía lo mismo, pero creo que no me daba cuenta de que la relación había llegado tan lejos. ¿Casarme con Sammy Davis Jr.? Qué giro tan diferente habría tomado mi vida. Pero siempre he creído que Dios o las estrellas o aquello en lo que creamos determinan nuestra vida tanto como las decisiones que tomamos, equivocadas o no.

La última función de *Mr. Wonderful* fue el 23 de febrero de 1957, después de un año en cartelera. Sammy había cumplido con su obligación y Broadway le había añadido lustre a un estrellato que brillaría aún más con el pasar de los años. Después del cierre, fui a una audición para un espectáculo llamado *Gangway* [*Pasarela*], que luego se convirtió en *West Side Story*.

En los años subsiguientes, Sammy y yo nos encontramos de vez en cuando, y siempre era una delicia estar con él. Resulta irónico que, poco después de terminar nuestra relación, Sammy también se hizo muy amigo del que luego se convertiría en mi esposo, Tony Mordente. Sammy también se haría muy amigo de nuestra hija, Lisa. Desde el instante en que se conocieron, se adoraron. Cuando vivíamos en Los Ángeles, Sammy iba a buscar a Lisa para llevarla a Disneyland con los tres hijos que tuvo con la actriz sueca May Britt. A medida que Lisa se fue haciendo mayor y supo de nuestra relación previa, Sammy le decía con frecuencia: «Sabes, ¡pudiste haber sido mía!».

Una vez le autografió una foto: «¡Debiste de ser mía!».

En 1990, cuando Sammy se estaba muriendo de cáncer de garganta a los sesenta y cuatro años, veía a muy poca gente. Tony, Lisa y yo tuvimos el honor de estar entre quienes lo acompañaron en el hogar que compartía con su adorada esposa, Altovise, en Beverly Hills. Me alegraba que, después de todos los comentarios hirientes y las amenazas de muerte que tuvo que soportar mientras estuvo casado con May Britt, Sammy hubiera encontrado a esa mujer hermosa y elegante con la que compartió los últimos veinte años de su vida. Durante ese tiempo, me enfurecía que Sammy se hubiera convertido en la mascota de la Rat Pack [la Pandilla de Ratas] y el modo en que lo menospreciaban con insinuaciones racistas. Yo creía que no tenía por qué aguantar eso porque era mucho más talentoso que cualquiera de ellos.

Un hermano franciscano me dijo una vez: «Nos convertimos en quienes somos a través de otras personas».

¿Cómo esa joven de veintitrés años se convirtió en Chita Rivera a través de Sammy Davis Jr.? Vi la valentía con que luchó toda su vida, siempre redimiéndola en el escenario. Ése era el único lugar donde se sentía seguro, donde podía expresarse al máximo, donde podía ser un hombre en todo el sentido de la palabra. Sammy compartió conmigo una historia del mundo del espectáculo negro de la cual había estado ajena por completo. Aprendí acerca del precio y la terrible belleza de todo lo que tuvo que soportar, sólo para llevarle alegría a la gente. Sé que hoy estoy viviendo gracias al genio de toda la gente creativa que he conocido a lo largo de mi carrera, y ese año no fue la excepción. Sammy, Sam Padre, Will, Jeri, Poppy y todas esas personas que cayeron y volvieron a ponerse de pie porque, como diría Sammy: «Es como único se puede estar, cariño».

En 1989, en una gala del United Negro College Fund se celebró el decimosexto aniversario de Sammy Davis Jr. en la industria del espectáculo. Le quedaba un año de vida cuando, sentado en un palco con Altovise, observaba a Michael Jackson, Whitney Houston, Bill Cosby, Eddie Murphy y muchos otros rendirle tributo a un hombre al que describieron como «el artista viviente más grande del mundo». Al final del programa, Gregory Hines, para quien Sammy fue una inspiración, hizo una rutina de claqué sensacional. Luego invitó a Sammy al escenario a bailar un número con él. Sammy, encorvado por la edad y debilitado por el cáncer, se levantó de su butaca y se dirigió lentamente al escenario. Cuando las luces lo iluminaron, empezó a fortalecerse hasta arrasar con Gregory Hines entre una creciente ovación. Cuando cesaron los aplausos, Greg se arrodilló y le besó los pies a Sammy.

Ahora que veo la fotografía en la que le estoy besando la mano a Sammy, recuerdo que una vez le preguntaron cómo quería que lo recordaran. Dijo que de dos modos:

Sammy Davis Jr., «Artista».

Sammy Davis Jr., «Lo intentó».

8

«¡HOLA, GOWER! ¡HOLA, DICK!»

Bye Bye Birdie

Gower Champion estaba siendo cortés pero directo. Estábamos en el comedor del Gorham Hotel, a principios de 1960, y me estaba escrutando. Quería saber si yo podría interpretar el papel de Rosie, una de las protagonistas de su primer gran musical de Broadway como director y coreógrafo, un espectáculo llamado *Bye Bye Birdie*.

—Mira, Chita, me pareció que estuviste muy bien en *West Side Story* —me dijo. Lucía muy elegante en su cárdigan amarillo y muy esbelto en los pantalones a cuadros más ceñidos que había visto en mi vida—. Pero, si estuvieras considerándome para un papel distinto a cualquier otro que hubiera interpretado antes, te gustaría saber si puedo hacerlo. Así que, lo que quiero saber ahora es ¿puedes ser suave y vulnerable?

Yo, ¿«suave y vulnerable»? ¡Seguro que sí! Pero había una pregunta más específica que aún no se había formulado en aquel almuerzo.

—Señor Champion...

—Por favor, llámame Gower —dijo.

—Okey, Gower —respondí y luego añadí en broma—. Y tú puedes llamarme Dolores Conchita Figueroa del Rivero Montestuco Florentina Carnemacaral del Fuente.

—¿Ése es tu verdadero nombre? —dijo riendo.

—¡Palabra de honor! Es mi nombre completo, pero nunca lo uso —respondí—. Y con un nombre como ése, lo que en realidad usted se está preguntando es «¿Podrá representar un papel que no sea de bombón latino»?

Gower sonrió revelando una hilera de dientes blanquísimos y derechísimos digna de Hollywood.

Intuí que mi etnicidad puertorriqueña era un tema tabú. Ed Padula, el productor de *Bye Bye Birdie*, me lo había mencionado cuando coordinó el almuerzo. Meses antes, cuando me estaba presentando en *West Side Story* en Londres, le había pedido a Gower, que entonces estaba en el Reino Unido, que fuera a ver mi actuación. Gower le envió un telegrama a Ed: «Chita es fabulosa, ¡pero hará una tortilla española con nuestra Rosie!».

Tortilla española, bombón latino, sexi y explosiva. Llámenme ingenua, pero nunca se me había ocurrido ser incapaz de interpretar casi cualquier papel que me dieran. Oigan, ya había interpretado a Fifí, la prostituta francesa; a Rita Romano, la corista italiana; incluso a Marilyn Monroe, la sirena rubia de la industria del espectáculo. Tres años después, interpretaría a Lina «I Enjoy Being a Girl» en *Flower Drum Song* [*Prometidas sin novio*]. Los estereotipos eran algo que nos imponían desde afuera. Los productores, directores y agentes artísticos estaban acostumbrados a no arriesgarse, y en 1960 no había muchas estrellas latinas conocidas. El Ricky Ricardo de Desi Arnaz era una especie de lobo solitario y Lucille Ball se había peleado a muerte para conseguirle el papel en su popular serie televisiva. Tal vez mi táctica pasajera de convertirme en «Chita O'Hara» hubiera sido una concesión a ese modo de pensar. Pero mi impulso siempre era burlarme de los estereotipos. Por eso pensé que mi nombre rimbombante podía servir para romper el hielo con Gower.

Por un instante creí que me había salido el tiro por la culata. Pero luego Gower respondió:

—¿Por qué no te tomas una semana y preparas algo que me demuestre lo que puedes hacer? Digo, si quieres el papel.

¡Que si lo hice! Me enamoré de Rosie y del musical desde el instante en que mi agente, Dick Seff, me lo mencionó. *Bye Bye Birdie* era una sátira, creada por el escritor Michael Stewart, sobre la obsesión que en aquel momento Elvis Presley estaba provocando entre las adolescentes (y sus madres). Yo no era fan de Elvis. Sus movimientos me daban risa. Lo consideraba una imitación descolorida de los auténticos, los chicos *cool* y sexi negros, como Little Richard, que causaban furor en los clubes de Harlem, Chicago y Memphis. Michael Stewart se había inspirado en el alistamiento de Elvis en el ejército para crear una comedia en la cual el ídolo adolescente, Conrad Birdie, le da un beso de despedida a una típica jovencita estadounidense, Kim MacAfee, de Sweet Apple, Ohio. Esa estrategia publicitaria es ingeniada por Rosie Alvarez para sacar de la ruina a su novio, Albert Peterson, que también era el representante de Birdie. Sólo así es posible que se case con ella y se tranquilice, escapando por fin del control de su sobreprotectora madre judía. Por cierto, el nombre original de mi personaje era Rosie Grant. Se latinizó cuando me dieron el papel.

Sé que la trama suena un poco trillada. Pero ésa era la idea. Un beso de despedida a los años de pan blanco de Eisenhower. Lo que me resultaba atractivo de *Bye Bye Birdie* era lo mucho que parecía el reverso de *West Side Story*. Las pandillas violentas que recorrían las calles de Nueva York se habían transformado en adolescentes risueñas que chismeaban por teléfono sobre quién se había emparejado con quién. Después de que Carol Haney rechazó el papel de Rosie,

Dick me llamó para decirme que Michael, junto con el equipo de compositores de canciones de Charles Strouse y Lee Adams, querían que yo escuchara la música. Todos habíamos trabajado juntos en *Shoestring Revue* cinco años antes. Lee y Michael habían escrito la comedieta de Marilyn con la que obtuve mis primeras reseñas importantes. Además, había conocido a Ed, nuestro productor, cuando trabajé en *Seventh Heaven*. Ed había sido asistente del director. Yo estaba aprendiendo que Broadway a veces podía ser un pueblito tan pequeño como Sweet Apple, Ohio.

Michael, quien después escribiría éxitos como *Carnival!* [*¡Carnaval!*], *Hello, Dolly!* [*¡Hola, Dolly!*] Y *Barnum*, era un dínamo de estatura baja, nervudo, ágil y gracioso. Ed Padula decía que era un cruce entre Peter Pan y Dorian Gray con la determinación de una «constrictor alada». Así como Charles era tenso y ambicioso, Lee era relajado. Juntos también escribirían más éxitos, incluidos *Applause* [*Aplauso*] para Lauren Bacall y *Golden Boy* [*El chico de oro*] para Sammy Davis Jr. Mientras subíamos al apartamento de Charles, Dick me advirtió que me mantuviera serena. Tenía que poner mi mejor cara de póquer para que al final de la velada él les pudiera decir: «Lo tenemos que pensar».

—De ese modo, puedo conseguirte una oferta mejor —dijo.

Nos sentamos en el salón con nuestros tragos y Michael me resumió su ingenioso libreto. Luego les dio la palabra a Charles y a Lee. Cuando empezaron a tocar «A Lot of Livin' to Do» [«Mucha vida por vivir»] y «Put on a Happy Face» [«Pon una cara feliz»], no pude contenerme. Salté del sofá y exclamé: «¡Tengo que estar en ese *show*!». Dick se llevó las manos a la cabeza, pero nuestra energía juvenil —yo tenía veintisiete años y ellos treinta y tantos— bien pudo haber hecho que el edificio levitara. Volvimos a aterrizar cuando Ed dijo que me faltaba un escollo más por superar: Gower.

Sabía quién era, por supuesto. Muy guapo. Muy alto. Muy

Hollywood. Y muy Technicolor. Él y Marge, su jovial esposa rubia, habían formado un equipo de baile, los Champions, que desplegaba su talento en el cine y la televisión, y al cual le había ido muy bien en la nueva versión de *Show Boat* de 1951. A los veintinueve años, Gower había ganado su primer Premio Tony dirigiendo a Carol Channing, mi ídolo, en la revista musical de Broadway *Lend an Ear* [*Presten oído*] y tenía a su haber unos cuantos espectáculos menos ambiciosos. Ed lo convenció de regresar a la costa este para dirigir y coreografiar *Bye Bye Birdie*. Ésa fue la razón por la que me encontraba almorzando con él en el Gorham; el mismo lugar donde pasé tantas veladas junto con el elenco de *Mr. Wonderful* en la habitación de Sammy.

Otro buen augurio fue que mi audición para Gower fue en el escenario del Winter Garden Theatre, donde se había representado *West Side Story*. Charles y yo habíamos trabajado para presentar un par de canciones: «Little Girl Blue» [«Pobre chica desafortunada»], para mostrar mi lado vulnerable, y «I'm Available», de *Mr. Wonderful*, para demostrar que «podía hacerlos reír». Llegué al Winter Garden en un vestido azul marino con un collar blanco estilo Peter Pan y luciendo un nuevo peinado.

Ed, Gower y Elliot Lawrence, el director musical del espectáculo, estaban sentados en medio de la orquesta; yo subí nerviosa al escenario, me senté en una banqueta y empecé a cantar la mejor canción para cortarse las venas de Richard Rodgers y Larry Hart:

Sit there and count your fingers	Siéntate ahí y cuéntate los deditos
What can you do?	¿Qué puedes hacer?
Old girl, you're through . . .	Eres una chica grande, se acabó...

No pude llegar a la siguiente estrofa. Gower saltó de su asiento y bajó por el pasillo.

—¡Está bien, Conchita Como-sea-que-te-llames! —dijo—. Eres nuestra Rosie.

Fui derecho al teléfono público del vestíbulo para compartir la buena noticia con mi madre y mi hermano Hoolie. Ed y los chicos se me unieron y regresamos al teatro a ver las audiciones del papel de Hugo, el desventurado novio de Kim. Los jóvenes que participaron en la audición eran prototípicos hasta que apareció un chico de veinte años con cara de niño, que cantó una dulce canción de añoranza. Me conmovieron tanto su inocencia natural y su encantadora torpeza que me volví hacia Gower y le dije:

—Si no le das el papel a este chico, me voy.

No tuve que decir más. La gracia especial de aquel chico era tan obvia que le dieron el papel. Y a nadie le sorprendió que, ocho años después, Michael J. Pollard recibiera una nominación al Oscar por su debut cinematográfico en *Bonnie and Clyde* [*Bonnie y Clyde*]. Poco después, nuestro elenco se completó con Susan Watson en el papel de Kim, Dick Gautier en el de Conrad, Kay Medford en el de la madre entrometida de Albert y dos grandes aciertos: Paul Lynde como el padre desquiciado de Kim y Dick Van Dyke como Albert, un nene de mamá y, para mi grandísima suerte, el interés romántico de Rosie.

Esa hermosa canción fue compuesta originalmente para Rosie, pero me la quitaron y se la dieron a Dick Van Dyke a mitad del desarrollo del espectáculo. ¿Qué si me molestó? En realidad, no. Yo tenía muchas otra canciones y un par de bailes sensacionales. Además, era la canción perfecta para Dick, y esa reasignación le dio a su personaje una inyección de vida frente al público. Le cantaba la canción de una forma bellísima a una joven enamorada y en su interpretación demostraba una flexibilidad física única. De todas mis coestrellas, Dick fue el que me hizo poner una cara feliz más veces.

Ed había visto a Dick en *The Boys Against the Girls* [*Los chicos contra las chicas*], una revista cómica que duró muy poco en cartelera en Broadway y se lo sugirió al equipo.

—La revista no me pareció nada del otro mundo, pero ese chico tiene un talento innato —dijo.

Tan pronto como comenzaron los ensayos, tuve que darle la razón. Dick no sólo era gracioso, también era guapísimo con su cabello oscuro, su amplia sonrisa, sus hoyuelos y unos ojos azules espectaculares. Provenía de un pueblito de Missouri y era tan reservado y formal que daban ganas de burlarse de él. Recuerdo cuando su esposa, Margie, llegó a uno de los primeros ensayos en que Dick y yo íbamos sobre una escena en la que nos besábamos. Ambos nos sentimos cohibidos.

Un momento. Déjenme corregir. Chita se sentía cohibida. Dolores, mi alter ego, no hacía más que decir: «Bésalo, nena. ¡Bésalo! ¡Sabes que te mueres por hacerlo!». Ése puede ser uno de los beneficios de actuar. Pero no hay que entusiasmarse demasiado.

—Debo decirte que no sé bailar —Dick le confesó a Gower cuando le dieron el papel.

—Déjame eso a mí —respondió Gower sin inmutarse.

Dejar los bailes en manos de Gower era lo obvio. Gower podía lograr que un nabo se pareciera a Fred Astaire, no que Dick necesitara mucha ayuda. Cuando llegó a Nueva York, Gower trajo a Hollywood consigo. Su acercamiento a la danza era cinematográfico, un estilo de la costa oeste que podía ser específico y panorámico, simple y complejo a la vez. Escogía a sus bailarines con mucho esmero, buscaba aspectos originales hacia los que pudiera dirigir la atención del público. Gower solía decir: «Quiero que el público mire hacia *donde* yo quiera que mire y *cuando* yo quiera que mire».

Ideó el equivalente teatral de un primer plano fílmico, que luego podía deshacer cuando quería ver la imagen completa. Décadas después, el musical *Hairspray*, ganador del Premio Tony en 2002, tomó mucho de la apertura de Gower de *Bye Bye Birdie*. Me refiero a la escena en la cual aparecen los chicos del coro, cada uno en una cuadrícula en tecnicolor, cantando «The Telephone Hour» [«La hora del teléfono»].

Una tarde regresábamos de un descanso y Gower sonreía como niño con juguete nuevo.

—Ven conmigo, Chita —dijo—. Quiero enseñarte algo.

Michael había escrito una escena en la cual Rosie, furiosa porque Albert había contratado a una rubia despampanante, Gloria Rasputin, entra a trompicones en una reunión de la logia de Sweet Apple. Gower quería mostrarme cómo iba a montar la escena. Me tomó de la mano cuando entramos en el teatro y nos quedamos de pie mirando hacia el escenario donde había una mesa; había siete chicos del coro con gorros fez sentados en torno a ella. Mientras el pianista tocaba una sinuosa música de Oriente Medio y observábamos a los chicos, Gower me explicó cómo yo convertiría la reunión en una debacle contoneándome, girando y deslizándome sobre la mesa y las piernas de los chicos. Luego me escurriría hasta desaparecer de cabeza y despatarrada bajo la mesa. En el vertiginoso número, que duraba siete minutos, los chicos subían y bajaban como los topos de un juego de Whac-a-mole, dejando a la imaginación del público lo que yo les estaba haciendo. Ahí con Gower, vi mi parte en el rompecabezas, asombrada ante la precisión matemática con la que lo había diseñado todo. Podía eliminar a la bailarina central de la ecuación y aún tenía sentido. «The Shriner's Ballet» [«El baile de la logia»] era una comedia silente tipo Keystone Cops con un toque de los Hermanos Marx. El número se convirtió en un clásico que estableció a Gower como uno de los coreógrafos más imaginativos que hubieran pasado por Broadway.

Ensayamos *Birdie* en el Anderson Theatre, en lo que solía ser el centro del teatro judío un poco más debajo de la calle Catorce.

Dick y yo almorzábamos en Luchow's, un restaurante típico donde los viejos meseros ignoraban lo que pedías y te traían lo que pensaban que debías comer. Dick me hacía reír imitando al portero de escena en el teatro. Era un vejete de aspecto temible a quien yo había bautizado Kharis, la momia de todas esas películas de la década de los 40 que mi hermano Hoolie mostraba en nuestro sótano en Flagler.

Dick era tan gracioso que hubo ocasiones en los ensayos en las cuales no podía mirarlo por temor a soltar una carcajada. Gower, que se tomaba muy en serio los ensayos con su libreta tamaño legal y sus lápices afilados, detestaba ese tipo de interrupciones. Un día se hartó. Estábamos ensayando la escena en la cual Rosie le dice a Albert «Sigue tu camino y yo seguiré el mío. Al este y oeste de la Lincoln Highway». El guion de Michael estaba lleno de líneas extrañas como ésa. Dick fruncía el ceño y me miraba con expresión de incredulidad: *¿Qué diablos significa eso?* De repente nos empezamos a reír con tantas ganas que yo no podía parar. (En el teatro, eso se llama «salirse del personaje»). Cuando lográbamos recobrar la compostura, empezábamos a reírnos de nuevo.

—¡Váyanse a casa! —dijo Gower, exasperado.

Por lo menos no me empujó debajo del piano como hizo Mr. Oboukhoff en la School of American Ballet.

Cuando nos mudamos de Nueva York a Filadelfia para el preestreno de *Bye Bye Birdie*, el adelanto que nos pagaron fueron unos miserables doscientos dólares. Nadie nos auguró el éxito. El agente de Kay Medford le había dicho con cinismo: «Acepta el trabajo. Te pagarán por cinco semanas de ensayos. El espectáculo jamás saldrá de Filadelfia».

La falta de fe no mermó nuestro entusiasmo. Si acaso, nos hizo trabajar con más empeño. Durante el preestreno, me preguntaron si quería hacer la prueba de cámara para el rol de Anita en la versión

fílmica de *West Side Story*. Presumo que pude haberle pedido a
Dick, mi agente, que me sacara del contrato. Pero dije «No». Me
sorprendió la facilidad con que respondí. Me sentía feliz. A Tony
lo habían contratado como asistente de Gower y también como
suplente de Conrad Birdie. Así que estábamos trabajando juntos
y nuestra Lisa, que entonces tenía dos años, a menudo estaba en
su cochecito entre las bambalinas o en nuestro camerino. Y me
encantaba la compañía. Allí estaban Kay, que infundía terror en
el rol de la madre loca de Albert, cada vez que metía la cabeza en el
horno cuando su hijo la desobedecía, y Dick Gautier, que hacía una
imitación graciosísima de Elvis.

Nos lo estábamos pasando tan bien con *Birdie* que nadie hubiera
pensado que Dolores tendría que asomar la cabeza con toda su furia.
Pero no fue así. Gower la obligó a salir de su madriguera después
de una función en Filadelfia. Solíamos reunirnos en el escenario
después de que el teatro se había vaciado para recibir las «críticas»;
es decir, los comentarios de Gower respecto a cualquier cosa que
estuviéramos haciendo mal o sobre cómo mejorar el espectáculo. Dick y yo nos sentábamos juntos, lápiz y papel en mano. Yo
fumaba en aquella época; me ayudaba a no comerme las uñas y
a descifrar una escena. Acostumbraba a combinar el color de la
boquilla con el de la ropa que llevaba puesta. Yo creía que me veía
fabulosa. De hecho, me gustaban más las boquillas que los mismos
cigarrillos. Por fortuna, pronto abandoné el hábito de fumarme
media cajetilla al día.

Cuando nos reunimos, Gower declaró:

—Con la excepción de Paul y Kay, es la peor función que he
visto en mi vida.

Eso no le cayó nada bien a Dolores. Pensé que era un comentario
muy injusto e insultante para Dick y para mí. Sentí que me ponía
como un tomate. Lancé el lápiz al suelo y me puse en pie de un salto.

—¡No tenemos por qué aguantar esto! ¡Me voy! ¡Vamos, Dick!

Sorprendido ante mi reacción, Dick apenas pudo balbucir:

—Eh, eh, eh, eh...

Dick detestaba las confrontaciones. Años después, Rose Marie, su coprotagonista en *El* Show *de Dick Van Dyke*, le puso «La torre de gelatina de dos metros de altura». Corrí a mi camerino, cerré la puerta de un portazo y le puse el pestillo. Tenía toda la intención de llamar a Dick Seff y decirle que me sacara del *show*.

Gower tocó a mi puerta. Lo dejé entrar... después de un rato. Se disculpó.

—Perdóname, Chita —dijo—. Pensé que si los incluía a Dick y a ti, mi crítica caería con más fuerza sobre los chicos. Dick y tú se llevan muy bien con ellos. Estamos bajo mucha presión, nos queda muy poco tiempo y quería asustarlos.

Gracias a Dios que Gower no me creyó que iba a irme. ¿Qué diablos iba a hacer? Acababa de rechazar la prueba de cámara para *West Side Story* y no tenía más proyectos en el tintero. ¡Qué tonta! Ahora que lo pienso, es probable que lo que *Birdie* me enseñara fuera la importancia de escoger bien las batallas. Eso significaba mantener a Dolores a raya, lo cual no siempre ha sido fácil, sobre todo cuando siento que alguien está abusando de los demás. Y ésa fue la razón por la cual Paul Lynde cayó en mi línea de fuego.

Paul, que había hecho su debut en Broadway con *Birdie*, era uno de los comediantes más ingeniosos que había conocido. En manos de cualquier otro actor, el papel de Harry MacAfee, el padre conservador de Kim, habría sido un segundón común y corriente. Pero Paul era una potencia; atacaba sin pudor, improvisaba barbaridades, que les decía a los niños MacAfee en los apartes, y se robaba todas las escenas con su sarcasmo oportuno. Su interpretación hilarante no sólo definió a su personaje, sino que también lo lanzó a él al estrellato. Luego se convertiría en un gran favorito del cine y la televisión en programas como *Hollywood Squares*. Paul era talentoso, sin duda. Pero también era engreído, arrogante y grosero. Y se le afilaban aún más los colmillos cuando se emborrachaba. Un día, cometió el error de atacar a mi familia, y yo me convertí en un dragón lanzallamas.

Tony se había tomado unas breves vacaciones de *Birdie* para participar en otro espectáculo y su suplente tomó su lugar. Paul se acostumbró a trabajar con el suplente de Tony, de modo que, cuando Tony regresó en una matiné, Paul se quedó medio desconcertado. Al terminar la función, atacó a mi esposo, lo insultó con saña delante de toda la compañía. Cuando me lo contaron, llegué volando al camerino de Paul. Abrí la puerta y lo vi sentado en su tocador rodeado por algunos chicos del coro. Me miraron y se dispersaron.

Temblando de rabia, le apunté con el dedo a Paul y grité:

—¡Si alguna vez vuelves a hablarle de ese modo a Tony o a cualquier otro miembro de esta compañía, te arrancaré la cabeza!

Paul empalideció y no pudo más que mirarme con la boca abierta. Es probable que me pareciera tanto a una gorgona, que Kharis, la momia, habría regresado a su cripta. Di media vuelta y me fui. Estoy segura de que Paul habló pestes de mí a mis espaldas, pero se mantuvo fuera de mi camino a partir de ese momento. Como muchos comediantes, Paul vivía a flor de piel, siempre nervioso, temeroso del día en que ya no pudiera hacer reír al público. Los comediantes tienden a pagar un precio muy alto por su don especial. Pero eso no era excusa. A quien se atreva a atentar contra la moral de la compañía, más le vale que se cuide de Dolores. Lisa, mi hija, lo llama: «cuando a mami le sale lo de puertorriqueña».

Al inicio, Michael Stewart concibió el personaje de Rosie como polaca para que a la madre antagonista de Albert, Mae, no le faltaran chistes étnicos respecto a su futura nuera. Cuando me dieron el papel, Michael la convirtió en la Rosa española. De ahí la canción «Spanish Rose». No me encantaba esa canción que satirizaba el racismo de Mae. Es algo que las minorías hemos tenido que soportar siempre, esa sensación de que no somos tan «estadounidenses» como lo blancos. A los asiáticoestadounidenses siempre les preguntan «¿De dónde eres en realidad?», aunque su familia haya vivido en este país por cinco o seis generaciones. La primera estrofa de la canción se burla de la insistencia de Mae de verme como una especie de «tamal» depredador recién bajado de un barco, cuando lo cierto era que Rosie provenía de Allentown, Pensilvania.

Mi primer impulso, cuando me piden que me enfoque en mi etnicidad, es darle la vuelta a la tortilla, como hice en mi primera reunión con Gower. O responder con humor pícaro. Cuando me dieron la canción «Spanish Rose», decidí combatir fuego con fuego y cantarla con el mismo brío con el que me había burlado de Marilyn Monroe en *Shoestring Revue* y con el que había cantado «América» en *West Side Story*. Incluso imité al Señor Wences, el ventrílocuo español que aparecía con frecuencia en *El show de Ed Sullivan*. Mi resentimiento hacia la canción se evaporó tan pronto como logré dominarla. No lo sabía en aquel momento, pero lo que estaba haciendo era asumir el control del estereotipo, algo que las minorías han tenido que hacer a lo largo de la historia de la industria del entretenimiento. Junto con la coreografía ingeniosa y juguetona de Gower, «Spanish Rose» se convirtió en uno de los puntos culminantes del espectáculo.

Respaldada por las excelentes reseñas que recibió, *Birdie* se convirtió en un éxito de taquilla en Filadelfia. Gracias a ese mismo entusiasmo, cuando salimos hacia Nueva York el adelanto había ascendido a doscientos mil dólares, una rareza para un musical original con un elenco bastante poco conocido. La noche del estreno

fue aún más excitante. El publicista del espectáculo trajo a la fiesta
después de la función los periódicos con las reseñas estelares que le
daban la bienvenida al primer musical de *rock and roll* de Broadway.
John Chapman, por ejemplo, había escrito lo siguiente en el *Daily
News*: «La comedia musical más graciosa, cautivadora y experta
que uno esperaría ver en cartelera por varias temporadas». Y «The
Shriner's Ballet» recibió elogios en todas las reseñas. Chapman dijo
de mí en ese *ballet*: «La señora es tan excitante como es impúdica
la idea. Logra seducir a todos los hombres embobados en la sala».

Me sorprendió en particular lo que Kenneth Tynan escribió en el
New Yorker: «La señorita Rivera, que parece un cruce entre Marlene
Dietrich y una mucama latinoamericana, hace una interpretación
brillante a lo largo de toda la pieza, pero el punto culminante es el
número titulado "Spanish Rose", donde parodia la hispanofilia en
todas sus manifestaciones, desde el cante hondo hasta "La cucara-
cha"». Otro crítico predijo el futuro de Dick: «Un delgado Dick
Van Dyke se luce cuando intenta alegrar a una chica triste de rostro
de luna con un juego de pies digno de los animadores de Disney».
No hay que decir que Dick salió de *Birdie* para protagonizar una
de las comedias televisivas más populares de todos los tiempos.
También llevó su inigualable encanto a películas como *Mary
Poppins* en la que, de hecho, bailó con personajes animados, y
Chitty Chitty Bang Bang.

Varias décadas después, en 2006, Dick y yo nos reunimos cuando se
presentó como invitado sorpresa en mi musical de Broadway *Chita
Rivera: The Dancer's Life* [*Chita Rivera: La vida de la bailarina*].
Su cabello negro se había vuelto blanco como la nieve y ambos
habíamos recorrido un largo camino. Pero cuando cantamos el dúo

de «Rosie» en el *show*, lo hicimos como si los años transcurridos no hubieran sido más que meros badenes. No me paseó por el escenario en un vagón como en el *show* original. Pero ambos sabíamos que Albert y Rosie y su relación siempre serían nuestros, y el público también lo sabía.

La gente me pregunta a menudo si me siento dueña de los roles que he creado para las tablas: Anita, Rosie, Velma, Claire y otros tantos. ¡Claro que sí! Es posible que el personaje llegue a la pantalla grande sin mí; que se produzcan nuevas versiones de los espectáculos con otros nombres vinculados al rol; incluso que se filmen nuevas producciones de películas, como *West Side Story*. A los actores que heredan esos roles les digo «Bendición. ¡Adelante!».

Pero no importa quién se ponga sus zapatos, Rosie siempre será mía. No hay razón para que me desprenda de ella. ¿Por qué habría de hacerlo? La conozco... hasta el tuétano. Aún vive en mí y, si pudiera, volvería a interpretarla hoy. Para sus creadores y para mí, darle vida por primera vez fue muy emocionante. Alguien te obliga a sobrepasar tus límites y tienes que responder.

Como sucedía siempre, hacia el final de la temporada de *Birdie* había surgido una nueva Chita. Alguien que escogía sus batallas con más cuidado. Alguien que sabía que cuando algo se siente bien, debes perseguirlo. Alguien que cuenta con una Dolores para enfrentarse a los abusadores, pero debe mantenerla a raya para que el foco siempre sea el espectáculo y no su ego.

Parafraseando a Shakespeare: una rosa con cualquier otro nombre sigue siendo una rosa. Pero cuando pienso en *Bye Bye Birdie*, imagino que una rosa con cualquier otro nombre es... Dolores Conchita Figueroa del Rivero Montestuco Florentina Carnemacaral del Fuente.

¡Chúpate ésa!

9

LONDRES, JUDY, LOS BEATLES Y LAS LECCIONES DE LA FAMA

Tony Mordente siempre ha dicho que se hizo adulto cuando fuimos a Londres, primero en 1958 para presentar *West Side Story*, y luego cuando regresamos con *Bye Bye Birdie* en 1961. Yo no puedo decir que maduré en Inglaterra. Tenía veinticinco años y ya era esposa y madre cuando Tony, Lisa, que entonces tenía tres años, y yo nos montamos en un avión en Idlewild para realizar el vuelo transatlántico. Pero fue en Londres donde aprendí a manejar la atención del público, que empezaría a seguirme después de dos éxitos en Broadway.

No sé si usar la palabra «estrella». Nunca me había considerado una hasta que, muchas décadas después, recibí el elogio de la crítica y un segundo Premio Tony por *El beso de la mujer araña*.

Durante muchos años Fred Ebb me dijo: «Chita, tienes que aprender a ser una estrella y te tratarán como tal».

Les confieso que nunca me interesó mucho. Eso puede deberse, en parte, a las lecciones que aprendí en aquellos primeros años en Londres. Fueron lecciones que aprendí de un grupo de actores ingleses como Julie Andrews, Laurence Olivier y Judi Dench, así como de una sorpresiva relación con Judy Garland y los Beatles.

No es que no estuviera bien que nos adularan como compañía

cuando llegamos a Inglaterra a montar *West Side Story*. De hecho, lo disfrutamos mucho: los chicos estaban encantados con todos los «pajaritos» que estaban a su entera disposición; las chicas adoraban los autobuses de dos pisos que nos llevaban a Harrods y las tiendas de Knightsbridge. Tony y yo nos enamoramos de Inglaterra. Incluso de la niebla. A veces era tan densa que los taxis, conducidos por *cockneys* a los que no se les entendía una palabra, tenían que reducir la velocidad. Los radiadores se devoraban nuestro sueldo y, con todo, no lográbamos calentarnos. Había tés elegantes en el Savoy y en los pubs, filetes que costaban ocho chelines y seis peniques (un dólar quince centavos). ¿Cómo no sentir fascinación por un lugar que le había dado al mundo a la reina, a Jack el Destripador y el Marmite?

La bienvenida fue muy agradable, sobre todo gracias a Hugh «Binkie» Beaumont, el productor de *West Side Story* y *Birdie*. Yo le estaba muy agradecida, en especial porque decidió posponer la producción de *West Side Story* hasta que yo diera a luz a Lisa y me hubiera recuperado lo suficiente como para viajar con ella. Incluso nos proveyó una niñera, Blenda Peacock, una mujer tan almidonada como su uniforme. Binkie, un astuto hombre de negocios, era una potencia en el teatro británico y amigo íntimo de Noel Coward y John Gielgud, a quienes presentó en prestigiosas producciones. Aprendí lo que es la famosa circunspección británica cuando Binkie me contó que su novio, el dramaturgo John Perry, había dejado a Gielgud por él y, sin embargo, él y John seguían siendo amigos. Ejemplar.

Justo cuando íbamos a comenzar a presentar *West Side Story* en Manchester, antes de las funciones en el West End, Binkie nos reunió a todos los miembros de la compañía para advertirnos que el público británico era mucho menos efusivo que el estadounidense. Así que imaginen nuestra sorpresa cuando tanto en Manchester como en Londres, el público se desató. La ovación que siguió a «América» fue tal que no pudimos seguir. Al final, la sala se llenó de «bravos». Les gustó lo que hicimos, pero también apreciaron lo diferentes que éramos. Para ellos, mi Anita era exótica, como nada que hubieran visto hasta entonces.

Más gratificante aún fue la cálida acogida de la comunidad teatral de Inglaterra. Me conmovió en especial una linda Judi Dench de veinticuatro años, que se nos unía en los calentamientos antes de las funciones. Era una presencia magnética, como la de Julie Andrews y su esposo en aquel momento, Tony Walton. Julie, por supuesto, ya era una gran estrella, que había cautivado al público con *The Boyfriend* [*El novio*] y *My Fair Lady*. Pero nadie lo hubiera imaginado por su cordialidad y modestia. Nos hicimos amigas enseguida. Lejos de la imagen de la niñera «cuasi perfecta» de *Mary Poppins* y de la indecisa novicia de *The Sound of Music* [en España, *Sonrisas y lágrimas*; en Hispanoamérica, *La novicia rebelde*], era irreverente y tenía los pies muy bien puestos en la tierra.

Los británicos podían relacionarse con *West Side Story* (más que con *Birdie*) porque tenían sus propias pandillas, llamadas los Teddy Boys. Justo antes de que estrenáramos, habían ocurrido las revueltas raciales de Notting Hill en las cuales las pandillas blancas atacaron a la comunidad afrocaribeña. Las reseñas de *West Side Story*, que fueron muy elogiosas, señalaban las similitudes entre los Teds, los Sharks y los Jets. A pesar de los paralelismos entre el *show* y los problemas raciales de Inglaterra, nos quedamos una temporada larga.

Birdie no tuvo tanto caché. El número «The Telephone Hour» desconcertó al público porque los jóvenes ingleses no pasaban horas chismeando por teléfono. Con Peter Marshall en el papel de Albert y Hermione Baddeley en el de su madre, Mae, logramos sobrevivir los preestrenos. Esta vez, Binkie tuvo razón: la respuesta fue mucho menos efusiva de lo que habíamos anticipado. Al bajar el telón la noche del estreno en el Her Majesty's Theatre en junio de 1961, me sentí destruida. Estaba segura de que mi interpretación de Rosie había decepcionado a la compañía. Cual niña herida, Dolores no quiso salir de su camerino hasta que tocaron a la puerta y entró Binkie.

—Mi niña querida, hay un tiempo para estar triste y un tiempo para bajar a la fiesta en el vestíbulo —dijo—. Así que mueve el trasero. Todo el mundo está esperando para aplaudirte.

Así que moví el trasero. Es la proverbial inseguridad de los actores. Puedes estar recibiendo una ovación y a la única persona que ves es al tipo de la primera fila que parece haberse chupado un limón o, peor aún, que se ha quedado dormido. ¡Y esa ansiedad nunca desaparece!

Luego resultó que las críticas de *Birdie* fueron fabulosas. Incluso Bernard Levin, el cascarrabias del *Daily Express*, declaró que el espectáculo era mejor que *The Sound of Music* y *The Music Man*. (¡Eso último nos encantó!). Nuestro productor de Nueva York, Ed Padula recorrió las calles de Londres con un montón de periódicos matutinos, sacando la cabeza por el techo corredizo del automóvil y gritando: «¡Soy el rey del mundo!». ¿Qué había escrito Noel Coward? «¿Por qué viaja la gente equivocada?». John Gielgud se enamoró tanto de *Birdie* que lo vio noche tras noche desde las últimas filas. «Si me hubieran preguntado, habría enviado este espectáculo a la Unión Soviética en vez de *My Fair Lady*», dijo en su voz maravillosa.

Durante la temporada de *Birdie*, recibí una llamada inquietante de mi agente, Dick Seff. Antes de que yo pudiera hacer la prueba de cámara, los productores de la película anunciaron que Janet Leigh había sido seleccionada para el papel de Rosie. Me sentí decepcionada; Dolores se puso furiosa. Gower había decidido no dirigir la película, así que George Sidney había asumido la dirección. En manos de Janet Leigh, Rosie seguiría siendo española, pero le cambiarían el nombre a Rosie DeLeon. (Sí, a mí también me sorprendió). Y la canción «Spanish Rose» se eliminaría de la película. Yo no tenía nada en contra de Janet Leigh; era una mujer encantadora. Pero, para empeorar las cosas, los productores de la película preguntaron «¿Será posible que enviemos un equipo a grabar tu matiné para usarla de referencia?». ¿Mi respuesta? Digámoslo de este modo. Rosie tiene un número en *Bye Bye Birdie* en el cual se enfurece con Albert y le rompe la maleta. Se titula «How to Kill a Man» [«Cómo matar a un hombre»]. Y ahora George Sidney era la maleta.

Todos los jueves por la noche, cuando la mayor parte del West End estaba a oscuras, Binkie hacía una fiesta en su lujosa casa en Westminster. Allí, el elenco de *Birdie* conocería a algunos de los grandes talentos de Inglaterra, como Laurence Olivier, Ralph Richardson, la dama Edith Evans, Maggie Smith, Kenneth Tynan y Coral Browne. Su talento nos obligaba a esforzarnos más. Y, sin embargo, esos actores eran muy modestos respecto a sus logros. A diferencia de los actores en los Estados Unidos, aceptaban sus fracasos así como sus triunfos. Claro que los ingleses podían ser un poco *snobs*, pero eso no penetraba en el mundo del teatro. El talento era el gran ecualizador. Incluso mostraban una extraña simpatía hacia los que fracasaban. A menos que fueran miembros de uno de los equipos favoritos de fútbol. Algunas noches, los *pubs* se llenaban de fanáticos rabiosos que vociferaban palabrotas cada dos por tres. Incluso los jóvenes más modositos las decían. Por haber crecido en un hogar donde estaba prohibido decir malas palabras, me escandalizaba.

Una noche en casa de Binkie, de pronto la habitación se quedó en silencio. Me giré y vi a Judy Garland hacer su entrada. Como todos los que estaban ahí, yo sabía que era una de las mejores cantantes del siglo. Justo antes de irnos a Londres, Judy Garland había hecho un regreso triunfal al Carnegie Hall y el año anterior, se había hecho muy famosa en Londres por su concierto en el Palladium. Estuvo tan vital y encantadora en casa de Binkie que me costaba creer que se tratara de la misma mujer que había acaparado la prensa con noticias de sus luchas personales. Parecía que siempre había sido parte de nosotros, aunque aún no había cumplido cuarenta años. En aquel momento, habría dado cualquier cosa por que mi hermano Hoolie estuviera ahí con nosotros. Hoolie idolatraba a Judy. Hoolie era un aficionado de las películas y los discos, y siempre que traía una copia del disco más reciente de Judy decía: «¡Chita, tienes que escuchar esto!». Yo sólo conocía *El mago de Oz*, pero para Hoolie, el paraíso era pasar las tardes en algún cine que presentara películas viejas.

Al cabo de un rato, la tropa de *Bye Bye Birdie* se retiró a una de las habitaciones de la casa de Binkie. Poco después Judy se nos unió. Sentada en el suelo, le encantaba hablar de danza y pedirnos que le contáramos sobre nuestras experiencias en Broadway. Nos contó que había llevado a Liza, su hija, a ver el espectáculo en Nueva York cuando cumplió catorce años.

—Y cuando salimos del teatro —recordó Judy— Liza me miró y dijo: «Mamá, eso es lo que quiero hacer». No creo que Liza haya considerado en serio una carrera en la industria del entretenimiento. Al menos no hasta ese momento.

Lo único que podíamos hacer era devolverle los halagos. Estábamos alucinados. Nos hallábamos ante una leyenda tan modesta, que sólo quería hablar de nosotros. Cuando le preguntamos sobre sus nuevos proyectos, habló de un programa de variedades en la televisión, que estaba negociando en aquel momento con la CBS. Pocos años después, tuve el honor de participar en un episodio donde cantamos a dúo «I Believe in You» [«Creo en ti»]. Sus *shows* se pueden ver ahora en YouTube. En ese mismo episodio, me verán con un peinado ridículo como el de Marge Simpson cantando y bailando «I Got Plenty of Nuttin'» [«Tengo mucho de nada»].

A medida que la fiesta se iba apagando, Binkie me presentó a un joven guapo, vestido a la moda.

—Chita, quiero que conozcas a Brian Epstein.

Brian acababa de firmar un contrato con un cuarteto poco conocido y desaliñado de su ciudad natal, Liverpool. Con una gran astucia para los negocios y mucho estilo, los transformó en un grupo peinado al estilo *mop-top* con chaqueta y corbata: los Beatles. En pocos años serían famosos en todo el mundo. En el verano de 1964, Brian me pidió que los acompañara en un especial televisivo en Blackpool. De ahí volamos a Londres para una gala benéfica, la «Noche de las Cien Estrellas», con la reina en el Palladium.

✳

Para mí, Brian y los Beatles eran el epítome del emergente «Swinging London». Nunca fui adepta de la Generación Beat estadounidense de Jack Kerouac y Allen Ginsberg. Pero me divertía muchísimo el ambiente del movimiento Mod inglés con sus minifaldas, el sonido del Merseybeat, Jean Shrimpton y, después, Twiggy. Me sentía en mi salsa en la calle Carnaby en Westminster.

Viajar con los Beatles podía asustar a cualquiera. El ardor de su fama podía quemar. En aquel momento tuve la osadía de pensar que no eran nada del otro mundo. (Como mencioné antes, pensaba lo mismo de Elvis). No fue hasta después que comencé a admirar su música sin precedentes. En Blackpool pasaban mucho tiempo bromeando entre sí. John era intenso, un poco intimidante; George era tímido y callado; Paul era guapo y accesible; ¿y Ringo? Bueno, Ringo era un cachorro juguetón. Adorable, pero no tan talentoso como los demás. En las noches, Ringo tocaba a la puerta de mi habitación en el hotel en busca de compañía. Yo me quedaba sentada en la oscuridad, muy quieta, para que pareciera que no estaba, hasta que él salía corriendo. Había un montón de mujeres que morían por tener la oportunidad de hacerlo sentir menos solo.

Vi ese frenesí de cerca en el aeropuerto de Blackpool mientras corríamos —como en una escena de *Hard Day's Night*— para escapar de la multitud excitada que se había aglomerado allí. Sentí miedo. No me habría importado si todo ese furor hubiera sido por mí, pero ¿morir aplastada gracias a los Beatles? Es como morir en la guerra de otro. Logramos abordar el avión privado justo cuando las hordas derribaron las barricadas y corrieron enloquecidas hacia la pista. Desde mi ventanilla las vi ocupar la esplanada como un enjambre de abejas. Los chicos no se inmutaron durante todo aquel frenesí de fanáticas. Cuando el piloto anunció que no podríamos despegar hasta que la policía despejara la pista, John bromeó: «¿No puede pasarles por encima?».

No había conocido a nadie tan subversivo como John hasta ese momento. Nunca supe cómo leerlo. Y eso se hizo patente en la «Noche de las Cien Estrellas». Participé junto con una pléyade que incluía a Gloria Swanson, Zsa Zsa Gabor, Hailey Mills, Merle Oberon y Laurence Olivier. Los Beatles se habían comportado bien esa noche; amarrados por la cintura, volaron sobre el escenario cantando «I'm Flying» [«Estoy volando»] de *Peter Pan*. Después de que cada uno terminaba su parte, nos iban sentando en unas mesas en el escenario para ver el resto del espectáculo. Yo estaba sentada con los Beatles cuando se escucharon los suspiros del público ante el anuncio sorpresivo: «Damas y caballeros, Judy Garland».

Lucía un vestido rojo de lentejuelas y mangas largas, y parecía mucho más frágil que un par de años antes en la fiesta de Binkie

Beaumont. Apenas un mes antes de la gala había estado hospitalizada porque se había cortado «accidentalmente» con unas tijeras. Después fue admitida en un hogar de cuido para que descansara. El Palladium se convirtió en un pandemonio ante su aparición. Los fanáticos corrieron hacia el escenario y le pidieron a gritos que cantara «Over the Rainbow» [«Sobre el arcoíris»]. Intentó calmarlos diciendo que sólo había ido a demostrar su apoyo y que no estaba preparada para cantar. La multitud gritó con redobladas fuerzas: «¡Canta, Judy, canta!».

Entonces John gritó: «¡Enséñanos las muñecas, Judy! Tal vez así se callen». Me sobrecogió su crueldad. No creo que Judy lo oyera. Si lo hizo, lo ignoró. Porque empezó a cantar en voz baja «Over the Rainbow» y la orquesta la siguió. En la sala reinó un silencio tal que podía escucharse un alfiler caer. La ovación fue estruendosa. Después, más fortalecida aún, Judy cantó «Swanee». Me quedé embelesada... y estremecida. No sólo por su valentía, sino también por la energía que corría por la sala: la adoración, el sentido de pertenencia («¡eres nuestra!») y el exabrupto de cinismo de John. Durante años me perturbó el recuerdo de aquella noche, aun cuando mi admiración por la música de los Beatles aumentaba.

Cuando John fue asesinado de forma trágica por un fanático desquiciado dieciséis años después, comprendí su perspicacia aquella noche en Londres respecto a los riesgos de la fama. Tanto Judy como John habían invocado, cada cual a su modo, las posibilidades imaginadas que se hallan «sobre el arcoíris». Y pagaron un precio altísimo por ello.

A Tony y a mí nos dieron una serenata con la canción clásica italiana «Volare» en el séptimo mes de la temporada de *West Side Story*

en Londres. Acabábamos de terminar una matiné cuando Tony Chardet, nuestro director de escena, nos sacó de nuestros camerinos y abrió una ventana en la parte posterior del Her Majesty's Theatre. Debajo, en un callejón, tres músicos con dos mandolinas y una guitarra cantaban canciones italianas. Su objetivo era prepararnos para nuestras vacaciones de tres semanas, que, a sugerencia de Binkie, íbamos a pasar en Italia. El viaje incluía una visita a Corleto Monforte, antiguo hogar de la familia Mordente.

Aquel viaje fue el inicio de un romance perpetuo con Italia, en especial con Positano en la costa de Amalfi, donde nos alojamos en el Miramare, un encantador hotel con vistas panorámicas del golfo de Salerno y unos empleados simpatiquísimos. Se deshacían en atenciones hacia Lisa, que entonces tenía casi un año, y nos preparaban comidas exquisitas. Quedé tan fascinada con el lugar y el hotel que regresé una y otra vez con amigos y familiares.

¡Los italianos! Pueden hablar sin cesar sobre la comida y discutir sobre qué región produce los mejores tomates, el mejor ajo, el mejor aceite de oliva. Aunque nos atiborrábamos de comida, nunca subí de peso. Eso se debía a que la escalera que bajaba del hotel al mar Tirreno constaba de trescientos cincuenta y dos escalones, que cada año se volvían más empinados. Nos turnábamos para señalar algo en el paisaje, sólo para poder detenernos y descansar.

El punto culminante de ese primer viaje fue nuestra estadía en Roma, que incluyó una peregrinación a la Capilla Sixtina y la Basílica de San Pedro en el Vaticano. Hoy en día no exhibo mi catolicismo, pero gracias a Katherine, mi madre, y mi abuelita Sallie, siempre ha tenido una profunda importancia para mí. De pequeña íbamos en familia a misa todos los domingos. Me quedaba embelesada con los rituales: el latín, el olor a incienso, los cálices brillosos y las vestimentas ornamentadas. Era el mejor teatro de la ciudad. A lo largo de mi juventud me dio por coleccionar artefactos religiosos.

Cuando me mudé a Nueva York, mi amigo Buzz Miller, un extraordinario bailarín de Jack Cole, bromeaba diciendo que sentía que debía persignarse cada vez que entraba en mi apartamento. Y todavía conservo una medalla bendecida por la Madre Teresa, que ocupa un lugar prominente en mi casa.

Así que podrán imaginar lo que sentí cuando Tony y yo, con Lisa en brazos, entramos en la Basílica de San Pedro junto con una multitud de creyentes y turistas. Al verme rodeada por su monumental esplendor, deseé que mi madre hubiera estado allí conmigo, así como deseé que Hoolie hubiera estado conmigo cuando conocí a Judy Garland. Nos las habíamos arreglado para sentarnos en un banco cerca del pasillo por donde entraría el papa Juan XXIII. Me alegra haber tenido el privilegio de ver a ese papa en persona, más que a ningún otro. Nacido Angelo Roncalli, era conocido por ser un hombre humilde al que no lo afectaba la adoración —ni la crítica— que recibía. Cuando abrió las puertas de la Iglesia a la renovación, más o menos en aquella época, tuvo que soportar muchos ataques de los conservadores.

Mientras esperábamos, la atmósfera de repente se llenó de murmullos que pronto se convirtieron en gritos extasiados «¡Viva, il Papa! ¡Viva, il Papa! ¡Viva, il Papa!». Me giré y vi al papa Juan que venía por el pasillo, a poca distancia, transportado por encima de nosotros en un elaborado trono portátil. La multitud enloqueció sosteniendo en alto rosarios, crucifijos y otros objetos religiosos para que él los bendijera, cosa que hizo, con los brazos extendidos y mirando de un lado a otro. Yo alcé a Lisa sobre mi cabeza para que la bendijera al pasar. Cuando la vio, sonrió con dulzura y la bendijo haciendo la señal de la cruz con la mano.

✳

En las décadas subsiguientes, regresé a Londres a trabajar y a Italia de vacaciones.

Después de *West Side Story* y *Bye Bye Birdie*, trabajé en la producción del West End de *El beso de la mujer araña* en 1993, y seis años después, en *Chicago* interpretando a Roxie Hart, esta vez con la espléndida Valarie Pettiford en el rol de Velma. También me encantaba hacer mi espectáculo de cabaret allí, sobre todo en el Palladium, donde se presentaban tantos artistas legendarios; aunque nadie como Judy Garland en sus apariciones en 1951 y 1964.

Un espectáculo del West End que dejé pasar fue una recreación de *Gypsy*, dirigida por Arthur Laurents, quien también había escrito el libreto. Conocía a Arthur desde la década de los 50 porque también había escrito *West Side Story* y siempre quisimos volver a trabajar juntos. Cuando me pidió que interpretara a Mama Rose, uno de los roles más importantes de todo el teatro musical, me sentí intrigada. Mi duda surgía del hecho de que siempre buscaba crear los roles, no recrearlos. No me gustaban las comparaciones y Ethel Merman le había puesto su sello definitivo a Rose. También sentía que era demasiado joven para interpretarla. Ethel tenía cincuenta y tres años cuando aceptó el rol y yo apenas tenía cuarenta años en aquel momento. Además, Rose era bocona, dominante, controladora y ambiciosa. Eso puede no importarles a algunas personas, pero no cuando hay niños que considerar. Decliné la oferta. No supe si Arthur me lo había perdonado hasta que, años después, me pidió que participara en su obra *Venecia*, que trataba sobre una madama argentina que soñaba con ir a Venecia.

Supongo que eso dice algo de mí porque no podía representar a una madre abusiva, no importaba cuán bien escrito estuviera el papel. Ahora bien, ¿una prostituta vieja y ciega? ¡Me apunto!

10

BAJOUR Y OTROS TRUCOS QUE
ME SAQUÉ DE LA MANGA

A nyanka, la princesa gitana a la que interpreté en *Bajour*, no
era tan mala como sugiere la canción «Mean» [«Mala»]
en la obra. En realidad era una suerte de romántica sin
pulir, el tipo de rol que yo interpretaba muy bien. Aunque siempre
se consideró un musical secundario en los anales de la historia del
teatro musical, *Bajour* disfrutó de una saludable temporada de ocho
meses en 1964. También recibió un par de merecidas nominaciones
a los Tony para mis amigos, la actriz Nancy Dussault y el coreógrafo
Peter Gennaro.

Bajour no podría revivirse ahora —ni siquiera en una versión
de concierto— porque el tema son los gitanos y esa palabra se ha vuelto
inaceptable. El musical trata sobre esas personas que se ven
a la entrada de las tiendas en algunas ciudades, deseosas de leerte
la fortuna o el tarot. Esas personas representan a los romaníes, un
grupo étnico, que siempre se ha considerado nómada y que está
organizado en clanes alrededor del mundo.

En *Bajour*, Anyanka, la hija de Moyva rey de Newark, ha captu-
rado la atención de un líder de la ciudad de Nueva York, Cockeye
Johnny Dembo, que interpretó Herschel Bernardi. Johnny quiere
mejorar su estatus comprando a Anyanka para que se case con su

hijo, Steve, pero necesita nueve mil dólares para ello. Anyanka no es tímida. Le echa una mirada a Steve, que interpretaba por un actor guapísimo y seductor llamado Gus Trikonis, y le dice a su papi algo así: «¡No te preocupes! Yo misma conseguiré el dinero con un *bajour*». La palabra «*bajour*» es el término en romaní para referirse a «una gran estafa».

Ed Padula, que había producido *Bye Bye Birdie*, pensó en mí para el rol de Anyanka y me alegro de que lo haya hecho. Me la pasé de maravilla con mis aretes y los mantones de encaje y faldas tachonadas diseñados por Freddy Wittop, que yo sacudía como un derviche. Los bailes de Peter eran fabulosos y me encantaba estar a la cabeza del coro en sus números salvajes. Había un bailarín súper talentoso que no podía pasar desapercibido. Era adorable, veloz y ambicioso. Se llamaba Michael Bennett. Algo que lamento es que, aparte de ese espectáculo, no volvimos a trabajar juntos.

Enseguida me hice amiga de Nancy, que interpretaba a Emily, una antropóloga que investigaba la cultura romaní. A menudo me acompañaba en mis viajes de investigación a los lugares donde leían la fortuna en la Octava Avenida en Hell's Kitchen. Soy fanática de los psíquicos y los videntes. Conocí a algunos de los mejores mientras vivía en California. Pero lo que percibí de la mujer que nos atendió en aquella habitación encortinada cerca de Times Square no tenía mucho que ver con mi futuro, sino con cómo atar a una persona para poder seguir sacándole dinero. Una vez que comenzaron las funciones, con frecuencia recibía visitas de los miembros de la realeza romaní, que parecían divertirse mucho con el espectáculo. Se sentían como en su casa o y se extasiaban con Gus, como casi todas las mujeres y algunos hombres. Yo caía en ese grupo. Me deleitaba en las escenas de amor con el joven y guapo actor.

Durante la temporada de *Bajour* Tony y yo estábamos infelices en nuestro matrimonio. Después de *Bye Bye Birdie* en Londres empezamos a distanciarnos. Mi carrera florecía mientras que la de él se había estancado. Eso puede provocar tensiones en cualquier relación. Lo último que deseaba Tony era que lo identificaran como el esposo de Chita Rivera, ¿y cómo culparlo? Cualquier hombre rehuiría algo así. Se había cansado de actuar y había empezado a ayudar a los coreógrafos; primero a Gower Champion y luego a Michael Kidd. Pero se hallaba en una encrucijada profesional, y aún no había encontrado su nicho como director y productor en la costa oeste. Además, empezaba a hastiarme de los celos italianos. No puedo decir que yo fuera inocente del todo. Dolores podía ser muy coqueta, pero no creo haberlo avergonzado nunca. Espero que no.

Tony y yo decidimos separarnos, aunque nos preocupaba, como a todos los padres, la forma en que eso afectaría a Lisa, que era todavía muy joven. Como suelo hacer cuando estoy atravesando una crisis, busqué el consuelo y el consejo de un cura católico, el padre Shelley, que se convirtió en un buen amigo. La Iglesia es bastante estricta respecto a los votos matrimoniales y me perturbaba violar las reglas. Durante nuestras sesiones, me sentaba a llorar y el padre Shelley me escuchaba con paciencia y me ofrecía una caja de pañuelos desechables. Yo era de las mujeres que creen que sólo hay un hombre para ellas en el mundo. Una se casaba y permanecía casada. Entonces, un día, luego de mucha introspección, me di cuenta de que no necesitaba los pañuelos. Puedo torturarme emocionalmente, pero sólo hasta cierto punto. Luego veo la luz y sé lo que tengo que hacer. Siempre conlleva una pérdida. Eso es inevitable. Tony y yo hemos mantenido una relación amigable hasta el sol de hoy. Es un hombre bueno y el corazón siempre me da un vuelco cuando lo veo. ¿Siento celos cuando está con una mujer? Sí. Y me alegro.

Nunca le fui infiel a Tony mientras estuvimos casados, pero, tan pronto como nos separamos, la tentación llegó de forma estrepitosa en la figura de Gus Trikonis. Traten de estar frente a un hombre descamisado monumental que canta canciones de amor noche tras noche en el escenario a ver si pueden mantener sus límites morales. Además, era un bailarín extraordinario, lo que siempre me entusiasma. Sabía que el sexo extramarital estaba prohibido, pero les confieso que no me importaba mucho, fuera o no una buena chica católica. Él era tan sólo un chico agradable por quien yo sentía mucho cariño y sabía que él lo sentía hacia mí. Cuando terminó la temporada de *Bajour*, se mudó a California para proseguir una carrera en el cine y la televisión, y me sugirió que me fuera con él. Aunque extrañaba a Gus, me sentía más cómoda en el teatro y Lisa fue una consideración importante. Si la separación de Tony ya era suficiente trastorno para ella, ¿qué no sería un nuevo hombre en la vida de su madre? Resulta que Gus se enamoró de Goldie Hawn, que en aquel momento participaba en la popular serie televisiva *Laugh-In* y se casó con ella. Lo único que puedo decir es que, en materia de hombres, ella tiene muy buen gusto.

Supongo que mi romance con Gus fue sólo una expresión de la gitana que vive en mí. Sé que el término «gitano» no es aceptable, ¿pero eso quiere decir que ya no se puede cantar la canción clásica? No es mi intención en absoluto ofender a ningún grupo étnico, pero la palabra «gitano» también se ha usado durante mucho tiempo para describir a los miembros de cualquier coro de Broadway. Desde los inicios de mi carrera, al igual que otros tantos colegas, me he sentido muy orgullosa de que me llamen así. Aun cuando salí del coro, me consideraba una gitana. Los actores son nómadas que trabajan donde pueden y van a lugares remotos sólo para tener la oportunidad de «bailar para ti» como dice una canción de *A Chorus Line* [*Una línea de coro*].

De hecho, una vez, muchos años después de mi aparición en *Bajour,* me confirieron el título honorífico de «Reina de los gitanos». Existe una tradición que antes se conocía como la «túnica gitana», pero ahora se llama la «túnica del legado» para no ofender a nadie. En el transcurso de una temporada en Broadway, la túnica, decorada con insignias y recuerdos de espectáculos pasados se pasa del miembro de un coro al de otro en la noche del estreno. Suele ser al que tiene más créditos en coros. El elenco, los técnicos y el equipo de producción se reúnen en un círculo en el escenario justo antes de que se abra el telón. Quien recibe la túnica, se la pone y recorre el escenario tres veces en dirección contraria a las manecillas del reloj mientras los demás miembros de la compañía la tocan para que les de buena suerte. Me parece curioso que el ritual haya comenzado en 1950 cuando se le entregó una túnica de la producción de *Los caballeros las prefieren rubias* a un miembro del coro de *Call Me Madam*, mi primer musical. Luego se le presentó, con una rosa de plumas de un vestido que llevó Ehtel Merman, a un gitano de *Guys and Dolls*, mi segundo musical.

Me cuesta divorciarme de la palabra «gitano» porque en el mundo del escenario significa mucho más que un bailarín del coro. Que te llamen «gitana» —y aún me considero una— es honrar las lealtades y vínculos de la tribu que se reúne para montar un espectáculo. No parece que pueda sustituirse por otra palabra, tal vez porque lleva tanto tiempo circulando en la cultura teatral. O tal vez no puedo dejar de usarla porque soy una vieja testaruda que se siente atada a las tradiciones y la colorida historia que representa esa palabra.

Me gusta la idea de una túnica decorada con diversos recuerdos. Si tuviera una túnica metafórica de 1964, el año de *Bajour*, tendría un programa de la Feria Mundial de 1964 en Flushing Meadows: un tributo a la era espacial que recién comenzaba. Interpreté a una mujer astronauta en *Wonderworld* [*Mundo maravilloso*] de Michael Kidd, donde aparecían un par de personajes voladores con *jets* en la espalda que sobrevolaban el vasto anfiteatro. Mi título de Lady Astronaut [señora Astronauta] se sumó a otros dos títulos: Miss Jet Away Drive [señorita Propulsión a Chorro] y Miss Gear of the Year [señorita Engranaje del Año], que me gané trabajando en espectáculos industriales. En esa túnica imaginaria de 1964, también incluiría una tarjeta postal de la Piedad de Miguel Ángel que se trajo del Vaticano y que se convirtió, por mucho, en la exposición más popular entre los 140 pabellones. Eclipsó nuestro *Wonderworld*, ¿y cómo no? Pero lo que hizo que la señorita Engranaje del Año decidiera cambiarse a un doble embrague después de que Gus se fuera a California fue un chico. Su nombre era Tom Richmond y por poco me caso con él.

Nos presentaron Nancy Dussault y su esposo, Jim Travis, y desde el primer instante hubo chispas entre nosotros. Al ver su rostro hermoso y amable pensé «Chita, la mesa está servida». Tom era gracioso, encantador y «todo un caballero», como les gusta decir a los ingleses. Tenía su propio negocio y, aunque había alguna intersección con las artes, no pertenecía a la industria del entretenimiento. Eso resultó ideal cuando tuvo que lidiar con lo que yo pudiera tener de celebridad a lo largo de una década de romance intermitente. El objeto que epitomiza el tiempo que compartí con Tom es una ranita de cerámica verde que cabe en un bolsillo. Llegó a nuestra vida cuando estuvimos de vacaciones en un spa en St. Thomas, y en el baño estaba esa cosita horrorosa. Nos reímos tanto a costa de ella que Tom se la llevó cuando nos fuimos. De pronto, la rana era el Zelig de nuestro romance, nos acompañaba en nuestras citas, aparecía en galas, viajaba en nuestros automóviles de alquiler y se acurrucaba entre las almohadas de nuestras habitaciones de hotel. Una vez, en una cena en la Casa Blanca, miré hacia abajo y vi que Tom la había escondido entre los pliegues de mi servilleta.

¿Por qué no me casé con el dulce y adorable Tom? Mi hija, Lisa, le hubiera echado la culpa a la hermanita Mary Chita, la chica católica buena, que no podía volver a casarse después de divorciarse. Tal vez pensé que estaba librando a Lisa de lidiar con un padrastro, aunque Tom le caía muy bien. Tal vez fue mi propia ambición. Siempre sentí que Tom me apoyaba en todo lo que hacía y jamás me dio la impresión de que se sintiera eclipsado por mí. Todo lo contrario, creo que disfrutaba de acompañarme en mis compromisos profesionales. Pero, al recordarlo, veo la imagen de mis piernas a toda velocidad. Nunca tuvimos el tiempo para disfrutar como una pareja comprometida. Yo estaba siempre ocupada y me conformaba con atraparlo al vuelo. Él, a su vez, quizás no.

Todavía se me aguan los ojos cuando veo a una pareja mayor caminar de la mano en un parque o sentada en un banco, tan felices de estar juntos que casi son uno. Nunca he conocido eso y es una lástima. Pero una hace sacrificios en la vida para realizar sus sueños y algunas cosas se pierden en el camino, casi sin querer. Pero, ay, ¡qué feliz fui con Tony, Gus y Tom! Y eso nunca se desvanece. Las canciones de mi acto de cabaret tienden, como yo, hacia la diversión y la acción. Pero en los momentos de quietud, nada es capaz de revivir el recuerdo de haber amado como el Gran Cancionero Estadounidense. A veces, sólo hay que sentarse y perderse en la ensoñación del mayor regalo del mundo.

11

UN CORAZÓN SOBRE LOS HOMBROS

Sweet Charity

En 1967, me senté en la última fila del Palace Theatre y vi una representación que era pura perfección de la comedia musical: Gwen Verdon en el papel de Charity Hope Valentine, la bailarina y romántica sin remedio del infame Fandango Ballroom. El público estaba rendido a sus pies. No era sólo la forma en que podía jugar con un sombrero de copa como si fuera una pareja de baile. O robarse un cigarrillo mientras se escondía en una funda de ropa en un armario. O ejecutar movimientos pequeños, precisos y aislados seguidos de contoneos amplios a través del escenario. Era toda la hipnotizante interpretación. Era una gran orquesta de vientos en el cuerpo de un pequeño payaso pelirrojo. Hasta los empujones y tropezones de Gwen eran elegantes. Como las mejores bailarinas, no pretendía ser sexi. Lo exudaba sin esfuerzo porque tenía una extraordinaria conexión con su cuerpo y lo que podía hacer. El teatro musical, más que cualquier otra forma de arte, permite esa expresión y Gwen la encarnaba a las mil maravillas.

Además de todo eso, Gwen podía romperle el corazón a cualquiera. Cuando interpretaba, en el papel de Charity, la desgarradora canción «Where Am I Going?» [«¿Hacia dónde voy?»], tuve que sacar el pañuelo para secarme las lágrimas y me alegré de estar sola en la última fila de la orquesta. De pronto, sentí algo moverse detrás de mi asiento. Alcé la vista y vi a Bob Fosse, el director y coreógrafo del espectáculo.

—¿Te lo estás pasando bien? —susurró inclinando su delgado cuerpo sobre el divisor de la sección donde la gente está de pie.

—Ajá—murmuré.

—Tú sí que lo ves. Ves lo que estamos intentando hacer —rio.

Como si alguien pudiera dudarlo.

Bobby me había invitado a ver *Sweet Charity* con la idea de ofrecerme el papel principal en la producción que haría la gira nacional. Me intrigaba la posibilidad de trabajar con él por primera vez. ¿Pero quién podía aspirar a alcanzar lo que Gwen había logrado con el papel? Desde que la había conocido en 1954 en *Can-Can*, observé cómo su estrella fue ascendiendo en espectáculos como *Damn Yankees* [*Malditos Yankees*], *New Girl in Town* [*La chica nueva en el pueblo*], *Redhead* [*Pelirroja*] y ahora *Sweet Charity*. Para mí, Gwen se había convertido en la quintaesencia de la estrella de la comedia musical de Broadway; ésa que combina la excentricidad de Harpo Marx y la sexualidad juguetona de Carole Lombard. Ambas gravitábamos hacia los personajes de mujeres ligeras con actitud. Ella tenía a su discípula del diablo, Lola, en *Yankees* y a la borrachina Anna Christie en *New Girl*; yo tenía a mi prostituta, Fifi, en *Seventh Heaven* y a la ladronzuela Anyanka en *Bajour*. Se lo dice Dolores: las chicas malas son más divertidas de interpretar.

Y nadie amaba más a las chicas malas en el teatro musical que Bob Fosse. Había coreografiado todos los *shows* de Gwen que acabo de mencionar y también dirigido *Redhead* y *Charity*. Bob era un bailarín que había comenzado su carrera de adolescente en clubes de *strip* y había traído a Broadway una sofisticación atrevida e innovadora: el lenguaje de las calles. En *Charity*, podía verse reflejado en la zozobra hormonal de los hombres que iban a pasar un buen rato en el Fandango Ballroom. Podía verse en la actitud lánguida de las chicas que trabajaban en el salón de baile en busca de sus grandes derrochadores. (Créanme que moverse con languidez puede ser más difícil que hacer *jetés*).

Gwen fue la musa y compañera perfecta de Bobby desde que comenzaron a trabajar juntos en 1955 en *Yankees*. Se casaron en 1960 y juntos redefinieron y expandieron los límites de la danza en Broadway para convertirse en uno de los matrimonios más exitosos de la historia del teatro musical. Pero Gwen consideraba su alianza profesional igual, si no superior, a su alianza matrimonial. Cuando Gwen estaba trabajando en *Redhead* Judy Garland le dijo:

—Debes estar muy orgullosa del trabajo de tu esposo.

—¿Quién? —respondió Gwen perpleja.

En cuanto al perfeccionismo, ambos estaban en la misma liga. Gwen se perdió el funeral de su madre porque tenía una matiné. Bobby, un adicto al trabajo, coreografiaba todo el día y hasta tarde en la noche. Eso se debía en parte a su vena competitiva; pensaba que a esas horas los demás coreógrafos estarían durmiendo.

Mientras veía *Sweet Charity*, comencé a abrigar la idea de trabajar en la producción. Si Bobby creía que yo podía hacerlo —y no era un hombre fácil de convencer— entonces tal vez yo encontraría el modo de construir algo sobre la base de lo que Gwen había logrado. No podía aspirar a igualarla. Eso lo sabía. Pero con el tiempo me armé de valor y le prometí a la propia Gwen que participaría en la gira. Sólo tuve que recordar lo que ella misma me había dicho en el camerino durante la temporada de *Can-Can*: «Chita, confía más en ti misma». Fue un consejo que nunca olvidé y que apliqué a Charity para crear al personaje desde mi propia imaginación y experiencias de vida.

Encajé en el papel desde el instante en que me puse el vestido

corto negro con una raja en el muslo —diseñado por Irene Sharaff—
y me tatuaron el corazón con el nombre de Charlie en el hombro.
Participar en semejante clásico del teatro musical es otro ejemplo de
estar en el lugar correcto en el momento oportuno. La colaboración
incluía no sólo la coreografía de Bobby, sino también las canciones
de Cy Coleman y Dorothy Fields. Cantar y bailar esa música era
como contar con un compañero maravilloso que te apoya y te transporta. Entre mis otros compañeros en el *show* estaban Ben Vereen,
un intérprete talentosísimo, que luego se convirtió en un amigo
querido, y James Luisi, que luego se hizo famoso por su rol en *The
Rockford Files* [*Los casos de Rockford*]. Su Vittorio Vidal en *Charity*
sin duda me subía la temperatura en «If My Friends Could See Me
Now» [«Si mis amigos pudieran verme ahora»]. También me
gustaba cantar «Where Am I Going?», que, de por sí, es una pieza
en tres actos. Después la incorporé en mi espectáculo de cabaret y
en otras grabaciones.

Charity era un papel maratónico. Tenía que dominar la actuación, el canto y el baile. El término «amenaza triple» no se
usaba entonces con la frecuencia con la que se usa ahora. En los
primeros años de mi carrera, lo típico era que los cantantes can-
taran y los bailarines bailaran. Pero yo tuve la suerte de entrenar-
me como amenaza triple desde muy temprano en *West Side Story*.
Jerry Robbins no se habría conformado con menos de parte de
su elenco y créanme que Lenny Bernstein y Steve Sondheim eran
muy estrictos con la dicción y la modulación. Cada letra tenía que
entenderse a la perfección y cada nota tenía que sonar diáfana y
potente. Jeffrey Huard, mi amigo y director musical me dijo una
vez: «Las consonantes piensan, Chita, las vocales sienten».

Desde el día en que entré en el estudio de Lenny para aprender
«A Boy Like That», empecé a cantar «desde las entrañas». Eso
quiere decir no sólo desde el diafragma, sino desde todo el cuerpo,

como me dijo Dorothy London una vez: «Chita, debes llegar por encima de los violines». Eso significaba cantar con todas mis fuerzas y con claridad aun cuando estuviera contoneándome en un número como «América» o «There's Gotta Be Something Better Than This» [«Tiene que haber algo mejor que esto»]. Con el entrenamiento adecuado, el cuerpo responde con su memoria muscular para ayudarte a terminar, no importa cuán cansada estés. La fatiga nunca ha sido una opción.

Nunca me consideré una gran cantante. Por un lado, creía que mi voz era un «instrumento» más de la orquesta. Así que me impresionó cuando un director musical me dijo que tal vez me estaba subestimando. Resulta irónico que mi humildad me hiciera mejor cantante de lo que creía ser. «Esa humildad aleja cualquier temor que puedas tener, Cheet», me dijo. «Te permite concentrarte en el trabajo que debes realizar».

Y ese trabajo era estar al servicio de los compositores. Sus palabras y su música me abrían la puerta al personaje y a la emoción que tuviera que comunicar en cualquier momento. La letra de las canciones era mi mejor amiga y yo me esforzaba por darles a las palabras toda su intención y colorido: el timbre oscuro y feroz de las canciones de Lenny y Steve en *West Side Story*; el encanto ligero y Tecnicolor de Charles Strouse y Lee Adams en *Bye Bye Birdie*; la exuberancia de las canciones de Cy Coleman y Dorothy Fields en *Sweet Charity*. Cantar canciones del Gran Cancionero Estadounidense me conectaba con el personaje y el espectáculo. Pero a través de la empatía que se expresaba en ellas, las canciones también me conectaban con el mundo. No creo que alguien pueda ser una triple amenaza sin comprometerse en cuerpo y alma con el resto de la humanidad.

Bobby siempre solía decir que se canta cuando las palabras solas no pueden contener las emociones y se baila cuando los sentimientos estallan en movimiento. Así era Charity cuando dirigía su orquesta de metales imaginaria o estallaba de alegría y deseaba que sus amigos la pudieran ver «ahora». Cuando todo eso se mezcla, se te eriza la piel. Incluso ahora que lo cuento, estoy sentada en mi cocina, escuchando la música y moviendo el trasero y las manos. Así es esto.

Bobby se fue a trabajar en la preproducción de la película de *Sweet Charity* mientras se preparaba la gira nacional, así que Robert Linden y Paul Glover me pusieron en el *show*. Pero cuando estábamos en Toronto con *Charity*, recibí una llamada de Bobby.

—¿Te gustaría interpretar a Nickie en la película? —preguntó refiriéndose a una de las mejores amigas de Charity.

Nickie era la que había decidido no ser «la primera bailarina con canas». Soñaba con ser recepcionista en «uno de esos rascacielos de cristal, tener mi propia maquinilla de escribir... ¡y recesos para tomar café!». Dije que sí antes de que cualquiera de esas mujerzuelas del Fandango pudiera alcanzar a Nickie. Después de una prueba de cámara, la alegría de debutar como Nickie fue agridulce. Me unía a un equipo de primera categoría en el papel de una de las mejores amigas de Charity; Paula Kelly, en el papel de Helene, era la otra. Pero que Shirley MacLaine interpretara el papel de Gwen en la película no me sentó muy bien. Pensé que yo podía entender cómo se sentía ella, porque otras actrices —Rita Moreno y Janet Leigh— habían interpretado a Anita y a Rosie en las versiones fílmicas de *West Side Story* y *Bye Bye Birdie*. También pensé que a Helen Gallagher le darían prioridad para el papel de Nickie, pues ella había creado el personaje en Broadway. Para empeorar las cosas, Helen estaba en la gira de *Charity* conmigo cuando me informaron que me habían dado el papel. Sé que así se bate el cobre en Hollywood. Pero no deja de ser desagradable.

Si hubo algún resentimiento de parte de Gwen porque Bobby no luchó lo suficiente con los productores para conseguirle el rol en la película, jamás se le notó. No sólo ayudó a Shirley a prepararse para el papel de Charity, sino que también estuvo presente durante el rodaje proveyéndole ayuda y consejos esenciales a Bobby cuando comenzaron a filmar en 1968. Y lo hizo a pesar de que su matrimonio había empezado a fallar porque Bobby era un mujeriego incorregible. Permanecieron unidos no sólo por su hija, Nicole, a quien ambos adoraban, sino porque Gwen seguía siendo la piedra angular de Bobby. Durante el rodaje de *Charity*, se encaramaba en una escalera y se fijaba en cada movimiento de una toma. Sus ojos avizores podían ver si había un dedo, unos hombros o una cadera fuera de posición, aunque fuera un milímetro. Eso significaba que había que repetir la escena. Bobby y ella estaban tan en sintonía que uno podía terminar las oraciones del otro.

Bobby: Gwen, creo que tal vez Chita...

Gwen: ...debería estar tres pasos a la izquierda.

Bobby dependía por completo del instinto de Gwen y ella le respondía con una lealtad inquebrantable. Me sorprendía que le importara poco pasar desapercibida y dejara que él se llevara casi todo el crédito. ¿De dónde vendría ese estoicismo, me preguntaba? De niña, Gwen había llevado botas ortopédicas grandes y burdas para corregirle una deformidad en las piernas. Se quitó esas botas para convertirse en el estándar de oro de la danza en Broadway. Empezó bailando *ballet* y trabajó con Jack Cole en la costa oeste antes de triunfar en Broadway. Ambas habíamos llegado al estrellato de forma indirecta y ambas nos sentíamos ambivalentes respecto a él. Seguíamos viéndonos como unas bailarinas de coro que, con suerte, talento y oportunidad, se volvieron famosas. Es probable que los estudios cinematográficos también nos vieran de ese modo y por eso le dieran el papel de Charity a Shirley. Sin duda, ella tenía virtudes. Antes de convertirse en estrella de cine, Shirley había sido bailarina de coro en Broadway y se le presentó su oportunidad

Pedro Julio del Rivero, mi guapo padre, por siempre en mi corazón.

Mi adorada madre, Katherine Anderson del Rivero.

Anatole Oboukhoff, mi estricto maestro de danza
de la SAB, quien una vez me lanzó bajo el piano.

En el papel de la atrevida Rita Romano, a mis costados
Sammy «Mr. Wonderful» Davis Jr. y Hal Loman.

La compañía original de *West Side Story*, 1957.
Junto al piano, Stephen Sondheim, de 27 años, y
Lenny Bernstein, un «viejo» a los 39.

Jerry «Big Daddy» Robbins instruyéndonos y
persuadiéndonos a Larry Kert, Carol Lawrence y a mí.

Poner buena cara era fácil junto a Dick Van Dyke,
con quien coprotagonicé *Bye Bye Birdie*.

Seguramente reconocen a estos chicos:
Paul, George, John y Ringo, en el programa de televisión
Blackpool Night Out el 19 de julio de 1964.

Poesía en movimiento, «dos que se mueven como una»,
con mi querida Gwen Verdon en *Chicago*.

John Kander, Liza Minnelli, Fred Ebb y yo,
preparándonos para *The Rink*.

Paseo en el Hyde Park en Londres con
Tony Mordente y nuestra bebé, Lisa, cuando presentamos
West Side Story en Her Majesty's Theatre.

Frente a un árbol sembrado en memoria de nuestra madre,
Katherine del Rivero, está junto a mí su familia que la adoraba.
(*De izquierda a derecha*) Julio, Carmen, Lola y Armando.

Reunión familiar de los Rivero y los Habib. Sentados junto a mí, el tío Luciano y la tía Rita, con quienes viví en el Bronx.

Una muchacha católica rodeada por sus devotos amigos: a mi derecha, el Padre William; atrás, Monseñor Robert Saccoman; y a mi izquierda, uno de sus amigos clérigos.

Besando el anillo de Sammy Davis Jr.,
mi «Mr. Wonderful».

A mis costados, el angelical Brent Carver y el guapo Anthony
Crivello, después del estreno de *El beso de la mujer araña*
en Toronto, obra musical de la que fuimos coprotagonistas.

Aurora y sus chicos revoltosos en *El beso de la mujer araña*.
(*De izquierda a derecha*) Robert Montano, John Norman
Thomas, Gary Schwartz y Raymond Rodríguez.

Aurora en su plumaje con sus chicos en *El beso de la mujer
araña*. (*De izquierda a derecha*) Raymond Rodríguez,
Robert Montano, Dan O'Grady y Keith McDaniel.

Después de una presentación de *El beso de la mujer araña*, saludando a Doris Jones, mi primera maestra de danza y mi «segunda madre».

En la fiesta de la noche del estreno de *El beso de la mujer araña* en Washington D. C., estaba feliz de haberme reunido con Doris Jones y Louis Johnson, mi primera pareja de baile.

Conocí a mi querida amiga Bea «Beady» Arthur en *Shoestring Revue* de Ben Bagley en 1955. La consideraba un genio cómico.

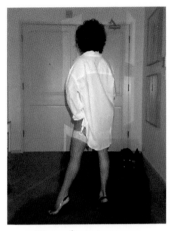

Normalmente no me visto así, excepto cuando recibo a un viejo amor.

Recibir el reconocimiento del Kennedy Center fue muy emocionante. Aunque también casi me da un infarto cuando perdí, por un rato, uno de esos aretes que cuestan lo que un auto de lujo.

En la celebración de los Kennedy Center Honors con los hombres que me «hicieron»: John Kander, Terrence McNally y Fred Ebb.

Reunión familiar en la noche del estreno
de *Chita Rivera: The Dancer's Life*
con Tony Mordente y nuestra hija, Lisa.

Mi alguna vez (y para siempre) novio, el adorable Tom Richmond.

Dick Van Dyke y yo riéndonos como niños mientras ensayamos para su participación como invitado estelar en *Chita Rivera: The Dancer's Life*.

El entonces presidente Barack Obama y yo riéndonos de sus dos pies izquierdos cuando me entregó la Medalla Presidencial de la Libertad en 2009.

Antonio Banderas en *Nine*: «¡Muéranse de la envidia!».

Después de perder cuatro veces, por fin gané un Premio Tony en 1984 por *The Rink*. Cuando anunciaron mi nombre, el espíritu de mi madre me atravesó en oleadas.

Grazie Daniele, mi querida amiga y coreógrafa, durante un descanso del ensayo para *The Visit* en Williamstown, Massachusetts, en el verano de 2014.

Roger Rees, mi adorado Anton, siempre pasaba a visitarme a mi camerino justo antes de entrar a la escena de *The Visit*.

En una gala a beneficio del Hospital Lenox Hill, con Jerry Robbins y Lisa. Me llenó de alegría la oportunidad de expresar mi eterno agradecimiento al personal que me atendió después de mi accidente automovilístico.

Viva il Papa! Estaba llena de regocijo cuando saludé al Papa Francisco en el Vaticano, décadas después de mi primera visita al Bendecido Papa Juan XXIII.

Yo y «mi mayor producción», mi hija, Lisa Mordente.

cuando trabajaba de suplente de Carol Haney en *The Pajama Game*. También ayuda que un productor de Hollywood esté en el público la noche en que suplantas a uno de esos protagonistas. Shirley estuvo sensacional en la película, al igual que Paula, y todas nos hicimos buenas amigas. Pero yo no podía dejar de pensar en lo que habría sido si Gwen hubiera interpretado el papel que había creado de forma tan indeleble. Apuesto a que habría sido mejor.

Bobby se sentía muy presionado porque *Charity* era su debut cinematográfico como director. Pero no lo demostraba, al menos no a mí. Bobby era el tipo de director y coreógrafo que lograba que un actor hiciera lo que él quería, ya fuera persuadiéndolo o, de forma menos agradable, obligándolo. Mientras rodábamos *Charity*, experimenté el lado más agradable y suave del hombre. Después, en la producción de *Chicago*, mi amigo Tony Stevens apodaría a Bobby el Príncipe de las Tinieblas.

Experimenté en carne propia cuán seductor podía ser Bobby mientras estaba diagramando el número «There's Gotta Be Something Better Than This». Charity, Helene y Nickie, cansadas de los atorrantes manisueltos del salón Fandango, cantan y bailan sobre cómo escapar de su destino y vivir una existencia más serena. La canción las lanza al vuelo sobre un tejado. Antes de rodar la escena, Bobby nos habló con esa voz aterciopelada de un modo tan persuasivo que creo que todas habríamos saltado del tejado si nos lo hubiera pedido. Tenía el visor colgado del cuello, cubierto de cenizas de cigarrillo. Aún parecía el adolescente tímido y desgarbado que había crecido bailando en cabarets y clubes de comedia baratos, y que soñaba con ser el próximo Fred Astaire.

Quien estuviera alrededor de Bobby podía percibir su profundo amor por las mujeres y sus cuerpos. Era un hombre que no podía vivir sin sexo. Y no lo hacía… una y otra vez. Ese entendimiento de las mujeres, en especial de su gran capacidad de amar, lo llevaba a poner a prueba la profundidad del amor de cada nueva novia. Creo que intentó hacerlo con casi todas las mujeres que contrató en sus espectáculos. Nunca lo intentó conmigo y no puedo garantizar que no me moleste un poco. Contrario a tantas otras, yo no lo encontraba muy atractivo que digamos. ¡Pero a Dolores le hubiera encantado hacerle un desplante!

Tal vez era la íntima familiaridad de Bobby con cada curva, coyuntura y contorno del cuerpo femenino lo que le permitía sacarles a sus bailarinas lo mejor de sí. Y nos hacía desear dar lo mejor de nosotras. Si nos gustaba cómo nos veíamos, eso era lo que deseábamos. Y si era complicado, ¡mejor aún! A los bailarines les gusta resolver las cosas. Lo que hacía las coreografías de Bobby más embriagantes aún era que rompía la tensión sexual con el humor; burlarse del sexo lo hacía más seductor y gracioso. Quizás también había aprendido eso en su juventud de los cómicos en el cabaret.

Interpretar a Nickie era la bomba. Tan neoyorquina. Tan optimista. Tan... vulgar. La única vez que Bobby se topó con la Dolores que vive en mí fue cuando me entregaron la peluca que Nickie debía llevar en la película. Me gustó el vestuario que Edith Head había diseñado para la película, que era exagerado hasta la sátira. ¿Pero la peluca? La detesté. Tenía un mechón blanco hasta mitad de la cabeza. Supliqué que me la reemplazaran.

—Pero Chita, quiero que Nickie se vea vulgar —me dijo.

—Sí, pero ¿tengo que verme vulgar? —rogué—. ¿No basta con que actúe de forma vulgar?

Bobby se negó y en la película parece que tengo un zorrillo en la cabeza.

Antes de rodar la escena de nosotras tres en el tejado, que concluye con «There's Gotta Be Something Better Than This», Bobby nos llamó aparte a Paula y a mí.

—Escuchen, ambas han hecho *Charity* en el escenario —dijo—, pero para Shirley esto es algo nuevo. Así que quiero que se esmeren en cada toma porque cuando a Shirley le salga bien, nos vamos con ésa.

Nos alineamos, yo delante, Shirley en el medio y Paula detrás, así que a ella le tocaba recorrer la distancia mayor hasta el final. (Ésa era la posición que yo quería. ¡A los bailarines nos encanta volar!). Hicimos el número y mi posición había estado muy bien, pero me había movido demasiado a la izquierda.

—¡Estupendo! Imprimimos ésa —dijo Bobby.

—¡Maldita sea! —exclamé.

Shirley me escuchó y preguntó:

—¿Qué pasa, Chita?

Le dije, y sin encomendarse a nadie le pidió a Bobby que repitiéramos la escena una vez más. Lo hizo por mí, aunque fingió que era por ella. Eso se llama elegancia. Proteger a tus compañeros. Saber lo que significa estar en un coro. Así era Shirley también.

12

CALIFORNIA, ALLÁ VOY

Cuando me ofrecieron la película *Sweet Charity*, decidí mudarme a Los Ángeles. La mejor forma de ir a la costa oeste es con un trabajo, y tan pronto como se terminó de rodar la película, la idea de quedarme allí me resultó atractiva por muchas razones. La primera, mi hija, Lisa, estaba entrando en la adolescencia y yo pensaba que matricularla en una escuela en Los Ángeles sería lo mejor para ella. También era consciente de que Broadway había cambiado mucho desde el advenimiento de *Hair*, el musical de *rock* tribal de 1968. Me encantaba el espectáculo, y Gerry Ragni y Jim Rado, quienes lo habían creado junto con Galt MacDermont, eran amigos míos. (Tras bastidores estaba el joven Merle Frimark, que más adelante se convertiría en mi apreciado publicista personal por mucho tiempo). Pero su sensibilidad *hippie* había tomado a Broadway por sorpresa. Lo que me ofrecían sobre todo eran giras de espectáculos o producciones regionales de obras y pensé que Los Ángeles podía ser mi base de operaciones del mismo modo que lo había sido Nueva York.

Empecé a coquetear con Hollywood y la industria cinematográfica porque el éxito de *West Side Story* me había hecho más famosa. Casi al mismo tiempo que Binkie Beaumont me pidió que recreara a Anita en Londres en 1958, recibí una llamada de Marlon Brando.

Me había intrigado desde que lo vi en una esquina en el estudio de danza de Peter Gennaro tocando los bongós y coqueteando con las estudiantes. Desde entonces, su estrella no había hecho más que brillar cada vez más en Hollywood, y ahora tenía la oportunidad de dirigir su primera película *One-Eyed Jacks* [*El rostro impenetrable*]. Se trataba de un wéstern y Marlon, a su modo seductor, trató de interesarme en el papel de una cantante y bailarina de salón española. Me sentí tentada. Pero mi hermano Hoolie me aconsejó que me fuera a Londres con *West Side Story*. Y tuvo razón. *One-Eyed Jacks* resultó ser un fiasco muy costoso y la gente bromeaba diciendo que se titulaba «Stanislavsky in the Saddle» [«Stanislavsky en la silla de montar»], una alusión al linaje del Actors Studio de Marlon.

Me ofrecieron algunas películas, pero nada que pudiera destetarme del escenario musical. En 1969, mientras vivía en Los Ángeles, participé en el estreno mundial de *1491*, un nuevo musical de Meredith Willson, una precuela del viaje de Cristóbal Colón a América. El espectáculo había sido comisionado por Edwin Lester, el veterano productor teatral de la costa oeste y director de Los Angeles Civic Light Opera. Había conocido a Edwin en 1963 en otro proyecto, uno de los más atractivos de mi carrera. Era *Zenda*, una adaptación musical de la novela de Anthony Hope, *El prisionero de Zenda*, sobre intrigas políticas en la corte de un rey. Su doble se convierte en parte de una artimaña para evitar un golpe de estado. Me contrataron para interpretar a Athena, una concubina real, nada tonta, que descubre la estratagema y se complace en disfrutar de un festín en la mesa del rey y su doble.

El doble papel del rey y el impostor había sido escrito para Alfred Drake, el icónico actor de musicales. El primer día de ensayos, me moría por conocerlo. Cuando llegué, el director, George Schaefer me dijo que Drake estaba en el salón de ensayos, pero cuando busqué a mi alrededor, sólo vi a un tímido hombre de baja estatura sentado entre dos chicas. Al acercarme, Alfred se puse en pie y en un instante se transformó en el Gran Hombre. Su repentino cambio de personalidad me enseñó que creer en uno mismo puede transformar la timidez en la imponente presencia y voz de un rey. Por desgracia, a pesar de la producción espectacular y fastuosa, con música del veterano compositor Vernon Duke y vestuario de Miles White, el *show* nunca llegó a Broadway.

La misma suerte correría *1491*, donde interpreté a Beatriz, otra concubina, pero esta vez judía y española, la amante de Cristóbal Colón. No me encantaban ni el papel ni el compositor, Meredith Willson. Tal vez aún resentía que su *Music Man* se hubiera ganado el Tony al Mejor Musical en vez de *West Side Story*. Lo que me atraía era que John Cullum, un actor consumado, iba a interpretar a Cristóbal Colón y Jean Fenn a la Reina Isabel. Pero ni ellos pudieron mantener el espectáculo a flote. Zarpó en San Francisco y pronto se hundió con el peso de una música que sonaba más a «Setenta y seis trombones» que al ritmo latino de las sevillanas. Recuerdo que el musical también tenía un diseño de escena bastante extraño. Me parece estar viendo a John detrás del timoncito de juguete de la Santa María imaginaria, con la que Colón no hubiera podido salir de la bahía, mucho menos cruzar el océano. Las risotadas nos obligaron a irnos de California.

Más disfrutaba de mis apariciones en los programas de variedades en la televisión, como *The Hollywood Palace* [*El palacio de Hollywood*], *El* show *de Carol Burnett* y *El* show *de Julie Andrews*. Eso se debía sobre todo a que podía trabajar con mis amigas Carol y Julie y también con coreógrafos como Alan Johnson y Jack Cole, que figuraban entre los artistas más exigentes de la industria. Yo había conocido a Alan cuando era suplente y, después, cuando interpretó a A-Rab en la producción original de *West Side Story*. Eso fue antes de que se convirtiera en el coreógrafo de Shirley MacLaine y

Peter Allen, y de varias películas de Mel Brooks, como *The Producers* [*Los productores*], *Blazing Saddles* [*Un comisario de película* en Hispanoamérica, *Locuras en el Oeste* en Argentina y *Sillas de montar calientes* en España] y *Young Frankenstein* [*El jovencito Frankenstein* en España; *El joven Frankenstein* en México y Argentina; y *Frankenstein Junior* en otros países de Hispanoamérica]. La coreografía de claqué con zapatos normales que creó para Frankenstein y su monstruo en «Puttin' on the Ritz» [*Vestirse de gala*] es un clásico. Alan también se hizo el propósito de que la coreografía original de Robbins para *West Side Story* se mantuviera de manera fiel y exacta, incluso en mi *show*, *Chita Rivera: The Dancer's Life*. Alan era devoto de Jack Cole y tenía un estilo poco convencional, que siempre sorprendía por las formas inesperadas en que manipulaba el ritmo. Si una frase musical tenía cuatro tiempos, la reducía a dos o la expandía a seis. Alan desmintió el prejuicio de los bailarines de la costa este de que sus homólogos en la costa oeste —malcriados por el sol, los automóviles y las piscinas— eran inferiores. Aquella rivalidad era tan intensa como absurda.

Quien pudiera seguirle el paso a Jack Cole, el coreógrafo por excelencia de la costa oeste, se había ganado el derecho de hacer alarde de ello. Sus bailes icónicos para el cine, la televisión y los clubes nocturnos le habían ganado el título de «Padre de la Danza *Jazz* Teatral». Se lo merecía. La primera vez que trabajé con él fue en *Zenda*, y me encantaron sus bailes rigurosos, atléticos y voluptuosos. Sabía enmarcar a las mujeres, empoderadas pero femeninas, mientras que los hombres eran pura fuerza, estilo y muchos deslizamientos de rodilla. Cole había coreografiado «Put the Blame on Mame» [«Échenle la culpa a Mame»] para Rita Hayworth y «Diamonds Are a Girl's Best Friend» [«Los diamantes son los mejores amigos de una chica»] para Marilyn Monroe. Hizo lo mismo conmigo cuando coreografió «Blue» [«Azul»] para el show de variedades

The Hollywood Palace. También bailaba conmigo en ese número y podía ser una caja de sorpresas. Era tan adicto al trabajo que a veces confundía los bailes y se le olvidaban los pasos. Eso podía resultar escalofriante cuando bailaba contigo. De pronto podía salir volando tras bastidores y luego regresar, volando también, cuando recordaba lo que seguía. Ahora lo ves... ¡ahora no! La televisión, que en aquella época se transmitía en vivo, siempre tenía esos momentos sorpresivos que te dejaban en vilo, tanto en sentido literal como figurado.

Me desencanté con la serie televisiva *El nuevo* show *de Dick Van Dyke*, la secuela del éxito rotundo de Dick en la pantalla chica. Me había lanzado a la oportunidad de reunirme con él. Pero, aunque el *show* estaba escrito en parte por Carl Reiner, conservaba muy poco de la gracia y el encanto de la serie original. Richard Dawson y yo interpretábamos a los vecinos de al lado de Dick y no hacíamos buena pareja. La serie me pareció demasiado constreñida y pedí que se me relevara del contrato para dedicarme a algo más desafiante. Lo que me llamó fue un papel coprotagónico en la producción de *Father's Day* [*El día del padre*] de Oliver Hailey en Chicago.

Hacía pocos años, en 1970, había decidido extender mis músculos actorales añadiendo obras no musicales a mi currículo. En lo que sólo puede llamarse un acto de descaro, comencé interpretando a Billie Dawn en una producción en Filadelfia de *Born Yesterday* [*Nacida ayer*] de Garson Kanin junto con John Randolph. ¿Que si me asustaba interpretar el papel de la chica tonta en apariencia que Judy Holliday había creado de forma memorable tanto para Broadway como para el cine? Por supuesto que sí. Pero, parafraseando a Eleanor Roosevelt, todos los días debemos hacer algo que nos asuste. Seguí ese consejo con Billie Dawn y sobreviví. Llevo algo por dentro, que no sé describir, pero que siempre me permite superar el miedo. Tal vez tenga que ver con lo que, años después, me dijo un amigo y coestrella. Pudo realizar su mejor trabajo cuando se dio cuenta de que lo que hacíamos como actores no era «falsamente importante».

Mi siguiente aventura fue más aterrorizante aún: Serafina en *The Rose Tattoo* [*La rosa tatuada*] de Tennessee Williams en Nueva Orleans. Pensé, bueno, si con esto la gente no piensa que he sido un fraude durante todos estos años, ¿qué podrá hacerlo? El riesgo valía la pena. No podía declinar un rol tan complejo y profundo. Hacerlo en una ciudad tan cercana al lugar donde se desarrolla la historia y tan importante para el propio autor, me resultaba irresistible, al igual que la oportunidad de compartir el escenario con Jim Luisi, mi Vittorio Vidal en *Sweet Charity*. Como he dicho antes, Dios debe ser italiano. La gente, la comida, la música, la cultura... ¡y los hombres!

Mi Louise en *El día del padre* en Chicago presentaba otro tipo de reto. La historia de Hailey incluía a tres mujeres divorciadas que se reunían para hablar sobre las desventajas y las ventajas del matrimonio. Brenda Vaccaro había creado a Louise para la efímera producción de Broadway, que sólo tuvo una función oficial, pero disfrutó de una larga vida en el teatro regional. Louise, bocona y estridente, era un papel divertido, pero me costaba lidiar con su lenguaje soez. En una escena dice lo que en español equivaldría a: «¿Por qué no le toca un poco de Debussy a mi chocho?» («*Why not play a little Debussy for my pussy?*». En inglés, «*pussy*» significa gato, pero también se utiliza vulgarmente para referirse a los genitales femeninos). Cada vez que me tocaba decir la línea, me frenaba. Luego se me ocurrió una variante más aceptable que no comprometería al personaje. Estiré las sílabas y dije algo así: «¿Por qué no le toca un poco de Debuchiii a mi chichiii?» (En inglés: «Why not play a little De-bus-say for my puss-ay?», que también juega con el sonido de las palabras). Eso sonaba mejor en boca de una chica católica. A veces hay que hacer acrobacias para lograr que algunos diálogos funcionen.

Poco después de regresar a California, me ofrecieron coprotagonizar una producción de *Kiss Me, Kate* con Hal Linden en el North Shore Music Theatre en Beverly, Massachusetts. Me encantaba la idea de interpretar el rol doble de Lilli Vanessi/Katherine en el musical sobre una compañía de actores ensimismados que están montando *The Taming of the Shrew* [*La fierecilla domada*] de Shakespeare. Fue agradable alejarme por un tiempo de los papeles de amantes o divorciadas para interpretar a una mujer que canta «I Hate Men» [«Odio a los hombres»]. Encajaba perfectamente en la lista de éxitos de mi carrera, que también incluía «How to Kill a Man» y «Mean». Dolores se extasió con esa nueva oportunidad de hablar mal del sexo opuesto.

Cuando Hal aceptó el papel en *Kiss Me, Kate*, ya era una gran estrella de Broadway y estaba a punto de hacerse famoso con la serie televisiva *Barney Miller*. Nos tratábamos con cortesía, pero sin mucho afecto. Supongo que eso beneficiaba la producción, porque interpretábamos a una pareja que estaba en guerra tanto en la «vida real» como en la obra dentro de la obra. Las reseñas del espectáculo fueron entusiastas, entre las mejores de mi carrera. (Eso es lo que una mujer malísima puede hacer por ti). Pero tal vez, a mi coestrella pudo parecerle que se inclinaban demasiado a mi favor. Noté que, a partir de ese momento, Hal parecía esmerarse más en la escena en la que Petruchio le da una nalgada a Katherine.

Hacia finales de 1974, al regresar de mi compromiso con *Kate*, empezaba a añorar la pasión y energía desenfrenadas de Nueva York. Me alegraba de manera indirecta de lo mucho que disfrutaba mi hija de las barbacoas, las fiestas en las piscinas y la mentalidad industrial de Hollywood, pero parafraseando a Cole Porter ¿dónde estaba la vida que solía vivir? Todo aquel paraíso —los paseos en mi Datsun 280Z descapotable y la vida en mi lindo palacete sobre Mulholland Drive— me estaba pasando factura.

Hasta que un día sonó el teléfono. Eran Bob Fosse y Gwen Verdon, que me lanzaban un salvavidas.

—Oye, Chita, ¿te gustaría hacer un *show* con nosotros?

Mi «¡Sí!» se escuchó a todo lo largo y todo lo ancho del valle de San Fernando.

Luego Bobby añadió un endulzante que cambiaría mi vida.

—Las canciones serán de John Kander y Fred Ebb.

Yo había trabajado con John durante una gira nacional del *Zorba* de Kander y Ebb, pero apenas conocía a Freddy. Llegaría a conocerlo muy, pero muy bien. Y Freddy, bendito sea, llegaría a conocerme mejor de lo que yo me conocía a mí misma.

13

UN LOCO CARRUSEL

Chita más dos

Sonreír y sufrir», una letra de *Zorba*, es una frase que capta no sólo al hombre que la escribió, sino que también la vivió: Fred Ebb. Si dijera que fue uno de mis amigos más queridos y, junto con su compañero, John Kander, uno de los artistas que ha influido más en mi vida, me quedaría corta. Sin ellos, mi hoja de vida estaría repleta de enormes agujeros y en mis estantes faltarían uno o dos premios Tony. Sin Fred yo no sería quien soy. O más bien, la versión más pícara de mi persona —sí, llámenla Dolores— que se presentó con sus chicos en clubes nocturnos y salas de concierto por todo el mundo. Todo a causa de un infarto cardiaco.

Esto fue lo que ocurrió.

Llevábamos una semana ensayando para *Chicago*, a finales del otoño de 1974, cuando Gwen Verdon y yo nos tomamos un descanso para almorzar en el Variety Arts Studios en el centro de Manhattan. El elenco acababa de hacer una lectura de mesa del musical y estábamos fascinados ante la agudeza y sofisticación de Fred y John en el desarrollo de Roxie y Velma, una pareja de asesinas de la Edad del *Jazz*, interpretadas por Gwen y por mí. Con Bob Fosse a la cabeza como coescritor, director y coreógrafo, el olor del éxito perfumaba el ambiente. En una esquina, Gwen practicaba cómo hacer croché para una escena en la corte. Yo ensayaba de manera obsesiva los pasos que Bobby acababa de enseñarme para «All That Jazz», que era el número con el que abría el espectáculo.

De pronto, Phil Friedman, el director de escena, entró volando por la puerta, se dirigió hacia Gwen y le susurró algo al oído. Con calma, Gwen soltó el tejido y salió. Al día siguiente, a la noticia de que Bobby había sido hospitalizado por «agotamiento» le siguió una prognosis más desesperanzadora. Bobby había sufrido un infarto cardiaco masivo y tenía que someterse a una cirugía de corazón abierto. Los productores prometieron que el espectáculo seguiría adelante, pero había que esperar unos meses para que Bobby se recuperara y los ensayos reanudaran.

La compañía se quedó en *shock*, lo cual resulta raro porque todos sabíamos que Bobby se fumaba cien cigarrillos al día, comía muy mal y subsistía a base de anfetaminas. Pero cuando uno está metido de lleno en un *show*, en especial uno tan complicado y exigente como *Chicago*, piensa que el gran talento y la invulnerabilidad van de la mano. Nos preguntábamos cómo era posible que su corazón tuviera la osadía de traicionarlo. Pero al hombre más obsesionado con la muerte que he conocido le acababa de disparar un cañonazo de advertencia. Por suerte sobreviviría. Sin embargo, al igual que el resto del elenco, me sentí perdida.

La reacción de Rocco Morabito, mi indómito asistente y peinador en aquel momento, fue inmediata.

—¡Vamos de compras, Cheet!

Y eso hicimos. En Bloomingdale's. Pero sólo fue una solución provisional.

Después de seis años en Los Ángeles, había vendido mi casa en Mulholland Drive y regresado a Nueva York entusiasmada de trabajar en un *show* con Gwen y Bobby. No conocía bien a John ni a Freddy, aunque sabía de su éxito rotundo con la película *Cabaret*, que le valió un Oscar a Liza Minnelli. No conocía a John ni a Freddy tan bien como a ellos, aunque sabía de su éxito rotundo con *Cabaret*. La película le había valido un Oscar a Liza Minnelli, cuya estrella pulieron aún más con *Liza with a Z* [*Liza con Z*] en concierto y en televisión.

Conocí mejor a John en 1970 en la producción itinerante de *Zorba*, que coprotagonicé con John Raitt, y donde interpreté el papel de Leader, una suerte de coro griego de una sola mujer. Me sentaba junto a John al piano en la fosa de la orquesta mientras me enseñaba las canciones, entre ellas, «The Bend of the Road» [«El recodo en el camino»] y «Life Is» [«La vida es»]. Comparado con John, Fred se mantenía distante.

Cuando todos volvimos a reunirnos para *Chicago*, comenzó una amistad que nos vincularía en el ámbito profesional. El increíble talento de Kander y Ebb produciría algunos de mis mayores éxitos, incluidos *The Rink* [*La pista de patinaje*], *El beso de la mujer araña* y *The Visit*. Y lo que es más importante, Freddy y John se convertirían en mis amigos más queridos, en realidad, en mi familia. Freddy fue como un hermano, mi confidente, mi roca. Alguien que me conocía bien y que creía más en mí que yo misma.

Dada nuestra amistad, me sorprendió lo que me contó cuando nos conocimos. Años atrás, cuando yo estaba trabajando en *Bye Bye Birdie*, él solía verme por su vecindario, pues en aquel momento yo vivía frente al Martin Beck Theatre, donde se presentaba el espectáculo. Quería conocerme, pero no se atrevía.

—Me daba miedo saludarte —dijo Fred—. Aún con el rostro relajado parecías malvada.

—Ojalá lo hubieras hecho, Freddy —respondí—. Ahora tenemos que recuperar el tiempo perdido.

Después de aquello, trataba de sonreír siempre que lo veía. Lo cual no era difícil. Fred Ebb es uno de los hombres más graciosos que he conocido. Pero, como suele sucederle a la mayoría de las personas ingeniosas, tras su humor se escondía un lado oscuro y depresivo. Era lo opuesto a John en casi todos los sentidos. Nacido en la ciudad de Nueva York, Freddy era el neoyorquino por antonomasia. John había nacido en Kansas City, Missouri. Era callado, mientras que Freddy era ruidoso; era calmado, mientras que Freddy era ansioso; y confiaba en su propio talento, mientras que a Freddy casi lo paralizaba la inseguridad. Era como un niño que temía que alguien pudiera robarle su caramelo en cualquier momento. John era delgado y atlético, mientras que Freddy era robusto. Una vez escribió una canción muy graciosa sobre su merienda favorita:

I believe I might do mayhem	Creo que me volvería loco
Yes, I might destroy myself	Sí, creo que me destruiría
If I ever found her missing	Si alguna vez ella faltara
From my grocer's shelf	En el estante de mi supermercado
Sara Lee, Sara Lee	Sara Lee, Sara Lee

A John, por otro lado, le encantaban las quintillas humorísticas y, mientras más sucias, mejor. Ésta es una de sus más decentes:

A wildly obstreperous youth	Un joven muy bellaco
Got locked in a telephone booth	Se quedó encerrado en una cabina telefónica
When hit by the fever	Cuando la calentura lo azotó
He screwed the receiver	Se hizo una paja con el auricular
And knocked up a girl in Duluth.	Y preñó a una chica en Duluth.

Cuando Bobby se retiró por unos meses, los productores de *Chicago* insistieron en mantener a la compañía. Freddy sabía que yo no era de las que se quedaban tranquilas en casa, así que me abordó con una idea. Una idea escalofriante.

—Montemos un acto de cabaret para ti, Cheet —dijo.

—Freddy, yo no puedo ser el espectáculo. No sé quién soy.

Es probable que exagerara. Yo sabía más o menos quién era, como cualquiera a los cuarenta y un años. Pero, hasta aquel momento, llevaba toda la vida escondiéndome, en cierto sentido, tras los personajes que interpretaba. Lo que quise decir era que no sabía interpretarme a mí misma frente al público. Una está tan expuesta con la audiencia tan cerca. Yo había hecho un cabaret en la década de 1960 en casinos de hoteles en Las Vegas y San Juan de Puerto Rico. Y no había quedado satisfecha. Mi coro de dos mujeres, Boni Enten y Jackie Cronin, era fabuloso, pero no logramos llenar los locales. Y luego había que lidiar con el gracioso de turno. Una vez un tipo me gritó «¡Quítatelo!» y yo le contesté «¡Yo me lo quito si tú te lo quitas, zángano!». No estaba segura de querer volver a vivir a esa experiencia.

Como siempre, Freddy ya se me había adelantado.

—No te preocupes, Cheet —dijo—. Te escribiré el acto. Interpretarás algunas canciones de los espectáculos en los que has participado y John y yo te escribiremos algunas piezas especiales. Le pediremos a Ronny que dirija y coreografíe el acto.

Ronny era Ron Field. Ya en aquel momento, Ron había trabajado con Freddy y John en *Cabaret* y *Zorba*. Al igual que ellos, se había ganado un Tony y luego se ganaría dos más por *Applause* con Lauren Bacall. Ron, cuyo mentor había sido el ingenioso coreógrafo Jack Cole, era tan testarudo como Freddy. Ambos habían nacido en la ciudad de Nueva York y eran neoyorquinos de pura cepa. Ron también era uno de los hombres más persuasivos que he conocido. Empecé a sentirme intrigada, pero estaba muerta del miedo.

—Pero ¿dónde lo haremos? —pregunté.

—Oh, eso no es problema —dijo Freddy—. Ron conoce a alguna gente.

Unos días después, Ron, John y Freddy me llevaron a un lugar en la calle Setenta Oeste; un bar gay llamado Grand Finale, administrado por Harry Endicott, quien nos recibió en la puerta con entusiasmo y nos llevó a un salón con columnas rojas y negras, que a primera vista parecía pequeño, y un escenario del tamaño de una estampilla postal. Tenía una cabida de doscientas cincuenta personas, incluida la extensa barra que estaba al lado opuesto del escenario. Todo el lugar olía a cerveza rancia y humo de cigarrillo. Los chicos percibieron mi desencanto. No es que esperara el Salón Persa del Plaza o el Café Carlyle, pero ¿ese antro en el Upper West Side? Además, Harry quería que estuviéramos listos en diez días para abrir justo después del Año Nuevo de 1975. Los tres se giraron hacia mí, que estaba al borde del pánico. Sin dudarlo dijeron «¡Sí!».

—Va a ser fantástico, Cheet. Ya no estás en Los Ángeles. Estás en «Fun City» [la Ciudad de la Diversión] —me aseguró Freddy.

Pronto aprendí que la comunidad gay era en gran medida la que hacía que la «Ciudad de la Diversión» fuera divertida. En el ambiente de los clubes nocturnos habían surgido locales nuevos que atendían a una clientela en su mayoría gay. Los clubes se habían convertido en plataformas de lanzamiento de intérpretes prometedores o en lugares seguros que apoyaban a los que retornaban.

De hecho, Bette Midler salió de ese circuito —y no de los bares y clubes tradicionales— para convertirse en un éxito popular. El local donde Bette se hizo estrella fue una sauna gay, el Continental, en el Upper West Side. Barbara Cook, la espléndida actriz que protagonizó clásicos como *The Music Man* y *Candide* [*Cándido*], decidió regresar, después de un largo hiato, a una serie de *shows*, llenos a capacidad, en un saloncito al fondo de un bar gay llamado Brothers and Sisters. Y Peter Allen, el australiano irreprimible que se había casado con Liza Minnelli, acababa de hacer su maravilloso debut en Nueva York en Reno Sweeney, un cabaret de Greenwich Village. Unos años después, ese mismo cabaret presentaría a Edie Beale, el excéntrico primo de Jackie Kennedy Onassis, que se había hecho famoso por el documental *Grey Gardens* [*Jardines grises*]. Desde Bette hasta Barbara y Edie. Sentí que pasaba a través del espejo a un país de las maravillas desquiciado donde cada noche era una mezcla de Mardi Gras, Año Nuevo y Desfile del Orgullo Gay.

Que yo recuerde, mi mundo siempre se ha enriquecido con la presencia de gais y lesbianas, tanto en el aspecto profesional como en el personal. Siempre hubo rumores de que Doris Jones y Claire Haywood, su socia en la escuela de danza en D.C., mantenían una relación íntima. Louis Johnson, mi compañero de primaria, y después uno de mis mejores amigos en la School of American Ballet en Nueva York, era bastante abierto respecto a su sexualidad. Me hacía reír cuando lo llamaba por teléfono porque contestaba con una voz profunda de barítono «Hola, habla Louis Johnson». Y tan pronto como que sabía que era yo, elevaba la voz un par de octavas «Hola, nena, ¿qué tal?». Mi hermano Hoolie, con quien vivía en aquella época, me presentaba a sus compañeros. Yo los acogía a sabiendas de que eran más de lo que él me decía, aunque nunca hablamos de ello.

Trabajar en el teatro en Nueva York era cultivar una admiración hacia los gais y los judíos. Es un cliché, pero no deja de ser cierto. Sin los judíos y los gais, no tendríamos teatro. Y yo tampoco tendría esta carrera, que arrancó gracias a Arthur Laurents, Stephen Sondheim, Harold Prince, Lenny Bernstein y ahora Fred, John y Ron. Los chicos gais que bailaban conmigo en el coro no sólo me dieron brío artístico y sensualidad; también conspiraron conmigo en mis locuras durante esos primeros años. Estaban Earl Lamartine, mi amigo cajún, que siempre me decía: «Cariño, si vas a meterte en una pelea, no olvides llevarte tu sartén»; Buzz Miller, que casi se arrodillaba cada vez que entraba en mi apartamento por mis artefactos religiosos; y George Marci, un bailarín ítaloestadounidense guapísimo, que luego se cambió el apellido a «Marcy» para que sonara menos étnico, como hicimos muchos en aquella época.

«Georgy Porgy», como solíamos llamarlo, fue uno de mis primeros cómplices en lo que se conoce como el «duende»; una especie de espíritu travieso, como Puck en la tradición inglesa. Conocí a George cuando estuve de gira con *Call Me Madam* y él viajaba con Phil Silvers en *Top Banana* [*El tipo número uno*]. Casi siempre coincidíamos en las mismas ciudades, y así nació nuestra amistad. Cuando regresamos a Nueva York, fue el suplente para el personaje de Bernardo en *West Side Story* y esa amistad creció. Georgy estaba más loco que una cabra, siempre intentaba hacerme reír en las funciones, sobre todo en los momentos más intensos. Yo lo adoraba y mi familia también, sobre todo mi madre, Katherine.

Cuando iba de gira al inicio de mi carrera, siempre me maravillaba cómo chicos y chicas podíamos dormir juntos en la misma cama sin que pasara nada indebido. Años después, cuando atribuí a la buena educación de los chicos que no nos saltaran encima a las chicas, una amiga me preguntó: «Cheet, ¿alguna vez se te ocurrió que los chicos no tenían el más mínimo interés en nosotras porque eran gais?». Si Freddy hubiera escuchado aquella conversación, le habría echado la culpa a «Miss Dove» [«señorita

Blanca Paloma»], que era como me llamaba cuando yo hacía algún comentario inocente o me ruborizaba ante un comentario subido de tono.

Freddy había construido el estilo Liza a partir de su pasado de nacida-en-un-baúl y su talento. Así mismo armó mi personaje de cabaret. El espectáculo, que debíamos montar en diez días, tenía un poco de Chita y un montón de Dolores. Con su instinto particular y su profundo conocimiento de la cultura popular del momento, Freddy reconoció y liberó facetas de mi personalidad que jamás pensé revelar en público. Era demasiado tímida para hacerlo. Sin embargo, Freddy sabía que podía atajar mis inhibiciones. Eso ya había empezado con el rol de Velma en *Chicago*, un musical que llegaría tan lejos como Bobby quisiera llevar su exhibición de piel y seducción. Tanto Bobby como Fred sabían que mi aspecto, mi herencia puertorriqueña, mi ritmo y mi voz me ayudarían a parecer más atrevida, más desenfrenada de lo que era en realidad. Así como confiaba en Bobby, puse toda mi fe en Freddy, John y Ron. Estaba dispuesta a hacer lo que fuera en ese nuevo entorno.

—Lo único que no quiero es estar sola —le dije a Ron—. Tienes que darme algunos chicos tras los que pueda esconderme.

Chita Plus Two [*Chita más dos*] comenzó a afianzarse cuando se incorporaron los «dos» del título: Chris Chadman y Tony Stevens. Ambos habían estado en el elenco de *Chicago* y eran ideales para enmarcarme. Chris era un bailarín extraordinario, guapo, con una seductora barba francesa, una sonrisa traviesa y un destello de ambición en la mirada. Bobby había acertado cuando, años antes, le había dado a Chris el papel de Lewis, el hermano narcisista del protagonista en *Pippin* [*Pipino*] y, después el de Fred Casely, el vendedor de muebles adúltero que termina en la morgue cortesía de la Roxie de Gwen, en *Chicago*.

Enseguida hice buenas migas con Tony Stevens, cuyo verdadero nombre era Anthony Pusateri. Desde el instante en que supe su verdadero nombre, no volví a llamarlo de ningún otro modo. Me gustaba bromear con él.

—¿Tony Stevens? ¿Quién es ése? Yo conozco a un chico muy guapo de Missouri que se llama Anthony Pusateri.

Ambos reíamos porque la broma era un eco de mi breve identidad de Chita O'Hara. Bendecido con un talento desmedido, Tony se deslizaba por la vida no sólo como bailarín de Fosse, sino también de Michael Bennett. Su diplomacia era tal que podía establecer puentes entre los mundos de dos hombres que rivalizaban ferozmente. De hecho, Tony estaba trabajando con Michael en un musical que luego se convertiría en *A Chorus Line* cuando Bobby se lo «robó» ofreciéndole no sólo figurar en *Chicago*, sino también ser su asistente de coreografía en el *show*. Como mencioné antes, Tony apodaba a Fosse el Príncipe de las Tinieblas (y con razón); Bobby a su vez lo llamaba a Tony Miss Mary Sunshine [señorita Mari Sol], que era también el nombre de la periodista sentimental en *Chicago*, interpretada por Michael O'Haughey. El apodo le encajaba a Tony. Era un sol. También era optimista y cariñoso. Y, al igual que Chris, ¡tenía unas nalgas maravillosas!

Las nalgas no eran poca cosa, no menos que nuestro trabajo en el popurrí de *West Side Story*, el «Carousel» de Jacques Brel o «All That Jazz» [«Empieza el espectáculo»] de *Chicago*. No con Freddy a la batuta, que escribía el acto al estilo sexi de la década de los 70 a la sombra atrevida de nuestro musical ahora pospuesto. Freddy conocía muy bien al público del Grand Finale. Desde la Revuelta de Stonewall, que comenzó en junio de 1969, el día del funeral de Judy Garland en Nueva York, los hombres gais cada vez expresaban más la liberación a través de sus cuerpos, descamisados o como fuera. Ese carnaval carnal se había filtrado a las ruidosas calles de la ciudad. Me impresionaba la valentía de mis amigos gais al ondear su bandera de la libertad. Vivían su vida como les parecía.

Al mismo tiempo, Freddy pronto me reconoció como una mujer empoderada y latina que se abría paso en el mundo con independencia. Compartíamos un fuerte sentido de ir tras lo que queríamos, tanto en nuestra vida profesional como en la personal. Así, pues, Freddy decidió celebrar un placer universal —la belleza del trasero masculino— en un número que luego sería uno de los puntos culminantes del espectáculo: «Buns» [«Bollitos»].

A Dolores le encantó la idea, Chita tal vez lo dudó un poco, pero la señorita Blanca Paloma no apareció por ningún lugar. Yo también había izado mi propia bandera de la libertad.

—¿En serio crees que podremos hacerlo? —le pregunté a Freddy.

—¡Enloquecerán! —respondió.

Y así fue.

✳

La noche del 7 de enero de 1975 hizo mucho frío. Pero si el Grand Finale hubiera tenido ventanas, se habrían empañado en el instante en que Peter Howard, al piano, tocó los primeros acordes. Chris y Tony, en camisa y pantalones blancos muy ceñidos, comenzaron a cantar *Nothing could be sweetah / than to be with Cheeta-Beeta / in the morning...* [*No hay nada más duuulce que estar con Cheeta-Beeta al amanecer...*].

Hice mi entrada en un conjunto de pantalón y chaqueta rojo brillante; Rocco me había hecho una cascada de rizos en el pelo. Al otro lado de las luces cegadoras, divisé a Bobby, Gwen y el elenco de *Chicago* junto con otros amigos en las mesitas del club abarrotado, entre ellos, Ben Bagley, el productor de *Shoestring Revue*. En la barra, que estaba al lado opuesto del escenario, había tres filas de jóvenes bigotudos, vestidos con el uniforme de la época —pantalones vaqueros ajustados, camiseta y chaqueta corta— bebiendo cerveza de la botella. ¿Que si estaba nerviosa? Los preparativos para la noche habían sido tan largos e intensos que no tuve oportunidad de sentirme nerviosa. Además, el consejo de Ethel Merman podía tranquilizar a cualquiera. «¿Nerviosa? ¡Claro que no! Son ellos quienes deberían estar nerviosos. Ellos fueron los que pagaron, así que querrán que su inversión haya valido la pena».

El público neoyorquino no es fácil de complacer, así que me alegraba tener un arma secreta: «All That Jazz». Me encantó que Freddy y John me permitieran revelarlo por primera vez esa noche. Desde el día en que Lenny me enseñó «A Boy Like That» en su estudio hacía dos décadas, ninguna canción había calado tanto en mí como ésa. Nadie componía progresiones como John. Pero la que llevaba a «All That Jazz» sabía a anticipación delirante. Al mismo tiempo me daba una fuerza que podía sostenerme por el resto la noche. Como en «Wilkommen» [«Bienvenidos»] en *Cabaret*, la progresión de «All That Jazz» invitaba al público a liberarse de sus inhibiciones, hacer a un lado los problemas y emprender un viaje de placer sin adulterar. Bailando apretujados en el diminuto escenario, Chris, Tony y yo lo dimos todo esa noche. Y a juzgar por la respuesta del público, que enloquecía a medida que transcurría la noche, triunfamos.

Como había predicho Freddy, «Buns» y «Trash» [«Basura»], los números especiales que él y John habían compuesto para el espectáculo, estuvieron entre los puntos culminantes del espectáculo.

—Me encantan los bollitos —le decía al público, sin rodeos—. Me encantan los bollitos bonitos. Y Chris tiene unos muy bonitos. ¡Tony también tiene unos bollitos muy bonitos!

En ese momento, los chicos se giraban para mostrarle al público lo que yo acababa de decirle. Después, como para recalcarlo, le pedía a Chris:

—¡Habla con los bollitos!

En ese momento apretaba las nalgas y las seguía apretando hasta que pasábamos corriendo al siguiente número. En otro momento, Fred había compuesto «Trash», un número de vodevil centrado en un sentimiento prevaleciente en la década de los 70: el aprecio hacia las personalidades «extravagantes» de la cultura popular. Andy Warhol las celebró primero y después, John Waters, el cineasta *underground* que hizo *Pink Flamingos* [*Flamencos rosados*], protagonizada por Divine. El personaje de Úrsula en *La sirenita* está inspirado en Divine. Más adelante, John se haría famoso con la versión musical de *Hairspray*, pero en aquel momento era el chico malo del camp gay. Nuestra versión de «Trash» incluía a Zsa Zsa Gabor, Leona, «la Reina de las Malas» Helmsley, Tammy Faye Bakker, Rob Lowe y, en honor a la verdad, a mí.

—Porque jamás en la vida podrán acusarme de ser basura de clóset —le decía al público. Dolores oteaba su bandera de la libertad. Atrevida, sí. Pero nunca vulgar . Pero nunca vulgar. Como en *Zorba*, Freddy extraería de la sombra de la muerte —el infarto casi fulminante de Bobby— un acto sensual que afirmaba la vida creando un personaje que, de otro modo, habría permanecido dormido.

—¡Felicidades, Chita! Y recuerda: ¡Sin compasión!

El mensaje de ese telegrama venía de Liza Minnelli, que causó un revuelo en el Grand Finale cuando, junto con su esposo, vino a ver el acto. A mediados de la década de 1970, estaba en la cumbre de su carrera y era una de las actrices más excitantes y populares del momento. Con su proverbial generosidad, declaró después que quería presentar el acto en Los Ángeles. Los chicos y yo estábamos emocionados. Con el respaldo de Liza —que, después de todo, pertenece a la realeza de Hollywood— sabíamos que sería una gran aventura.

Nos quedamos cortos. El lugar, como el Grand Finale, era una habitación al fondo de una discoteca gay, Studio One, en West Hollywood. Así que unas semanas después de que cerramos en Nueva York, un público de gente rica se abría paso para llegar al cabaret entre parejas de jóvenes descamisados, que bailaban al ritmo de los éxitos de Donna Summer en la discoteca. Los chicos, sin duda, no podían dar crédito a sus ojos al ver a Fred Astaire, Cyd Charisse, Ginger Rogers, Gene Kelly, Dick Van Dyke, Gregory Peck, Debbie Reynolds y otras estrellas de Hollywood entre el público. A Tony y a Chris les encantaba el hecho de que, para muchos, era la primera vez que iban a un bar gay. ¡Pero no para Debbie!

Regresar a Los Ángeles con *Chita Plus Two* resonaba de un modo especial en mí. Había pasado seis años en la costa oeste, no siempre trabajando en proyectos satisfactorios. Mientras esperaba que sonara el teléfono en el tope de Mulholland Drive, una vocecita neoyorquina me gritaba «¡Sácame de aquí!». Ahora estábamos trayendo una energía neoyorquina a la misma ciudad fábrica de películas que me había despreciado cuando hizo las versiones de *West Side Story* y *Bye Bye Birdie*. Las ovaciones que recibimos de nuestros ídolos —Fred Astaire, Gene Kelly y Cyd Charisse, entre otros— fueron muy especiales para nosotros. A nadie que estuviera en aquel lugar se le escapaba que las presentaciones en vivo podían unir a la gente de un modo en que las películas no podían hacerlo.

Las presentaciones inaugurales en el Grand Finale y Studio One fueron el inicio de un desarrollo profesional que me brindaría experiencias muy satisfactorias alrededor de todo el mundo y hasta el día de hoy. Lo que comenzó en aquel momento se debió al genio de Ron,

John y Freddy, y continuó a lo largo de una sucesión de directores y hermosos bailarines que me flanquearon en el acto. A veces me sentía como Roxie en *Chicago*: «Piensa en grande, Roxie. ¡Consíguete un montón de chicos!».

Chita Plus Two se convirtió en *Chita Plus Three* [*Chita más tres*] y alguna vez llegó a convertirse en *Chita Plus Six* [*Chita más seis*] y hasta más. Después de Tony y Chris trabajé con casi una docena de hombres que, a lo largo de los años, entraban y salían del acto según sus compromisos y los míos. Cada vez que hacíamos una audición para incorporar a alguien nuevo al acto, yo era capaz de saber si podría interpretar o no un baile tan sólo por la forma en que entraba en el salón, lo atravesaba y tiraba su bulto en una esquina. ¿Estaban conectados con la habitación y la gente que había dentro? ¿Tenían seguridad en sí mismos sin ser arrogantes? ¿Tenían intensidad y sensibilidad? ¿Se sentían intimidados por mí, como Freddy en el pasado?

—Estás mirándome como si yo cagara helado. ¡Pues no! —les decía si los notaba asustados para luego añadir con un guiño—. Pero sí tomo jugo de dragón. Y más vale que tú también lo tomes. Porque te voy a sacar el jugo.

Sobre todo, lo que buscaba era que pudieran trabajar bien con otros porque íbamos a convertirnos en familia en todo el sentido de la palabra. Encontré esas cualidades en Brad Bradley, Lloyd Culbreath, Leland Schwantes, Michael Serrecchia, Wayne Cilento, Alex Sanchez, Raymond del Barrio, Richard Amaro, Robert Montano y Richard Montoya, entre muchos otros.

Como habrán notado en esos últimos nombres, yo prefería los tipos latinos y mediterráneos. Ya fueran gay, heterosexuales o bisexuales, sus movimientos reflejaban fuerza y masculinidad. La semejanza entre sus nombres se convirtió en una especie de broma cuando los presentaba al público. Que la lengua no se me enredara al decir Amaro, Serrecchia, Montano, Montoya, Cilento o Del Barrio era toda una proeza. Sobre todo, cuando los chicos tenían ese duende juguetón al que me he referido antes. Para enredarme, se cambiaban de lugar. Así que, con frecuencia, mi letanía terminaba así:

—Amaro, Montano, Montoya y... ¡yo soy Lola Montez!

A lo largo de los años, hemos cruzado continentes juntos: de San Juan a San Francisco, de Tokio a Toronto, de Londres a Las Vegas. Hemos recorrido miles de kilómetros por tierra y mar para llevarle al público la picardía y sofisticación que Freddy concibió hace tantos años. Hay momentos, por supuesto, en los que una se halla en un motel en Dayton, Ohio, mirando las luces de un semáforo cambiar de amarillo a rojo y a verde desde la ventana. Y hablando de verdes, abrir los actos de Shecky Greene y Engelbert Humperdinck en Las Vegas resultó lucrativo, a pesar de algunos mafiosos y bocones. Uno de esos mafiosos se acercó una vez a mi hermano Armando, que, harto de la vida de fotógrafo, acababa de convertirse en mi representante. Fue una prueba de fuego porque el muy listo le dijo a Armando que, a cambio de algún beneficio personal, podía hacer los arreglos para que yo apareciera en los titulares y ganara mucho más dinero. Cuando Mando me lo contó, Dolores respondió echando humo por las fauces y hablando, por fin, en tercera persona.

—Por favor, dile que Chita Rivera no le paga a nadie por entretenerlo.

El tipo recibió el mensaje y nosotros no aparecimos muertos en ningún lugar, gracias a Dios.

A pesar del glamur o el prestigio que pudieran tener algunos de los lugares donde nos presentamos, yo atesoraba descubrir a los Estados Unidos en espacios más excéntricos. Me encantaba llamar a Michael Serrecchia y preguntarle:

—¿Quieres ir al Swingos Hotel a ver a Betty?

Swingos, un famoso bar de *rock* y pop, tenía las paredes empapeladas de rojo, muebles dorados y meseras que mascaban chicle con gran sonoridad, como Betty, que se convirtió en una querida amiga. Después de las funciones, íbamos a restaurantes o bares locales a bajar revoluciones. Hubo noches en bares gais con chicos que bailaban a gogó sobre las mesas con dólares metidos en las tangas. Y una Nochebuena, en Boston, fuimos a la Misa de Gallo en la Catedral de la Santa Cruz y cantamos himnos y villancicos junto con la congregación mientras afuera caía una suave nevada.

La década de los 70 llegaba a su fin y no nos dábamos cuenta de que estábamos bailando al borde de un volcán. ¿Cómo saberlo? Pensábamos que la fiesta nunca terminaría. Pero terminó y, en su lugar, apareció algo, como diría Zorba, triste y hermoso como la vida misma.

Ahora pienso en esas noches de enero de 1975, cuando recién comenzaba el acto de cabaret en Grand Finale, y me doy cuenta de cuán oportunas fueron esas primeras presentaciones, justo antes de los ensayos para *Chicago*. Freddy había compuesto el acto con dosis generosas de Chita-como-Velma. Ella muy bien pudo haber cantado «Trash» como yo. Respaldada por Tony Stevens y Chris Chadman, Velma vivía no sólo en las canciones que tomé prestadas de Chicago para el acto —«All That Jazz» y «Nowadays» [«Hoy en día»]— sino también en la soltura que Freddy había liberado en mí. En uno de esos pequeños milagros que ocurren en la industria del espectáculo, el destino y Freddy habían conspirado para darme un anticipo del mundo de *Chicago* a través del acto de cabaret. Era la mejor preparación que podía recibir para el reto más difícil de mi carrera.

14

UN PASEO POR EL LADO SALVAJE

Chicago

Al inicio de casi todas las funciones de *Chicago*, cuando el director de escena hacía el llamado, me colocaba en mi puesto en un ascensor debajo del escenario, que me subiría dentro de un tambor cilíndrico hasta el centro del escenario para comenzar. Sin embargo, antes del llamado, me paseaba de un lado a otro y me alentaba a mí misma.

—¿Quién serás esta noche, Chita? —me preguntaban siempre los asistentes de escena.

Claro que mi obligación principal era ser Velma Kelly, la alegre asesina de la prisión de Cook County. Pero a Bob Fosse, nuestro director y coreógrafo, junto con el brillante diseñador de escena, Tony Walton, se les ocurrió una entrada espectacular para mí. Yo entraba sola al escenario contra un impresionante fondo de vodevil en neón. Sentía la necesidad de imaginarme como una estrella glamurosa para hacerlo.

—¿Qué creen, chicos? —les respondía—. ¿Sophia Loren?

En el juego incluíamos a Katharine Hepburn, Elizabeth Taylor, Marlene Dietrich y muchas otras. Les parecerá gracioso, pero, como Velma, tenía el deber de seducir al público para llevarlo al mundo del musical. Cuando el ascensor llegaba al nivel del escenario, las puertas corredizas del tambor se abrían para revelarme bajo un haz de luz, de espaldas al público y con un dedo alzado en el aire. Moviendo las caderas al ritmo intoxicante de John Kander, giraba muy, muy despacio y esperaba un segundo. Luego serpenteaba hacia el frente del escenario. Miraba al público con ojos que gritaban «asesina», según Bobby había dictado, y lo invitaba a viajar conmigo en un vodevil decadente. «Ven cariño, ¿por qué no nos vamos de parranda...?».

Ahora supongo que no necesitaba la muleta de Sophia Loren, Elizabeth Taylor o cualquiera de ellas. Contaba con las canciones maravillosas de Freddy y John, la coreografía erótica de Bobby, y la armadura del vestuario revelador de Pat Zipprodt. También contaba con la seguridad de quien sabía lo que aportaba un elenco impresionante: Gwen Verdon como Roxie Hart, mi cómplice; Jerry Orbach como el hábil abogado, Billy Flynn; Barney Martin como el atormentado marido de Roxie, Amos, y Mary McCarty como la matrona, Mama Morton, «la condesa de la prisión». Además, contábamos con un coro de bailarines que eran los mejores del mundo. Todos estaban en la cúspide de sus carreras. Bob Fosse los había escogido.

En el proceso de crear un musical, nunca se sabe que estará a la vanguardia. Así fue con *West Side Story* y así volvía a ser con *Chicago*. Yo no pensaba en el escándalo de Watergate ni en los titulares que en aquel momento se veían reflejados en un espectáculo que preguntaba con cinismo: «¿Qué ha sido del trato justo y la ética pura?». No era tan lista. Me enfocaba en Velma y su papel en ese brillante relato de belleza y corrupción. Con eso en mente, ¿cómo iba a imaginar —o cualquiera de nosotros— que, después de una temporada de éxito moderado en 1975, la nueva puesta en escena de *Chicago* se convertiría en un fenómeno internacional sin precedentes décadas más tarde en 1996?

A finales de 1974, y entrado el año siguiente, mientras ensayábamos en Nueva York y nos dirigíamos a Filadelfia para el preestreno, lo único que intentábamos era aturdir al público con una furia y diversión satíricas nunca vistas. Ahora me doy cuenta de que la producción de *Chicago* era lo que podría llamarse «una tormenta perfecta» de talento, dirigida por un hombre, Bob Fosse, que siempre me ha parecido un relámpago contra un cielo oscuro.

El viaje desde el primer ensayo hasta la noche del estreno no estuvo exento de vientos huracanados: las pataletas, las peleas y los egos que nunca faltan en un proyecto creativo. En aquel momento, lo único que podíamos hacer era bajar la cabeza, seguir adelante y esperar llegar a la otra orilla en una pieza. Pero hicimos más. Salimos transformados, mejorados y fortalecidos para la experiencia. Era como si lo hubiera predicho cuando canté, en el rol de Velma: «En unos cincuenta años, esto va a cambiar, lo sabes. Pero ¡ah, hoy esto es el paraíso!».

Chicago fue el paraíso. A veces, también el infierno. Pero ¡vaya viaje!

Gwen llevaba pensando en una versión musical de *Chicago* desde la década de los 50 cuando vio *Roxie Hart*, la película de 1942 con Ginger Rogers. La idea de adaptarla le atrajo aún más cuando leyó el libreto de *Chicago* de 1926 escrito por Maurine Dallas Watkins. Había sido un éxito. El público se enamoró de ese par de mujeres endiabladamente astutas, Roxie Hart y Velma Kelly, que se habían valido de su fama como asesinas para hacerse de una carrera en el vodevil. Cuando Gwen se lo contó a Bobby, éste suscribió la idea al instante y por fin lograron asegurar los derechos de producción a principios de la década de los 70. Para Gwen significaba regresar a Broadway después de casi diez años de ausencia. Para mí significaría volver a trabajar con Bobby después de haber estado de gira con la compañía nacional de *Sweet Charity* y bailado en un tejado en su versión fílmica. Bobby había cambiado mucho durante ese tiempo. Uno empieza deseando no ser más que un bailarín como Fred Astaire y termina convirtiéndose en un éxito internacional. ¿Cómo lidiar con eso? La respuesta llegó con *Chicago*: «el glamur mata».

Si Nickie en *Sweet Charity* era procaz, Velma llevó la procacidad a otro nivel. Y yo la amaba por eso. Siempre pensé que pude haber sido una buena abogada criminalista. (Soy adicta a las series policiacas de la televisión). Velma en *Chicago* era el tipo de persona que me hubiera gustado tener de cliente. A menudo, la gente me preguntaba si hubiera querido interpretar a Roxie, su rival en la prisión de Cook County. La respuesta simple es «no». Roxie es linda y mañosa y, aunque tuve la oportunidad de interpretarla un par de veces, ella siempre le pertenecerá a Gwen. Velma es el tipo de chica que me gusta porque es peleona, salvaje y dura. No le asusta llegar tan bajo como sea necesario para subir tan alto como desea. A medida que aumentaba su desesperación, más divertido se volvía interpretarla.

La primera vez que leí el libreto, pensé «Ahí estaría yo si no fuera por la gracia de Dios». Pude haber sido una Velma. Tal vez se estén preguntando por qué. ¿Cómo identificarme con una mujer que mata a tiros a su esposo y a su hermana en un doble asesinato cuando los encuentra juntos en la cama? Fácil. Y para Dolores, más fácil aún. Soy consciente de que me tocó una mano mejor que a las Velmas de este mundo. Además, me creí su coartada: «¡Ellos mismos se lo buscaron!». El público, en su mayoría, también podía verlo, no sólo en el caso de Velma, sino también en el de todas las «pollitas» del gallinero, como decía Mama Morton. En una función, cuando Roxie le dispara a su novio acosador con quien sostenía una relación adúltera, una mujer del público gritó: «¡Dispárale otra vez!». Y eso fue antes del movimiento «Yo también».

Me gustaba Velma porque no se andaba con rodeos, por decirlo de algún modo, era directa y pragmática. Para que lo entiendan, les diré que una de mis escenas favoritas del musical es cuando las presidiarias están jugando a las cartas. Todas hacen trampa. June saca una carta de debajo de su asiento. Liz se saca una de la peluca. Annie tiene una escondida en el escote. Mientras tanto, Velma se está fumando un cigarrillo. Por fin exhala el humo y extrae con disimulo una carta que ha tenido metida en la boca hasta ese momento.

Velma es una presidiaria tan maravillosa que, cuando ella y la matrona Mama Morton cantan «¿Qué ha sido de la moral / y los valores / y la buena crianza?» uno se vuelve cómplice de la burla. Velma es una asesina que se lamenta del pobre estado de las cosas. Saltó de la página a mi imaginación casi al instante. Podía verla haciendo lo que se le pedía que hiciera. Para mí, eso siempre es una buena señal.

El primer día de ensayo para un musical de Broadway, todas las compañías están rebosantes de esperanza y energía nerviosa. La de *Chicago*, en el otoño de 1974, se sentía diferente. Todos estábamos ilusionados ante un posible éxito en ciernes, y nos reíamos muchísimo mientras leíamos el libreto que Freddy había escrito. Freddy lo había infundido de calidez e ingenio; Bobby, de sátira y cinismo. Las canciones de John y Freddy eran una parodia de Broadway enmarcada en el vodevil de la década de los 20. Eran muy graciosas y persuasivas, como cuando un maestro de ceremonias invisible anuncia la canción «My Own Best Friend» [«Mi mejor amiga»]:

«Y ahora la señorita Roxie Hart y la señorita Velma Kelly cantan una canción de determinación implacable y ego sin límites». Bobby le estaba pidiendo al público que fuera cómplice de su propio delito por simpatizar con las dos célebres mujeres, aunque fueran asesinas a sangre fría. ¿Lo aceptaría el público? La pregunta siempre rondaba el espectáculo.

«Una tarjeta de San Valentín para la industria del espectáculo, escrita con ácido». Así fue como un escritor describió a *Chicago*. A lo largo del desarrollo, hubo tensión entre estas dos perspectivas. El optimismo de Freddy chocaba con el pesimismo de Bobby, que, en su caso, acarreaba un sentido de temor. Era mercuriano. Un día se sentía feliz y al otro día, se sentía fatal, a pesar de que *Chicago* le seguía los pasos a una serie de triunfos y éxitos críticos, si bien no comerciales.

Aunque recibió buenas reseñas, la película *Sweet Charity* había sido un fracaso. Eso no le provocó más infelicidad que si hubiera sido un éxito. Era un artista brillante y complicado, e intentar comprenderlo sería una tontería de mi parte. Sin embargo, no creo exagerar si digo que siempre se sentía un poco más cómodo con los fracasos que con los éxitos. Tres años después de su debut fílmico con *Charity*, se ganó un Oscar por dirigir *Cabaret*, un premio Tony por *Pippin* y un Emmy por *Liza con Z*. Ustedes pensarán que esa triple corona habría hecho saltar de alegría a cualquiera. Pero no a Bobby. Ingresó en la clínica psiquiátrica Payne Whitney para poder lidiar con todas las buenas noticias.

—A lo único que Bobby puede aferrarse es a la tristeza —dijo Gwen.

Chicago fue sin duda una tarjeta de San Valentín para la mujer que soportó a Bobby casi toda su vida adulta. Con cincuenta años, Gwen veía el espectáculo como un proyecto pasional para obtener otro éxito en Broadway. Para Bobby era un *mea culpa* por sus infidelidades. Su matrimonio de doce años había terminado hacía tres años y Gwen me contó que, desde entonces, Bobby se había empatado con Ann Reinking, una bailarina alta y joven, a la que había conocido en el plató de *Pippin*. Annie tenía talento y una técnica experta, pero le faltaba suavidad. Tampoco podía llenar el espacio que Gwen ocupaba en la vida de Bobby como musa, esposa y madre de Nicole. Nunca se divorciaron y ella siguió siendo la esposa, la que mantenía viva la llama y su confidente más íntima. No vi una gota de resentimiento de parte de Gwen en el plató de *Charity* o *Chicago*. Así operaba en el mundo. Para Gwen, lo importante era el proyecto que tuvieran entre manos. Eso nunca cambió. Durante *Chicago*, Bobby tonteó con algunas bailarinas del coro, pero nunca dudó, y con razón, que la bailarina más sexi sobre aquel escenario era su esposa.

La reunión profesional de Bobby y Gwen, sumada a sus acólitos más recientes, aumentaba las expectativas respecto a *Chicago*. El peso de esas expectativas sobre sus hombros era evidente cuando entró en el Broadway Arts esa primera semana de ensayos. No se veía bien. Una dieta constante de anfetaminas, comida chatarra, noches en vela, incontables cigarrillos y la búsqueda incesante de la perfección pueden afectar a cualquier hombre. He trabajado con muchos directores menos autodestructivos que Bobby, pero no menos obsesivos que él. En toda mi carrera, jamás he colaborado con un director y/o coreógrafo que se sintiera satisfecho por completo. Como se dice en la industria: «Los espectáculos nunca terminan. Sólo comienzan».

Cuando se recuperó del infarto cardiaco, Bobby regresó a trabajar. Me tomó un poco de tiempo acostumbrarme a su nuevo estilo, mucho más contenido e intenso que en *Charity*. No ayudaba que Bobby no fuera muy generoso que digamos. Siempre vestido de negro —un día apareció vestido de azul y me excusé para ir a buscar las gafas de sol— siempre estaba disponible, pero no demostraba mucho. A mí me encanta volar a lo largo del escenario, así que, de inicio, su coreografía para *Chicago* me pareció extraña, restrictiva y difícil de aprender. Había que tener una concentración tremenda y hacer repeticiones constantes para lograrlo. Observar a los demás bailarines ayudaba. A veces, los ensayos parecían un salón de espejos. Yo me observaba a mí misma a la vez que los observaba a ellos y ellos me observaban mientras se observaban a sí mismos. Cuando Bobby vio lo que estábamos haciendo, en su rostro se dibujó una sonrisa poco habitual; es decir, cuando no tenía un cigarrillo entre los labios. Aun después de su encontronazo con la muerte, no podía dejar de fumar. Preocupados, sus amigos nos pasábamos sacándole los cigarrillos de la boca. Una vez tuve la osadía de decirle: «Si no apagas eso, me voy».

Una tarde, Bobby estaba coreografiando «I Can't Do It Alone» [«No puedo hacerlo sola»]. Es el número en el cual Velma «en un acto de desesperación» intenta persuadir a Roxie de que sea su pareja de vodevil cuando salgan de la cárcel. Bobby me hizo bailar sobre una silla por lo que pareció una eternidad. Los movimientos eran pequeños y sutiles.

—Más pequeños, Chita, más pequeños —me repetía. Llegó un momento en que me preguntaba si en verdad me estaba moviendo.

Por fin, en un descanso y en un acto de desesperación de mi parte, me giré hacia Tony Stevens, que ahora era el asistente de coreografía de Bobby.

—Tony, ¿podrías pedirle a Bobby que, por favor, me deje bajarme de esa maldita silla?

Funcionó. Me liberaron de la silla y al final terminé usando todo el escenario, haciendo *splits* en el aire, *grand jetés* y hasta volteretas en el número. Por cierto, no quiero faltarle el respeto a la silla. Jamás perdí de perspectiva que la silla iba primero; la silla era la estrella. «Sé buena con esa silla, cariño, o te dará una patada en el trasero», le dije a mi suplente.

En el proceso de montar ése y otros números con Bobby, me di cuenta de algo que pocas veces, si alguna, se le reconoce. Cuando la gente piensa en las coreografías de Fosse, piensa en lo que él mismo describía como su sello único, «la ameba»: los contoneos chasqueando los dedos, los movimientos circulares de los hombros, los deslizamientos hacia un lado, las manos enguantadas del *jazz*. Pero cuando trabajó conmigo, Bobby usó cada movimiento, coreografiado hasta la punta de los dedos, para darle forma y definir a Velma. Construir a ese personaje era su meta. Si quería expresar desesperación, tenía que hacerlo a través de mi cuerpo. Aprendí a «contenerlo». Era algo muy distinto de lo que mi mente y mi cuerpo hasta entonces habían creído que era la danza.

Durante otra sesión de «I Can't Do It Alone», Bobby apuntó un foco en el suelo que parecía estar a cien metros.

—Chita, ¿puedes saltar hasta allá?

—Diablos, ¡está lejos! —pensé.

Cuando comenzó la música hice todo lo posible, pero no llegué.

—Bobby, lo siento mucho. Déjame intentarlo otra vez —dije.

—Chita, ¿ves ese foco que está más cerca? ¡Me refiero a ése! No te mates.

Si todos nos esforzábamos por complacer a Bobby era porque entendíamos que él se esforzaba por nosotros. Además, a los bailarines nos encanta complacer, no importa lo que nos pidan. No importa cuánto nos duela.

✳

El encuentro de Bobby con la muerte lo sumió en una depresión profunda que, aun sin querer, afectaba a *Chicago*. Tras todo el alboroto, Bobby estaba decidido a no permitir ni un asomo de sentimiento. Aunque la música era sonora y alegre, el espectáculo se fue volviendo cada vez más frío, perverso y oscuro. Bobby siempre había sido el hombre obsesionado con su mortalidad. Ahora, mientras nos aprendíamos su coreografía, se había encerrado en su propia danza de la muerte. Después la exploraría en su película semiautobiográfica *All That Jazz*, un hombre que escribe su propio epitafio. Los que tenían que lidiar más a menudo con los cambios de humor mercurianos de Bobby eran los productores, que sabían que debían darle mucho margen; Gwen, que ya debía de estar acostumbrada; y Freddy, que como coescritor y letrista era al que casi siempre le tocaban los golpes.

La compañía protegía sobre todo a Gwen, aunque ella no necesitaba ayuda de nadie. La dinámica entre ella y Bobby era fascinante. A veces, se apoyaban uno al otro; otras veces, discutían y peleaban. Bobby quería apuntarse un triunfo con *Chicago* y no perdía de perspectiva que cuatro de sus seis premios Tony habían sido por espectáculos protagonizados por *Gwen*. Como cualquier bailarina, ya no era capaz de hacer lo que hacía décadas atrás. Pero lo compensaba con una técnica osada y un ritmo cómico innato, como en el número «Funny Honey» [«Mi amorcito gracioso»]. En la canción de la antorcha, Roxie lamenta la estupidez de Amos, su marido cuernudo. Una tarde, mientras montaba el número, Bobby pensó que sería una buena idea que Gwen estuviera sentada sobre un piano, cada vez más borracha, con las piernas abiertas. John, Freddy y yo lo observamos con creciente inquietud. Los miré y les dije:

—¡Un momento! ¿Qué está pasando aquí?

¿Estaba saboteándola? ¿O sólo quería obtener una reacción de ella? Solía hacer eso.

Tony me contó una vez que Bobby y él estaban observando a dos mujeres del elenco de *Pippin* peleando afuera del teatro. La discusión se estaba acalorando.

—Voy a detenerlas antes de que se vayan a las manos —dijo Tony.

—¡No! ¡Déjalas! Quiero ver qué pasa.

En situaciones como ésa, siento todo lo contrario. Yo hubiera querido detenerlas a tiempo antes de que la cosa se pusiera fea. Después, cuando hicimos las giras de prensa para *Chicago*, me dio la impresión de que la gente quería que Gwen y yo rivalizáramos. Siempre nos hacían la misma pregunta mal intencionada, y detesto decir que la mayoría de las veces eran otras mujeres.

—¿Y cómo se llevan tú y Gwen?

—A las mil maravillas —era la respuesta.

Gwen y yo dependíamos una de la otra para apoyarnos durante el difícil periodo de desarrollo. Desde *Damn Yankees*, ella siempre había llevado el peso del espectáculo como estrella y protagonista: *Redhead, New Girl in Town, Sweet Charity*. Yo nunca había tenido que llevar ese peso y me alegraba no tener que hacerlo esta vez. Mi responsabilidad era apoyar a Gwen. Así que no dudé en darle la razón cuando decidió pedir que «My Own Best Friend» fuera su solo. Bobby había planificado que fuera un dúo. Cuando comenzaron a pelear, le pasé un papelito a Tony que decía: «Dile a Bobby que le dé la canción». ¿Qué tenía que perder yo? Además, pensé que esa canción debía ser de ella. No obstante, prevaleció como dúo.

Así como Mickey Calin fue el chivo expiatorio de Jerry Robbins, a Freddy le tocó aguantar las pataletas y la paranoia de Bobby. Me dolía ver las pullas crueles que Bobby le lanzaba a Freddy. Trabajar con John y Freddy en *Chita Plus Two* nos acercó mucho. Después de los ensayos de *Chicago*, nos íbamos de copas para recapitular las tensiones más recientes. Una vez, Bobby se comió vivo a Freddy por no preparar una escena que, para empezar, nunca había pedido. Freddy comenzó a protestar y Bobby siguió escalando la retórica. Por fin, John dijo que tuvo que sacar a Freddy del camerino o él y Bobby se habrían ido a las manos. Habían aprendido de Liza Minnelli a retirarse cuando la situación corría el riesgo descontrolarse. Liza les había dicho que, durante la filmación de *Cabaret*, intentaba disuadir a Bobby cuando percibía que quería desquitarse con ella por algo.

—No, Bobby, hablamos mañana por la mañana —le decía—. Si hablamos ahora, me enfadaré y mañana tendrás que pedirme perdón y enviarme flores.

Liza prefería evitar del todo esas situaciones.

—¿Por qué Bobby te ataca siempre? —le pregunté a Freddy—. ¿Acaso no sabe lo vulnerable que eres?

—Bobby me ataca siempre, Cheet, porque soy vulnerable —respondió—. Y la gente vulnerable lo saca de sus casillas.

Mientras tanto, Bobby estaba sacando de sus casillas a la compañía, por no mencionar a los productores. Algunas coreografías eran lánguidas, como un *ballet* en cámara lenta en el agua. Tony se lo atribuía a su depresión.

—Son los bailes de un hombre muy deprimido —decía.

Freddy y John se la pasaban suplicándole a Tony que le pidiera a Bobby que los acelerara. No habían escrito esas canciones para que se interpretaran a un ritmo taaaaan lento. Sin embargo, sucedió algo bueno. A instancias de Bobby, aprendí a tomarme mi tiempo en el escenario. Como casi todos los grandes directores, Bobby no le temía al silencio porque confiaba en que la presencia escénica del actor o el bailarín podía llenar el vacío. Su mantra era «Deja que el público se acerque a ti». Ni siquiera intentes alcanzarlo a mitad de camino. Por supuesto, tenía razón. Una de las grandes contradicciones de

Bobby era que sentía un profundo desprecio por una industria en la que sobresalía.

El desarrollo de *Chicago* se volvió aún más difícil cuando nos embarcamos hacia Filadelfia para las funciones de prueba. Es tradición, desde hace mucho tiempo, que los espectáculos se presenten primero en otras ciudades antes de estrenar en Nueva York, lo que sería como una especie de operación de corazón abierto. Hay tantos detalles que corregir que es mejor hacerlo lejos de la mirada inquisidora de los aficionados del teatro que no pierden la oportunidad de lanzar un tiro al aire. (Ahora con la internet es mucho peor. Es más como una colonoscopia). Uno de los problemas principales del espectáculo era que resultaba demasiado picante. A Bobby le encantaba simular el sexo en escena. Eso tenía sentido cuando lo hizo en *Pippin*. Pero, por alguna razón, decidió bordar la escena del juicio de Roxie, donde se canta «Razzle Dazzle», con un giro brillante de Jerry Orbach, que interpretaba al hábil abogado de Roxie, haciendo contorsiones y gemidos orgásmicos. Esto suponía una distracción de la moral del espectáculo: invitar al público a dejarse encandilar por los trucos de la industria del entretenimiento.

Al ver un ensayo desde la parte posterior del Forrest Theatre, me quedé en *shock*, al igual que John y Freddy. No podíamos entender qué tenían que ver unos cuerpos semidesnudos *in flagrante delicto* con la escena. Freddy y John decidieron intentar convencer a Bobby de reducir los adornos. El intento les costó una perorata violenta de parte de Bobby. Regresaron echando chispas. Escuché a John decirle a Freddy:

—Regresemos a Nueva York esta noche. Ningún espectáculo debe costarnos la vida. —En ese instante los tres hicimos un pacto—: «Si se va uno, nos vamos todos».

Supongo que en ese momento lo decíamos en serio. En el proceso de echar a andar cualquier espectáculo de Broadway, las presiones son tan fuertes y las emociones tan intensas que esas promesas no son inusuales. Pero nos mantuvimos al pie del cañón en Filadelfia, ensayando y haciendo cambios durante el día e interpretándolos para el público por la noche. ¡Y que si hubo cambios! Se eliminó por completo un personaje: un agente interpretado por David Rounds. Se reemplazaron canciones y se escribieron escenas nuevas. El espectáculo se volvía más perverso aún. Debía de ser cínico, pero ahora Bobby también le estaba quitando la alegría. La relación entre él y Gwen se deterioró tanto que, después de un desacuerdo tenso, Gwen dijo:

—Pueden empacarle el corazón en serrín. Me da igual.

Las tres semanas que pasamos fuera de la ciudad parecieron tres años. Al pobre Tony Stevens le tocó la tarea de entregarnos las reseñas. La situación llegó al punto de que no se atrevía a entregárnoslas en el hotel después de una función. Una noche abrí la puerta y vi a un viejecito encogido. Tony tenía unas ojeras negras y el rostro arrugado.

—Sólo. Una. Reseña. Más —dijo.

Estábamos con los nervios de punta, nos dolían los huesos de bailar en un escenario desnivelado, teníamos los ojos vidriosos de no dormir y nos costaba memorizar los innumerables cambios. Gracias a Dios, había algo que nos salvaba: el precio reducido del alcohol en el Club de Variedades del Bellevue-Stratford Hotel. Ése fue nuestro refugio. También fue donde John y Freddy compusieron la fabulosa canción para el final de *Chicago*. Nos dio las municiones para luchar otro día.

✳

Bobby y Freddy habían luchado mucho por encontrarle un final a *Chicago*. Después de que Roxie es absuelta en su juicio y Velma en el suyo (fuera del escenario), juntas montan un acto de vodevil para aprovecharse de su fama. Cuando Velma sugiere que se unan, Roxie ya tiene preparada la respuesta.

—Se te olvida algo. Tú y yo nos odiamos.

—Sí, pero sólo hay una industria en la que eso no importa —responde Velma.

Es cierto. Como dije antes, Bobby sabía hacer muy bien eso que tanto despreciaba.

En Filadelfia, Gwen aparecía al final tocando un saxofón y yo tocando la percusión como parte de un popurrí de las canciones «Loopin de Loop» [«Dar vueltas en el espiral»] e «It» [«Eso»]. (Si una chica no tiene «eso», ¡que se olvide!). Para llamar la atención hacia el cinismo del espectáculo, un chico del público salta y nos ataca diciendo que somos dos mujerzuelas asesinas con un acto cursi: «¿Por qué aplaudirles a unas tipas como ustedes?».

Era un final amargo para un espectáculo amargo y a nadie le gustaba, en especial a Gwen, que quería que Roxie triunfara al final.

John y Freddy ofrecieron componer una nueva canción, pero Bobby estaba obsesionado con lograr que saliera bien. Por fin, los productores desesperados lo persuadieron de que cediera y les hicieron el acercamiento a John y Freddy para preguntarles si no les importaba escribir algo un poco más sofisticado. Salieron y en una hora ya habían compuesto una nueva canción, «Nowadays». La compusieron tan rápido que no la entregaron hasta el día siguiente para que nadie creyera que no se habían esforzado lo suficiente.

«Nowadays» fue un milagro de canción. Su brillante optimismo revitalizó todo el espectáculo: «Puedes sentirte a gusto con tu vida, puedes vivir la vida que te guste...».

La brillantez pura de John Kander y Fred Ebb. Velma y Roxie se dieron cuenta de que, si no te haces responsable de tus acciones,

¿cómo pueden culparte? ¡Absurdo! Alguien allá arriba debe de que-
rernos, pero ese Alguien allá arriba también se ríe de nosotros. No
somos más que un montón de gente imperfecta y loca que intenta
salir de los errores no forzados lo mejor que puede.

Gwen y yo nos la pasamos fenomenal bailando «Nowadays» y
«Hot Honey Rag» [«Ragtime de miel caliente»]. Con nuestros
minishorts blancos de lentejuelas y nuestros bastones, iluminadas
para reflejar todos los colores del arcoíris, éramos la personificación de la Era del Jazz. Bobby había tenido la osadía de presentar-
nos como «poesía en movimiento, dos que se mueven como una».
Cada uno de nuestros movimientos estaba sincronizado a la perfección. Nos dejamos la piel en «Hot Honey Rag», como anunció el
maestro de ceremonias: «Okey, apuremos el paso, sacudamos las
penas, alarguemos la fiesta, acortemos las faldas, avivemos la música.
¡Recorramos la ciudad a toda velocidad y hagámosla arder!».

Y eso hicimos, cambiándonos a unas faldas de flecos que se
mecían al ritmo de la música. Me sentía orgullosa de estar junto a
Gwen. Su proximidad me hacía sentir más alta, más grande y realizada, como nunca en la vida. Era, en una palabra, excitante. Al parecer
le transmitimos eso al público porque a todo el mundo empezó a
gustarle el espectáculo.

Cuando *Chicago* se estrenó en el 46th Street Theatre el 3 de junio
de 1975, la crítica se dividió. Algunos se sintieron incómodos por el
cinismo de presentar a dos asesinas alegres. Se establecieron paralelismos con Watergate, el pináculo del crimen gubernamental de alto
nivel, que estaba muy fresco en la imaginación del público.

Chicago también tuvo la desgracia de llegar a Broadway pocos
meses después de *A Chorus Line*. Ese espectáculo nos había acechado

desde que se regó la voz de que Michael Bennett estaba desarrollando un musical sobre los coristas. El revuelo que formó no hizo más que provocarle más ansiedad a Bobby, pues era competitivo por naturaleza y, en especial, con Michael. En aquel momento pertenecía a un grupo, al que también pertenecía Tommy Tune, que empezaba a establecerse como los Jóvenes Turcos de Broadway. Yo conocía a Michael desde hacía muchos años, cuando apenas iniciaba su carrera como bailarín en *Bajour*, con apenas veintiún años, adorable, sexi y ambicioso. Ahora había crecido y dirigía *A Chorus Line*, primero en el Public Theater y después en su debut triunfal en Broadway.

Tony Stevens estaba trabajando con Michael en *A Chorus Line* cuando Bobby se lo robó con malicia para llevárselo a *Chicago*. Así que, durante el desarrollo del espectáculo, se la pasaba preguntándole a Tony:

—¿Esto es mejor que *A Chorus Line*?

Y Tony siempre le respondía:

—Peras y manzanas, Bobby.

Tony tenía razón. *A Chorus Line*, con sus historias lacrimosas de las vidas de los bailarines, era tan sentimental como nosotros éramos cínicos, tan terrenal como nosotros éramos fantasiosos. No fue una sorpresa que los adoraran y que a nosotros nos admiraran, pero con reservas. *Chicago* hizo 936 funciones; *A Chorus Line* se convirtió, al menos por un tiempo, en el espectáculo que duró más en cartelera en la historia de Broadway hasta que *Cats* [*Gatos*] lo superó. Terminó una temporada gloriosa con 6137 funciones. Pero Bobby, que Dios lo bendiga, rio el último.

En 1996, Ann Reinking y Walter Bobbie revivieron *Chicago* para la serie de los City Center Encores! con «coreografía al estilo de Bob Fosse». Los elogios al espectáculo llovieron. La mayoría señalaba que nuestra cultura, inmersa en la vida de las celebridades

—con el juicio de O. J. Simpson en 1995 y los *reality shows* sobre los Kardashian—, por fin había alcanzado al musical. El musical se transfirió a Broadway y, veintisiete años después, aún sigue presentándose con más de diez mil funciones.

Debo admitir que no me encantaba la idea del nuevo montaje cuando se estrenó. Cuando me preguntaban, contestaba con mucha elegancia: «Me queda lejos de casa». No quería ofender a nadie. Dolores habría dicho algo más fuerte. ¿Cómo es que dicen los franceses? «*Sacrebleu!*». Es sólo que no creía que se acercara al esplendor de la versión original. Debo admitir que algunas cosas maravillosas permanecieron intactas, como las canciones de Bobby y el libreto de Freddy. Pero es como si se les hubieran olvidado el esmalte de uñas, las pestañas postizas y el pintalabios al eliminar las contribuciones de Tony Walton y Patricia Zipprodt. El glamur desapareció.

De vez en cuando me pedían que me uniera a esa nueva versión del espectáculo, pero siempre declinaba la invitación. No me parecía una movida adecuada. Hasta que, en 1999, me pidieron que lo hiciera en Londres, esta vez en el papel de Roxie. Pensé «Okey. Es Londres, un nuevo comienzo». Me la pasé de maravilla como la antagonista de Valarie Pettiford, una bomba de talento en el papel de Velma, y me dejé extasiar una vez más por la música de John y Freddy. (¡Nunca recibirán suficiente reconocimiento por esa música!). Cuando volví a interpretar a Roxie en Las Vegas, empecé a respetar la adaptación. Lo que se había sacrificado para mantener los costos bajos, se compensó con temporadas más largas, y más personas tuvieron la oportunidad de ver *Chicago*.

Bobby no vivió para ver el nuevo montaje. Tan sólo tenía sesenta años cuando colapsó en una acera en Washington D. C., en septiembre de 1987, la noche del estreno del nuevo montaje de *Sweet Charity*. Gwen estaba con él y lo sostuvo en sus brazos hasta que llegó la ambulancia. Sin duda tenía la esperanza (como el segundo nombre del personaje icónico que había creado hacía veinte años, Hope [Esperanza]), de que sobreviviera una vez más.

En los años después del estreno de *Chicago*, Bobby se ganó un Tony por *Dancin'* [*Bailar*], una compilación de su trabajo emblemático, y otro por su último espectáculo, *Big Deal* [*Palabras mayores*]. Ese musical representó un cambio de ritmo para él. Trataba, dicho en sus propias palabras, sobre «un grupo de ineptos que intentan hacer algo que no tienen la capacidad de hacer, pero nunca se dan por vencidos... ese deseo de seguir intentándolo». Así era Bobby. Intentaba por todos los medios de hacerlo *bien* y rara vez recibía el crédito que se merecía. Eso debía de ser devastador para alguien tan sensible como él. Bobby siempre parecía estar bailando en la oscuridad; es gratificante que su número personal terminara en una nota tan brillante, dulce, sin cinismo.

En su funeral, el escritor Steve Tesich describió lo que significaba llamar amigo a Bobby. «Es como invitar a alguien a mudarse contigo a tu diminuto apartamento. Pero en vez de contraerse y abarrotarse, el espacio se expande y descubres habitaciones que no sabías que tenías».

Eso fue lo que Bobby hizo por mí. Con él descubrí habitaciones que no sabía que tenía, como bailarina y como persona. Y siempre le estaré agradecida.

Un día mi asistente Rosie recibió una llamada de Gwen.

—Hola. ¿A Chita todavía le gustan las jirafas?

Nunca me gustaron las jirafas. Los monos, tal vez, y las ranas, pero no las jirafas.

No obstante, llegó a casa una jirafa de peluche y, cada vez que la veo, pienso en Gwen. Tal vez sus largas extremidades me recuerdan a las de ella.

Gwen murió en 2000, trece años después que Bobby, y todavía pienso mucho en ella. ¿Cómo no hacerlo? Hablo de ella con amor en mi acto de cabaret y le rendí tributo en mi espectáculo autobiográfico de Broadway *Chita Rivera: The Dancer's Life*. Graciela Daniele, que lo dirigió y coreografió, y que interpretó a Hunyak en la versión original de *Chicago*, creó un homenaje en movimiento para Gwen en el musical.

Cuando los acordes de «Nowadays» comenzaban a sonar, yo le decía al público:

—Cada vez que escucho esa música, sólo veo a una persona ante mí, que brilla con su luz propia y especial. Nadie puede sustituir a nuestras coestrellas. ¿Quién podría?

Entonces, un haz de luz se materializaba junto a mí y yo recreaba nuestro baile juntas, imitando por momentos el trémolo adorable de su voz. Cuando llegaba a la parte que dice «pero nada permanece» me giraba y le hacía una reverencia a la luz como para demostrar lo mucho que atesoraba esos momentos con ella.

Años después, tuve otra oportunidad de reconocer mi deuda con Gwen con un chiste privado. Tenía que ver con la película de *Chicago* y una llamada de Rob Marshall, su director. Conocí a Rob cuando era un corista en patines en *The Rink*, y en el interín, su carrera había despegado, primero como coreógrafo —hizo su deslumbrante debut con la coreografía de *El beso de la mujer araña*— y luego también como director. Trabajó junto con Sam Mendes en la producción de 1994 de *Cabaret*.

Rob me llamó cuando estaba haciendo las audiciones para la película *Chicago*, que sería su debut cinematográfico.

—¿Chita, te parece bien si le doy a Catherine Zeta-Jones el papel de Velma? —preguntó.

Me quedé pasmada de que tuviera la delicadeza de preguntarme. Pero Rob es así. Es muy leal y respetuoso hacia los procesos creativos originales.

—Ella es perfecta —respondí—. Es tan bella que le daría un pescozón. Y si no le das el papel, Rob, ¡el pescozón te lo vas a llevar tú!

Me conmovió que Rob también me invitara a hacer una aparición breve en la película como una de las prisioneras, aunque creo que parecía un travesti interpretando a Cher. El día de la filmación, me mostró el set de la prisión de Cook County y visitamos la celda de Velma. (Como niños emocionados, hasta nos robamos un recuerdo de la celda). Cuando llegó el momento de filmar la escena en la que mi personaje, que parecía un pajarraco, le da una áspera bienvenida a Roxie, le propuse a Rob lo siguiente:

—Voy a subirme una media y a bajarme la otra. Por Gwen. ¿Qué te parece?

Le encantó la idea.

Me alegré mucho por Rob cuando *Chicago* se ganó el Oscar a la mejor película y Catherine Zeta-Jones se ganó otro. (Y Dolores pregunta «¿Qué es eso de que estas actrices se ganen Oscars por los roles que yo creé?»).

—Díganle a la señorita Zeta-Jones que puede quedarse con su Oscar. ¡Yo me quedo con los acordes de John! —le dije a la prensa en aquel momento.

Cuando murió Gwen, me pidieron que hablara en su funeral. Siempre es una tarea abrumadora, pero ¿para Gwen? ¿Cómo capturar toda la belleza, el talento y la alegría tan especiales que ella trajo a nuestras vidas? Hice lo mejor que pude y terminé con una historia que me había contado Graciela sobre un sueño que tuvo la noche anterior.

—En el sueño, vi a Gwen bailando con Bobby. Pero sus pies no tocaban el suelo. Y le pregunté: «¿Cómo lo logras? ¿Bailar sin que tus pies toquen el suelo?». Y ella me miró, sonrió y dijo: «Siempre bailo así cuando me siento feliz».

Nada permanece, excepto en el corazón.

And that's	Y eso es
Good, isn't it?	Bueno, ¿no es cierto?
Grand, isn't it?	Grandioso, ¿no es cierto?
Great, isn't it?	Maravilloso, ¿no es cierto?
Swell, isn't it?	Fabuloso, ¿no es cierto?
Fun, isn't it?	Divertido, ¿no es cierto?
But nothing stays	Pero nada permanece
In fifty years or so	En cincuenta años o así
It's gonna change, you know	Esto va a cambiar, lo sabes
But, oh, it's heaven	Pero ¡es el paraíso!
Nowadays	Hoy en día

15

LOS AÑOS DEL PENSAMIENTO MÁGICO

S iento afecto por todos los espectáculos en los que he participado, incluso los fracasos. Los avisos de cierre siempre me sorprendían. «¿Qué? ¿En serio?». Me enfoco tanto cuando preparo un personaje que no me atrevo a predecir la suerte de un espectáculo. Además, nunca leía las reseñas. De lo contrario, Dolores habría comprado una docena de muñecas de vudú.

La única vez que no me sorprendió que las cosas no anduvieran muy bien que digamos fue con *Bring Back Birdie* [*Traigan de vuelta a Birdie*]. De todos mis espectáculos ha sido el que estuvo menos tiempo en cartelera: cuatro funciones. Llegó en la década de los 80, una de aprendizaje doloroso. Ronald Reagan era presidente, había una recesión y Broadway estaba atravesando una época difícil con sólo la mitad de sus treinta y nueve teatros ocupados. La invasión británica y sus megamusicales estaba a punto de comenzar con el estreno de *Cats* en 1981 en el West End de Londres antes de llegar a Broadway. Su lema: «*Cats*, ahora y siempre», se consideró tanto una amenaza como una predicción.

En este mundo surgió *Bring Back Birdie*, escrito por Michael Stewart, Charles Strouse y Lee Adams, una secuela de nuestro éxito *Bye Bye Birdie*. Ambientada veinte años después, Albert y Rose, ahora con hijos, desarrollan una estratagema para encontrar a

Birdie, el cual ha desaparecido, para que pueda aparecer en una presentación de los premios Grammy. Fiel a su equipo creativo, yo fui la única del elenco original que regresó. Donald O'Connor interpretó el papel de Albert, que Dick Van Dyke había creado, y Maria Karnilova era la madre de Albert, Mae. Maurice Hines interpretó a un personaje nuevo, Mtobe, un detective inescrupuloso que se enreda en la locura. En una apuesta a que la suerte se repitiera, los productores consiguieron el Martin Beck Theatre donde se había presentado *Bye Bye Birdie*.

Algunos espectáculos están bendecidos por las estrellas y otros sufren la maldición de la mordida de la serpiente. Tan pronto como comenzaron los ensayos, se hizo evidente que la respuesta al título, *Traigan de vuelta a Birdie*, era «¿para qué?». El espectáculo era un desastre, pero no por falta de esfuerzo de parte de profesionales de primera. Trabajar con Donald O'Connor, una leyenda musical de los estudios MGM, era un placer, pero al igual que el resto del elenco, estaba perdido. No era culpa suya. Todo el concepto estaba mal concebido. A nuestro escenógrafo, el talentoso David Mitchell, se le ocurrió poner una pared de monitores de vídeo sobre la que se proyectaría la utilería. Supe que la cosa iba mal cuando, en medio de una canción en la cual cantaba sobre mis deberes matrimoniales «I Like What I Do» [«Me gusta lo que hago»], la ropa se proyectó en el horno y el pavo se proyectó en la lavadora de ropa. En una ocasión incluso un televisor me persiguió por todo el escenario. (¡Ni pregunten!).

Ya entonces Dolores era la que mandaba. Algunos amigos recuerdan verme llegar echando humo por las orejas después de los ensayos al Ted Hook's Backstage, un bar predilecto, ubicado para nuestra conveniencia al lado del Martin Beck Theatre. Además, mi hermana Lola era la gerente del local. Mientras nos tomábamos unas copas, yo pedía auxilio.

—Se han olvidado de su arte, se han olvidado de los sentimientos humanos, se han olvidado de la historia —le decía a cualquiera que quisiera escucharme—. Están tan absortos en el concepto que se han olvidado de que hay personas de carne y hueso en el escenario.

Me puse firme cuando me pidieron que saliera en escena con una blusa sin hombros en una escena de una cantina del lejano oeste. (Albert y Rose descubrían a Birdie en Arizona). Peor aún, en una función se me soltó la camisa y la agarré antes de que ocurriera una catástrofe de vestuario. Para mi suerte, tenía un amigo generoso que acudió a mi rescate. El diseñador de moda Halston rehízo casi todo el vestuario de Rose. Si un vestido puede ayudar a alguien a ganarse una nominación para un Tony, apúntenselo al vestido rojo con los hombros descubiertos que Halston diseñó para mi número «Well, I'm Not!» [«¡Pues no lo soy!»]. En ese número, una Rose enfurecida declara su independencia de Albert, que ha desaparecido con una rubia zorra gracias a las artimañas de ¿quién si no su madre, Mae? Coreografiado por Joe Layton, el ingenioso número fue una sensación con la ayuda de mi compañero Frank DeSal y una escoba de utilería.

De la debacle de *Bring Back Birdie* surgieron una amistad duradera con Maurice Hines, todo un maestro del claqué; unos diseños fabulosos de Halston, que sirvieron de inspiración a Marion Elrod, mi excelente asistente y costurera; y la oportunidad de conocer a Frank DeSal, que después se convirtió en uno de los bailarines de mi acto. Frank y yo al menos pudimos crear un poco de magia antes de decirle adiós, adiós a *Bring Back Birdie*.

✳

En el musical *Merlín* de 1983, en el papel de la Reina Malvada canté la canción titulada «I Can Make It Happen» [«Puedo hacer que suceda»]. Entre las cosas que yo podía hacer que sucedieran en el *show* estaba convertir a una pantera negra en una hermosa chica; transformar a un mago en piedra; y controlar mediante mis poderes a un robot de tres metros y ojos luminosos que portaba una espada. Para alguien que siempre había querido conocer los secretos de un acto de magia, la oportunidad de interpretar ese papel fue irresistible.

Lo que no podía hacer que sucediera, como Chita, era encontrarle sentido a la enredada trama. La historia giraba en torno al esquema maquiavélico de la Reina Malvada para poner en el trono a su hijo idiota, el príncipe Fergus y arruinar los planes de Merlín de pasarle el título real a su protegido, el joven Arturo de la leyenda. Cuando acepté el papel, sólo sabía que ni los roles ni la historia en sí eran la razón principal por la que todo el mundo venía a ver el espectáculo. La gente venía ver a Doug Henning, mi coestrella, hacer sus espectaculares trucos de magia. Tachen eso. No eran trucos de magia, eran ilusiones.

En aquel momento, Doug, un canadiense encantador, era uno de los mejores ilusionistas del mundo, que había asumido la misión de elevar el lugar que ocupaban los magos en la imaginación del público. Cumplió esa misión a través de sus apariciones en la televisión y, al cabo de cuatro años de éxito rotundo en la década de 1970, en Broadway con el musical *The Magic Show* [*El espectáculo de magia*] con música de Stephen Schwartz. El espectáculo había sido nominado para varios Tony, incluido uno para Doug. Eso fue una especie de truco de magia en sí mismo porque pronto descubrimos que Doug, a pesar de su increíble talento, no podía cantar, bailar o actuar. Su presencia en escena era, digamos, un truco de desaparición.

El compañero de universidad de Doug, Ivan Reitman, había producido *The Magic Show* y tuvo la idea nada desacertada de continuar el éxito con *Merlín*. Reclutó a Elmer Bernstein y Don Black para que compusieran las canciones, a los libretistas de televisión Richard Levinson y William Link para que escribieran el libro y a Theoni Aldredge para que diseñara el vestuario. Eso no es poca cosa. Las suntuosas creaciones de Theoni para la «RM» (la Reina Malvada), el apodo que me pusieron tras bastidores, incluía unas alas de dos metros en lamé rojo y cobre. Parecían funcionar por su propia cuenta, pero las manipulaban unas personitas escondidas bajo mi voluminoso disfraz.

También me atrajo el proyecto cuando supe que el musical sería dirigido por el prestigioso director británico Frank Dunlop, y coreografiado por mi amigo Chris Chadman. Cuando Frank fue reemplazado, Reitman ocupó su lugar. A pocas semanas de que comenzaran los ensayos, lo único que deseaba era que la Reina Malvada tuviera el poder de hacerlo desaparecer como director. Reitman conoció a Dolores mejor que a Chita.

Ivan Reitman era talentoso, no hay duda. Luego dirigiría las exitosas películas *Meatballs* [*Albóndigas*], *Stripes* [*El pelotón chiflado*] y *Ghostbusters* [*Los cazafantasmas*]. Pero en lo que respectaba al teatro, estaba perdido. Como han descubierto muchos directores de cine que han intentado dirigir en Broadway, la destreza en un medio no siempre se traduce a otro. Sin embargo, *Merlín* tuvo muchas satisfacciones. Una de las principales fue una compañía de actores dedicados, entre quienes figuraban el distinguido Edmund Lyndeck en el papel del mago; Rebecca Wright, una hermosa bailarina de *ballet* que interpretaba al unicornio de Merlín; Michelle Nicastro como la pantera negra transformada en la adorable seductora por la Reina Malvada; Christian Slater, que entonces tenía trece años, como el joven Merlín; y, lo mejor de todo, Nathan Lane como mi hijo tonto, el príncipe Fergus.

Nathan, que había hecho su debut en el teatro musical a los veintiocho años, después se convertiría en uno de los grandes cómicos de Broadway. Pero ya entonces tenía esa presencia vivaz para robarse las escenas y hacer que siguiéramos riéndonos fuera del escenario. Yo nada más le gané una vez en una matiné en la que hice un gesto exagerado y me arranqué la corona y la peluca, así que me quedé con tan sólo un gorro de seda, indigno de mi condición de reina, en la cabeza. Hice acopio de toda la dignidad que me quedaba para salir tras bastidores y nos echamos a reír.

Nathan no podía evitar burlarse de que mi personaje no tuviera un nombre propio.

—Sabes, Chita —dijo una vez—, tu licencia de conducir leería «Malvada, Reina».

Tampoco podía evitar maravillarse de que yo lograra transformar una pantera negra de más un metro y medio y ciento ochenta kilos en Michelle Nicastro en menos de lo que se dice «abracadabra». Como nos hicieron firmar una cláusula de confidencialidad que nos prohíbe describir cómo se realizaban los actos, lo único que puedo decir es que conllevaba distraer a la pantera. Nathan le preguntó una vez al entrenador del animal qué podía pasar si en una segunda función el animal se aburría de la carne de caballo y le apetecía probar a «la inocentona». El entrenador tan sólo respondió:

—Eh, pues no se me había ocurrido.

Yo tuve mi propio encuentro cercano con la pantera que me hipnotizó, en el sentido literal, con su belleza. Mientras más le cantaba, más empecé a creer que me amaba porque seguía mis movimientos y parecía estar escuchándome con intención. En un punto, me acerqué demasiado a la jaula. De un zarpazo me arrancó una uña. El entrenador dijo:

—Quiere hacer el amor contigo.

Aprendí la lección, o eso creí, así que fui más cautelosa cuando fuimos al estudio a filmar un anuncio comercial para *Merlín*. El entrenador tenía una gran cesta de carne para distraer a la pantera. Pero el animal la ignoró y se quedó mirando cada movimiento de mi brillosa capa roja y dorada. Me le acerqué para decirle «Lindo gatito» y el rugido que lanzó me hizo salir corriendo. El entrenador me agarró y dijo:

—Quédate quieta. No te muevas. Quiere probarte. —Había vuelto a bajar la guardia, algo que no se debe hacer alrededor de un animal salvaje... ni de alguna gente. La belleza puede inspirar una confianza peligrosa.

Comenzamos las funciones del preestreno de *Merlín* el 10 de diciembre de 1982 y, por fin, estrenamos en Broadway el 13 de febrero de 1983; fue el periodo de preestreno más largo de la historia hasta *Spider-Man: Turn Off the Dark* [*El hombre araña: apaguen la oscuridad*]. Toma tiempo lograr que todos los efectos especiales funcionen bien, pero los críticos no tuvieron misericordia por el retraso en el estreno y fueron implacables. Aun así, pudimos llenar el Mark Hellinger Theatre durante seis meses. Y resultó que me sentía afortunada de interpretar un rol que era más una caricatura que un personaje de verdad. De ser necesario, podía interpretar a la RM en piloto automático. Eso tuve que hacer a mitad de la temporada cuando azotó la tragedia. *Merlín* se convirtió en un refugio inesperado de una tristeza personal que pronto se convirtió en una canción universal de dolor.

✳

Es irónico que el final de 1983 se convirtiera en el «año del pensamiento mágico» para mí. Así describe Joan Didion el imaginar que uno puede influir en el desenlace de un acontecimiento sobre el cual no tiene ningún control. Como cuando un ser muy querido muere y tratamos de pensar en todo lo que podemos hacer para prevenir esa pérdida devastadora. Eso sentí cuando mi hermano Armando y mi asistente, Marion, me despertaron el domingo, 23 de julio para decirme que mi madre, Katherine, había muerto esa mañana.

Me resultaba imposible pensar que Katherine del Rivero ya no estuviera en este mundo porque siempre había sido parte de él de un modo contundente. No podía imaginar que no volvería a estar al otro lado del teléfono con su risa fácil y sus consejos, y a veces sus críticas. No estaría presente para alegrarse de mis triunfos profesionales o compadecerse de mí cuando se me rompiera el corazón.

Aun cuando no estábamos juntas, mi madre nunca se apartaba del centro de mi ser. Los «cómo» y «por qué» que siguieron a su partida parecían casi absurdos. Katherine había muerto del mismo modo en que había vivido. Sin pensar en sí misma. Nunca nos dijo que tenía una condición cardiaca porque no quería preocupar a su familia. Siempre había sido independiente al máximo, pedía muy poco y daba mucho.

Mis amigos, que siempre la llamaron «madre» se entristecieron al enterarse de su partida. Ella, a su vez, llamaba a todo el mundo «*Sugar*» con su voz de miel. Incluso al escribir esto, la puedo ver presidir la mesa en nuestro hogar en Flagler Place con la misma elegancia sin pretensiones con que se conducía en los eventos más glamurosos. Cuando nos reuníamos con amigos y parientes en restaurantes como Curtain Up de Bob Nahas o Backstage de Ted Hook, se sentaba a mitad de la mesa, donde se reía de nuestras tonterías y se ruborizaba con nuestros chistes colorados.

Creo que las madres nos traen al mundo dos veces: cuando nos dan el don de la vida y de nuevo cuando mueren. Aquel día desperté sabiendo que algo inescapable había cambiado dentro de mí. Era un paisaje universal, pero desconocido y cambiante. A pesar de la dura noticia, decidí hacer la matiné de *Merlín* ese domingo. No sé si habría sido capaz de hacerlo si la obra hubiera requerido una inversión emocional de mi parte. La RM era un papel que podía interpretar mientras mi mente estaba en otro lugar, como sin duda ocurría en ese momento. Pero tenía la certeza de que eso era lo que mi madre hubiera querido que hiciera. Ella sabía que el espectáculo sería un santuario cuando empezara a procesar la enormidad de lo que acababa de suceder.

Por aquel tiempo, el aire que nos rodeaba estaba húmedo de dolor. Lo que había comenzado como un «cáncer gay» en 1981, había ganado terreno de forma alarmante para cuando murió mi madre. Nuestra tristeza por su muerte encajaba en lo que parecía una infinidad de canciones de dolor, que afligían a muchos amigos y colegas. El terremoto que provocó la epidemia de VIH/SIDA fue largo, lento, torturador, y sacudió la tierra bajo nuestros pies. El mundo del teatro y la danza se vio muy afectado por las pérdidas, demasiadas e inimaginables. La puerta de mi refrigerador se cubrió de fotos y oraciones para los que estaban sufriendo y los que habían muerto. Me tomó mucho, mucho tiempo armarme de valor para quitar esos recordatorios. La vida de pronto se convirtió en conversaciones llenas de incredulidad sobre los amigos que estaban enfrentando la terrible enfermedad en la cumbre de su juventud y sus fuerzas. Luego vinieron las visitas a las habitaciones de hospital, el silencio que llenaba el pitido rítmico de los monitores cardiacos y el silbido de los tanques de oxígeno.

A lo largo de los años en esta carrera, he sido testigo de conductas generosas e interesadas, ausentes de ego y regidas por él, ásperas y malvadas, amables y solidarias. Pero nunca he visto a la comunidad teatral unirse con tanto sacrificio y compasión como lo hizo para afrontar los retos de la era del SIDA. Broadway Cares/Equity Fights AIDS, bajo la dirección del incansable Tom Viola, fue una organización en la que pudimos verter nuestra energía como intérpretes. La respuesta a la epidemia obedecía en parte a la rabia contra el gobierno por su lentitud al responder y en parte a la esperanza de que se encontrara una cura pronto. Mientras tanto, hubo demasiados funerales a los que asistir y demasiadas notas de condolencia que escribir.

El carrusel del Central Park es uno de mis lugares favoritos en Nueva York. Solía ir cuando Lisa era bebé. Nos montábamos en el caballito que ella escogiera y mientras girábamos y girábamos, yo miraba hacia arriba. Había ángeles en el techo encima de nosotras, que brillaban bajo las luces como si llevaran el ritmo de la música del órgano. Me parecía muy apropiado porque el segundo nombre de Lisa es Angela. Todavía siento que esos ángeles me acompañan. Entre ellos están todos los que han fallecido: mi madre, Katherine, y mi padre, Pedro Julio, van al delante de todos. Aun ahora, que han pasado tantos años, me siento tan unida a ellos como cuando vivían. Si eso es el pensamiento mágico, entonces me proporciona un consuelo inmenso.

Entreacto

Huevos revueltos con Joe Allen

Cuando *Bring Back Birdie* cerró de forma tan inmediata, hubo personas de la comunidad teatral que pensaron que un cartel del espectáculo iría a parar al restaurante de Joe Allen. Localizado en la cuadra de teatros de Nueva York, es conocido porque en sus paredes cuelgan los carteles de los fracasos de Broadway. Yo estaba segura de que eso nunca pasaría con *Bring Back Birdie* porque el dueño del restaurante, Joe Allen, y yo nos queríamos mucho. Años antes, para la época que yo trabajaba en *Chicago*, habíamos tenido una relación amorosa.

Me sorprendió cuando Joe apareció a la puerta del escenario a invitarme a cenar. Lo había visto en su restaurante, callado, casi taciturno, como si llevara un letrero encima que decía «No me hables». Me pareció una actitud extraña para el dueño de un restaurante, que suelen ser personas joviales y que se alegran de conocer gente. Sin embargo, tan pronto como empezamos a salir, el Joe que llegué a conocer era todo menos un cascarrabias. Era cálido, enérgico y gracioso; escribía cartas y poemas hermosos; y, sobre todo, tenía un espíritu generoso.

Nacido en Queens, Joe había sido medio vagabundo en su niñez. Se convirtió en padre y se divorció siendo aún adolescente, y encontró su vocación tras la barra de P. J. Clarke's en el East Side de Manhattan. No tenía un interés particular en el teatro cuando decidió abrir su restaurante en el distrito en 1965.

—Vine a este vecindario porque era barato —me dijo.

Pronto se dio cuenta de que el negocio florecía a la par que Broadway y se dio a la tarea de atraer a los coristas con un menú barato. También les fiaba, algo que a muchas personas les parecía un disparate. Sin embargo, muy pocos han dejado de pagarle. Con el tiempo, Joe Allen se convirtió en lugar de encuentro después de las funciones, donde los famosos y las estrellas se encontraban y donde celebridades como Lauren Bacall, Al Pacino, Elaine Stritch y Stephen Sondheim eran clientes regulares.

Como yo, Joe amaba a los perros y era inseparable de Alice, su *golden retriever*. Se paseaba por el restaurante con ella, que se fastidien los códigos de salubridad de Nueva York, y cuando veías a Alice, sabías que Joe estaba cerca.

Joe tenía un tesoro de historias del mundo del espectáculo y de Nueva York, y a mí me encantaba escucharlas cuando nos sentábamos en el restaurante y yo ordenaba mi plato favorito: los mejores huevos revueltos de la ciudad, preparados por su chef Henry. Joe también sabía escuchar, un rasgo que a las mujeres les resulta muy atractivo. Me sentía muy mimada y cuidada cuando estaba con Joe. Hacíamos un repaso de la gente que estaba en el restaurante y nos reíamos mucho intercambiando historias. Me dijo que Elaine Stritch, con quien había tenido un amorío, tenía un «problema de dinero». Añadió que no era que le faltara, sino que «era tan tacaña que le costaba separarse de él». Lauren Bacall, tan exigente como siempre, había hecho llorar a sus meseros, un pecado imperdonable en el libro de Joe. Le gustaba emplear a actores para que trabajaran en su restaurante y los cuidaba mucho, incluso les prestaba dinero cuando lo necesitaban para sobrevivir en la industria. Uno de sus meseros más irreverentes era Bobby Freedman, un ingenioso actor negro que parecía tener la respuesta oportuna para cualquier situación que se le presentara. Una vez estaba atendiendo a Sylvia Miles, una actriz con una de las personalidades más excéntricas de Nueva York, que también podía ser muy coqueta.

—¿Cómo quiere su café? —le preguntó Bobby.

—Me gusta el café como me gustan los hombres —respondió ella.

—Lo siento, Sylvia, pero no servimos café gay —contestó él.

Siempre me sentía un poco más inteligente alrededor de Joe porque le encantaba rodearse de escritores, en especial los neoyorquinos, como Pete Hamill, Ken Auletta y Jimmy Breslin. Con sus facciones toscas y su timidez, Joe hubiera encajado a la perfección en un cuento de Damon Runyon. Aunque su negocio tuvo un éxito tremendo y abrió otros restaurantes en Miami, Los Ángeles, París y Londres, Joe nunca dejó de verse a sí mismo como el dueño de una pequeña cantina. Era una de las personas menos impresionables que he conocido. Tenía muy poca paciencia con los egos exagerados y tal vez por eso colgaba los carteles de los fracasos: para recordarle a la gente que en cualquier momento la vida podía darle una lección de humildad. Cuando me dijo en broma que iba a colgar un cartel de *Bring Back Birdie*, le dije que, si lo hacía, me fugaría con su chef, Henry. No lo hubiera hecho, por supuesto. Estar enamorada de Joe, aunque fue una relación tan corta como intensa, era demasiado divertido.

16

EN PATINES CON LIZA Y LOS CHICOS

The Rink

En el verano de 1984, Liza Minnelli y yo estábamos bajo las luces de las cámaras de *Live at Five* [*En directo a las cinco*], el programa de la televisión local de Nueva York que se transmitía desde el Rockefeller Center. Estábamos ahí para promocionar *The Rink*, el nuevo musical de Broadway de John y Freddy, en el que Liza y yo interpretábamos a una madre y a una hija, que se llevaban mal. El espectáculo acababa de abrir con mucho revuelo —«¡Liza y Chita juntas!»— pero las reseñas no eran nada del otro mundo. Eso significaba que teníamos que hacer todas las apariciones que pudiéramos en los medios para mantenerlo. Estábamos en territorio amigo porque la anfitriona del programa era Liz Smith, una columnista famosa que le había dado mucho apoyo a *The Rink*. Después de un intercambio superficial, Liz, en su habitual estilo campechano, lanzó una pregunta.

—¿Alguna vez pelean entre sí como lo hacen en el escenario? ¿Alguna vez han estado en desacuerdo... o se han enfadado mucho?

—No —respondí con suavidad.

Si reaccioné pronto fue porque sabía —y Liza también lo sabía— que la verdadera respuesta era mucho más complicada. ¿La verdad?

Liza andaba metida en líos y a mí me preocupaba que sus juergas en aquel momento afectaran y tal vez destruyeran el musical. Yo hacía todo lo que podía por evitar que el espectáculo, que tanto significaba para todos nosotros, se viniera abajo.

Liza fue más directa y franca:

—Si algo va mal, si Chita sospecha que algo va mal, dirá: «Esto está fuerte. Esto se siente fuerte. Lo que está pasando ahora mismo está fuerte». Hizo un movimiento con la mano como quien tira algo, y prosiguió con lo que yo le había dicho—: «¡Eso! ¿Quieres manejarlo? Yo no. ¿Quieres hablar de esto? Vamos a resolverlo». —Luego me miró y añadió—: No puedo pelear con ella porque siempre me hace reír. Ella nunca hace nada que me moleste.

Mientras Liza decía estas cosas en directo, me preguntaba cuán lejos podría llegar. Con Liza nunca se sabía. A lo largo de toda la entrevista, ella había estado abrazando un osito de peluche que tenía sobre las piernas. Es probable que fuera un regalo de un fanático que estaba esperándonos cuando nos bajamos de la limusina y entramos en el estudio de televisión. Había tantos, multitudes de personas cuyas vidas ella había tocado en lo más profundo y que siempre estaban esperando por una mirada suya, por una palabra, por hacerse una foto.

Sentada en el estudio de *Live at Five*, observaba el enigma que era mi amiga y coestrella: Liza, la extraordinaria artista. Liza, la chica de ojos grandes que siempre estaba buscando aprobación. Liza, que luchaba contra los demonios que desde hacía mucho se habían plantado dentro de su ser junto con su asombroso talento. Parecía tan vulnerable que daban ganas de no volver a verla sufrir. Los hombres veían esa fragilidad y querían casarse con ella; las mujeres, su resiliencia y querían ser sus hermanas. Yo lo veía todo y quería protegerla. ¿Y Dolores? Ella le habría arrancado la cabeza al osito de peluche de pura frustración.

Ése era el dilema de *The Rink*. Muy a propósito, era la historia de una familia destruida por la rabia, el remordimiento y la confusión, que logra reunirse mediante la comprensión, el amor y el perdón. Lo que mantenía a flote el espectáculo era lo que siempre ha mantenido unidas a las familias: la fe de que «podíamos superar aquello». La nuestra no era diferente.

—Oye, Cheet, John y yo estamos escribiendo un espectáculo para ti. Por fin vamos a conseguirte un premio Tony.

Era Freddy al otro lado de la línea telefónica. Siempre que «mi hermano» llamaba, prestaba mucha atención. En especial esta vez. No por la mención del Tony. Puede parecerles una hipocresía, pero ganar un Tony no significaba mucho para mí. Un momento. Déjenme matizar lo que acabo de decir. No significaba mucho para mí excepto cuando llegaba la temporada de los Tony. Todos los nominados se contagian con la fiebre de junio cuando la gente les dice «¡Vas a ganar!» o «Éste es tu momento». Yo solía responder «Sólo que me nominen es un honor». Ajá. Entonces Dolores se ponía sus tacones altos de mujer mala y pensaba «Quiero ganar, ¡coño!». Cuando recibí la llamada de Freddy, ya me habían nominado cuatro veces por *Bye Bye Birdie*, *Chicago*, *Bring Back Birdie* y *Merlín*. Sin embargo, Freddy y John me dieron de premio de consuelo una pícara canción especial para mi acto titulada «Losing» [«Perder»]. Al público le encantó. Yo siempre recurría a ella con alegría.

Cuando leí el libreto de Terrence McNally de *The Rink*, no pensé en un Tony. Más bien pensé en lo compleja y valiente que era la pieza. *The Rink* fue mi introducción a Terrence, el primero de tres encuentros con su talentoso trabajo: *El beso de la mujer araña*, *Chita Rivera: The Dancer's Life* y *The Visit*. Encontré que Terrence, como el título de otra obra suya, era todo ¡Amor! ¡Valor! ¡Compasión! Aún no había recibido los merecidos elogios que luego recibió. Más bien, había recibido algunos golpes duros por sus valerosas obras. Yo admiraba su resiliencia.

Terrence tenía entonces cuarenta y pico años, el pelo ralo castaño claro, unos ojos azules luminosos y una sonrisa traviesa. Tenía un sentido del humor retorcido, tal vez porque había nacido en un hogar católico y esperaba que la vida fuera lo que le habían enseñado las monjas: un valle de lágrimas. Nuestro director, A. J. Antoon, había estudiado para ser cura jesuita, así que estaba en sintonía con esa misma filosofía. Y nuestra coreógrafa, Graciela Daniele, que había nacido en Argentina, también había aprendido del catequismo a sufrir por sus pecados.

También había mucho de ese arrepentimiento católico en Anna Antonelli, mi personaje en *The Rink*. Era la viuda propietaria de una pista de patinaje en ruedas en un destartalado resort de playa, que estaba harta de lo que le había tocado en la vida: un marido alcohólico y vagabundo, una hija distante y un negocio difícil, que tenía que mantener a flote en un vecindario peligroso. Al inicio del musical, el cielo empieza a despejarse para Anna. Le ha vendido la pista de patinaje a un desarrollador, que tiene planes de demolerla, y Anna ahora es libre para irse a Florida con su novio. El escollo de su brillante futuro aparece en la persona de su hija, Angel, que regresa de repente, perdida y deprimida, después de siete años de ausencia. Hay mucha pirotecnia cuando Angel intenta detener la demolición, abre viejas heridas y trata de ajustar algunas cuentas.

¿Suena fuerte? Ni tanto. No cuando John y Freddy han compuesto canciones como «Colored Lights» [«Luces de colores»], «Chief Cook and Bottle Washer» [«Jefe cocinero y lavabotellas»] y «The Apple Doesn't Fall» [«De tal palo, tal astilla»]. Según su estilo típico, sus canciones aplacaban cualquier dolor y recriminación

que amenazara con descender sobre *The Rink*. Supongo que debe
de haber un par de razones por las cuales he tendido hacia los materiales oscuros a lo largo de mi carrera. Me formé en *West Side Story*,
donde el primer acto termina con dos muertos en escena y hay otro
muerto al final. Maduré en *Chicago*, que adorna con lentejuelas la
corrupción a la que es capaz de llegar nuestra sociedad. También
tengo la fortuna de pertenecer a la familia de la industria del espectáculo encabezada por Freddy y John, que nunca se amilanaron ante
los materiales difíciles. Entre éstos estaban el mundo implacable de
Zorba, los prisioneros valerosos y poco comunes de *El beso de la
mujer araña* y la heroína apasionada e imperfecta de *The Visit*. Sólo
me dejo llevar por una regla para decidir si acepto un papel: «¿Es
ésta una historia que me gustaría contar?». En el caso de *The Rink*,
la respuesta fue: «¡Claro que sí!».

Podía identificarme con Anna Antonelli, su fuego, su empo-
deramiento, su convicción. Podía identificarme con lo que significaba fracasar en el matrimonio a pesar de tener las mejores
intenciones; estar en desacuerdo con una hija que se cree que se las
sabe todas; luchar por mantenerse a flote en un negocio fallido;
y, como dice la canción de *Charity*, andar dando tumbos entre
la dicha y la adversidad. También me parecía que Anna era una
especie de hermana de un personaje que me había gustado mucho
interpretar años antes: Serafina Delle Rose en *La rosa tatuada*
de Tennessee Williams. La obra es Williams en su expresión más
alegre. Y el papel encajaba muy bien conmigo. Blanche DuBois o
Alexandra Del Lago no eran para mí. ¿Pero una italiana explosiva
que podía rezar un rosario y luego mirar con deseo a un camionero
guapetón? ¡Me apunto!

Mientras me preparaba para interpretar a Anna y me preguntaba
a quién le darían el papel de mi hija, recibí una llamada de Liza.

—Oye, Chita, ¿almorzamos? Quiero preguntarte algo.

✳

Long as I know you're trying.	Mientras sepa que estás
Long as I know you care.	intentándolo.
Long as we pull together	Mientras sepa que te importa.
we can do	Mientras nos mantengamos
anything,	unidas, podremos lograr
anything,	cualquier cosa, lo que sea en
anywhere.	cualquier lugar.
I have you.	Te tengo.
You have me.	Me tienes.
We can make it.	Podemos lograrlo.
Right to the end of always,	Hasta el final de siempre, hasta
down to the finish line.	la meta.
We can make it fine.	Podemos hacerlo bien.
—«We Can Make It» de *The Rink*	—«Podemos lograrlo» de *The Rink*

Una tarde a principios de diciembre, me abrí paso entre las multitudes y los puestos de Navidad en el distrito teatral para ir a Charlie's en la calle Cuarenta y Cinco Oeste. Era un restaurante íntimo en el cual servían hamburguesas y cerveza, y que había sustituido a Downey's como lugar de encuentro de los coristas. Craig, el *maître*, me recibió en la puerta.

—Ya está aquí —dijo dirigiéndome a la mesa al fondo que ofrecía un poco más de privacidad. Liza dio un salto y me abrazó, su jersey olía a L'Heure Bleue, su perfume favorito. Después de ponernos al día sobre los chismes del momento, encaminó la conversación hacia *The Rink*.

—¿Ya escogieron a quien va a interpretar a la hija? —preguntó.

—No que yo sepa —respondí.

—Pues, mira, no se lo he preguntado a nadie más, pero es tu

espectáculo, así que quería preguntártelo a ti primero —dijo—.
¿Qué te parece que yo interprete a la hija?

Me quedé pasmada. Era mucho que procesar en ese momento.
Lo único que pude hacer fue balbucir la primera respuesta que se
me ocurrió.

—Detente ahí mismo, no puedes hacerme esto —dije—. No me
tientes así. No es justo. Tienes las manos llenas con tus discos y
tus conciertos. Me emocionaré con la idea, luego no ocurrirá y me
sentiré decepcionada una vez más.

—Bueno, ¿te molesta si se lo pregunto a Freddy? —preguntó.

—Con mi bendición —respondí.

Sabía cuál sería la respuesta de Freddy y John. Les iba a encantar
que ella interpretara a Angel. ¿Cómo no? Después de todo, habían
sido instrumentales en la formación de la vibrante actriz de primera categoría en que se había convertido. A los diecinueve años, había protagonizado su primer musical de Broadway, *Flora the Red
Menace* [*Flora la amenaza roja*] y se había llevado un Tony por su
interpretación. En menos de una década, se convirtió en una estrella
internacional al ganarse un Oscar por el papel de Sally Bowles en la
versión fílmica de Fosse de su *Cabaret*. Poco después, trabajando con
Bobby de nuevo, Freddy y John escribieron *Liza with a Z*, el concierto y especial televisivo. Liza le da el crédito al cantante francés
Charles Aznavour de haberla ayudado a desarrollar su estilo. Pero
cada vez que la veía actuar —en los pasos largos, en la forma en que
ladeaba la cabeza, en la mano apretada en el aire cuando cantaba
«cream-of-the-crop-at-the-top-of-the-heap» [«la crema de lo mejor
en lo más alto de la cima»] en «New York, New York»— veía a
Freddy. En cierto sentido, Liza y yo compartíamos al mismo Gran
Papá. Ninguna daba un paso sin él.

La había conocido en 1969 cuando se apareció tras bastidores
después de ver *Zorba* en Los Ángeles. Pero nos hicimos amigas en

1975 cuando ella y su esposo, Jack Haley Jr., fueron a ver *Chita Plus Two* en el Grand Finale en Nueva York. Ahí se ofreció a presentar el acto en Studio One en West Hollywood y sus fabulosos amigos de Hollywood corrieron a verme. Después, cuando *Chicago* llevaba un par de meses en cartelera, Gwen tuvo que abandonar el espectáculo para sacarse unos pólipos en las cuerdas vocales. Corríamos el riesgo de tener que cerrar sin ella, así que Liza acudió a nuestro rescate e interpretó a Roxie Hart durante seis semanas. Bobby y los productores decidieron que no habría fanfarria. No se anunciaría el cambio en el elenco. Cada noche, el director de escena se limitaba a anunciar por el altavoz: «Damas y caballeros, el papel de Roxie Hart, que suele interpretar Gwen Verdon, será interpretado por Liza Minnelli». Podrán imaginar la algarabía del público.

Cuando supe que Liza iba a reemplazar a Gwen por un tiempo, me pareció una movida inteligente. La taquilla recibiría una inyección necesaria en el momento oportuno. Liza se aprendió el espectáculo en seis días y todos hicimos ajustes para darle todo el espacio que necesitaba. Le preguntó a Bobby si podía hacer un solo en «My Own Best Friend», que Gwen y yo habíamos cantado a dúo. Bobby me preguntó y yo estuve de acuerdo. Sabía que Liza podía detener el *show* con su poderosa voz, y eso hizo, todas las noches. Disfruté de trabajar con Liza durante esa época y conocerla mejor. Su estilo era «sin compasión», las mismas palabras del telegrama que me envió la noche del estreno de *Chita Plus Two*. La vibra de *Chicago* cambió con ella. En el público se sentía la anticipación nerviosa de quien ve a una actriz en la cumbre de su carrera. Incluso se asignaron guardias de seguridad en el teatro para proteger a Liza. En una función, un fanático enloquecido intentó subirse al escenario. Lo vi y, antes de que pudiera encaramarse para unírsenos, corrí hasta el borde del escenario y le siseé que bajara las manos o se las atravesaría con uno de mis tacones. Se escabulló. Apúntensela a Dolores.

Aunque el público le dio una acogida eufórica a Liza, nunca sentí que me opacara durante su breve aparición. Liza tenía sus fortalezas. Yo tenía las mías. Ella cantaba mejor. Yo bailaba mejor. Creo que su mayor preocupación era llegar al nivel que Gwen había establecido. Y lo logró. Cuando Gwen regresó, el espectáculo se había energizado y el público la recibió de vuelta con entusiasmo. Eso se lo debíamos a Liza.

La devoción que Liza inspiró entre sus seguidores se parecía al frenesí de los fanáticos de su madre. Como recordarán, en diciembre de 1963, aparecí en el programa de variedades de Judy Garland. Canté «I Believe in You» [«Creo en ti»] a dúo con ella y luego interpreté un solo de «I've Got Plenty o' Nuttin'», un fabuloso número coreografiado por Jack Cole. Ya entonces Judy era famosa por su conducta errática, pero yo no me daba cuenta. Lo que recuerdo mejor de la grabación de ese programa en Television City de CBS es el camino de adoquines amarillos que habían pintado desde su camerino hasta el estudio. Caminarlo con ella fue un honor, un regalo de Navidad por adelantado.

Dos décadas después, la hija de Judy, Liza, coprotagonizaría conmigo un nuevo musical de Broadway. Mientras nos preparábamos para comenzar los ensayos de *The Rink*, no me cabía la menor duda de que su poder como estrella influiría en la recepción del espectáculo. Su presencia había convertido un musical íntimo en un «evento». El público vendría a verla a ella. A mí no me molestaba eso. Yo no podía igualar la fuerza de su voz y ella no podía igualarme como bailarina. Nos encontrábamos en nivel de energía de alto voltaje. Como dijo Liza: «Chita es una potencia y yo soy una potencia. Es como cuando una corriente de energía pasa entre dos polos y "¡brruumm!"». Ésa era la promesa de *The Rink*. Desde que arrancamos, sentimos la presión de comunicarlo.

Lo que no podía saber en aquel momento era la dinámica psicológica que implicaba estar en un musical sobre una madre y una hija con Liza. Mi madre, Katherine, había muerto hacía pocos meses mientras yo estaba trabajando en *Merlín*. Aún tenía las emociones a flor de piel y me sentía herida. Pero entre nosotras no quedaron muchos asuntos sin resolver. Me había ido de casa muy joven y Katherine dejó de ser la que imponía disciplina para convertirse en la que me apoyaba y se enorgullecía de mi carrera. La extrañaba muchísimo. Pero me alegraba la distracción que me ofrecía *The Rink* para llenar el vacío que había dejado su muerte.

La relación de Liza con su madre había sido muy diferente. Judy le había prodigado a su hija agallas, ambición y un enorme talento. También era un ejemplo de lo que no debía hacerse. Con la ayuda de Freddy y John, Liza había luchado sin tregua para que la aceptaran como estrella por derecho propio y lo había logrado. Yo la admiraba mucho por eso. Pero tuvo que pagar el precio del estrellato. Una vez me contó que, cuando era una niña, le preguntó a Judy:

—Mamá, ¿qué viene después de «Felices por siempre jamás»?

—Ya lo descubrirás —fue la breve respuesta de Judy.

Liza lo estaba descubriendo. Se había divorciado de Jack Haley Jr. y ahora estaba casada, por tercera vez, con Mark Gero, un guapo escultor ítaloestadounidense. Al cabo de cinco años de matrimonio, sus problemas matrimoniales y personales, algunos reales y otros inventados, se habían convertido en la comidilla de los tabloides. Pensé que tal vez lo que necesitaba Liza era la disciplina de un espectáculo de Broadway. Como hija de un director, Vincente Minnelli, estaba acostumbrada a seguir instrucciones. Se había probado como bailarina con Fosse —que no es poco— y ahora estaba dispuesta a sobrepasar el glamur y el brillo de sus apariciones en concierto.

En *The Rink*, Liza pasaba la mayor parte del musical como Angel vestida con unos pantalones vaqueros mugrientos, una mochila y un peinado que era la pesadilla de cualquier estilista. Como Anna, yo sólo usaba un vestido, diseñado con esmero por Theoni Aldredge, en todo el espectáculo. Era un vestido camisero sencillo color lavanda que tenía unos pliegues profundos que se abrían para formar una falda amplia cuando bailaba. No era vistoso, no era glamuroso, sólo ingenioso. Era el vestido perfecto para Anna y lucía aún más bajo las luces de Marc B. Weiss. Contrario a otros espectáculos de la temporada, entre ellos *La Cage aux Folles* [*La jaula de las locas*] y *Sunday in the Park with George* [*Domingo en el parque con George*], *The Rink* nos ofrecía muy poco, como espectáculo, tras lo que nos pudiéramos escudar. Con el corazón desnudo en un musical íntimo, sin una sola lentejuela, Liza y yo nos exponíamos como nunca. Nos fascinaba el reto.

Los ensayos en Broadway 890 fueron difíciles pero gratificantes. Hubo muchos cambios. Se eliminaron algunas canciones, se añadieron otras, se reescribieron escenas. Freddy y John eran una presencia constante y me parece ver a Terrence al fondo, encorvado sobre su Smith-Corona, tecleando con diligencia el material nuevo. La compañía se unió pronto porque sólo éramos nueve. Además de Liza y de mí, estaban Kim Hauser, como la niña Anna, y seis hombres que interpretaba a los «demoledores», una especie de coro griego en patines de ruedas. Aparecen en el musical para empezar a desmantelar la pista de patinaje y se quedan desempeñando varios roles mientras el pasado turbulento de Antonelli se presenta en retrospección. Varios de estos actores llegarían a la cumbre de sus carreras y se convertirían en mis amigos de toda la vida y, en ocasiones, colaboradores. Entre éstos estaban el director Scott Ellis (*The Mystery of Edwin Drood* [*El misterio de Edwin Drood*]), el director y coreógrafo Rob Marshall (*El beso de la mujer araña* y *Chicago*, la película) y Jason Alexander (*Seinfeld*).

En el proceso de desarrollar un espectáculo, siempre hay un momento en el cual la compañía llega a un consenso de forma colectiva. O se va directo a chocar con un iceberg o algo se cuaja y ese algo va a ser maravilloso. *The Rink* era una pieza original por completo; no se basaba en un libro o película probados, así que sabíamos que estábamos en la cuerda floja sin red. No obstante, a medida que se acercaba la noche del estreno, *The Rink* se convirtió en un proyecto de pasión para todos. Era el primer musical de A. J. y Terrence. A. J. se había dado a conocer por dirigir piezas cargadas de dramatismo como *That Championship Season* [*Esa temporada de campeonato*]. Terrence, que en aquel momento sólo era conocido como escritor dramático, luego escribiría otros siete musicales. Freddy estaba maravillado porque nunca había visto una compañía tan alegre. No podía esperar a los ensayos. Años después, repasando la turbulenta historia de *The Rink*, John dijo entre risas: «Lo que demuestra que tal vez no debemos hacer esos *shows* [con compañías tan alegres]».

Ni siquiera la complejidad de parte del material podía ensombrecer nuestro espíritu. Por el contrario, tendía a obligarnos a esforzarnos más. En un punto, había una escena de violación, dado que el mundo de la obra incluía el vecindario cada vez más deteriorado de la pista de patinaje de Antonelli. Me sentía ansiosa. La perturbadora escena del intento de violación en *West Side Story* me había forzado a indagar por qué las mujeres, con demasiada frecuencia, sufren tragedias traumáticas. Y aquí estábamos otra vez. Grazie, de quien me había hecho amiga cuando trabajamos juntas en *Chicago*, se había vuelto famosa por su trabajo como coreógrafa en *The Pirates of Penzance* [*Los piratas de Penzance*] y *Zorba*, entre otros. Para *The Rink*, había ideado un baile muy estilizado para el momento dramático de la violación. Cuando los productores vieron la escena en un ensayo, se quejaron:

—Es demasiado —dijeron y abogaron por que A. J. y Terrence la eliminaran. Graciela abogó por que se mantuviera. Me pidieron mi opinión.

—Confío en el instinto de Grazie y en las palabras de Terrence —dije—. Es difícil y tendré que prepararme todas las noches para hacerla, pero creo que debe permanecer.

Después de darnos los apuntes esa noche, A. J. se dirigió a la compañía.

—Sólo quiero decir que la gente piensa en Chita como bailarina y cantante. Debo decir que está demostrando ser, sobre todas las cosas, una gran actriz.

—Es un comentario muy generoso de tu parte, A. J. —dije—. Pero sólo quiero que todos sepan que soy una bailarina y siempre seré una bailarina de corazón.

Valoré la exhortación de A. J. Los actores podemos sentirnos muy vulnerables al momento de tomar decisiones artísticas, lo cual quiere decir que cualquier cosita, por pequeña que sea, puede destruirnos. Por eso los directores mantienen las puertas del estudio cerradas a cal y canto durante los ensayos. Pero lo más importante de todo el proceso es mantener a la compañía unida. A lo largo de mi carrera, me he propuesto que nada me separe del resto del elenco. Comprendo la responsabilidad de que tu nombre esté encima del título. Pero quería enviarle al elenco de *The Rink* la señal clara de que seguía siendo parte del grupo. Tenía que apoyarlos y que ellos, a su vez, me apoyaran a mí. Lo divertido era verlos interpretar sus múltiples roles.

Scott Ellis, por ejemplo, interpretaba a Lucky, un demoledor, un punk y, en travesti, a Sugar. Se la pasó muy bien interpretándola, revoloteando por el escenario en falda y blusa rosadas, perlas y guantes.

En una función, se contoneó con más entusiasmo de la cuenta en uno de mis números. Después, Dolores le envió una nota: «Scott, ésa es la falda más revoltosa de Broadway». A lo que respondió al instante: «¡Cariño, todo lo aprendí de ti!».

Durante otra función, Rob Marshall, que había sido contratado como suplente, iba a salir a escena por primera vez y acompañarme en uno de los sensacionales *jitterbugs* de Grazie. Después de completar una serie de vueltas en cadena, se deslizó por el escenario hacia el final del número y conectó conmigo en el momento y el lugar indebidos. Durante los aplausos le susurré:

—Creo que me fracturaste el dedito del pie.

En efecto, me pasé el resto del mes con el dedito entablillado. Rob se disculpó una docena de veces, estaba seguro de que lo despedirían. No lo despidieron, por supuesto. Era demasiado bueno como bailarín y como persona. Pero desde entonces me he dado el gusto de bromear con él sobre eso.

Nos fue bien en los preestrenos de *The Rink*, pero el público aún quería vernos a Liza y a mí en algo que no fuera ropa de segunda mano. Liza llamó a su amigo Halston y enseguida nos dirigimos a su extravagante estudio para medirnos unos vestidos de lentejuelas rojas para la ovación final. Yo había conocido a Halston a través de Liza después de su breve intervención en *Chicago*. Muy de vez en cuando me los encontraba en alguna *soirée* o fiesta, a veces en Studio 54. Halston me caía muy bien. Era amable, generoso y siempre me invitaba a sus fiestas. Pero no soy un caculo social como cree la gente. A Liza, por el contrario, le encantaba fiestar sin límites y Halston era el acompañante perfecto para eso. Los vestidos de lentejuelas que hizo para *The Rink* eran fantásticos, pero no tenían nada que ver con Anna y Angel. No es que hubieran decidido, después de que bajaba el telón, hacer un doble acto como Roxie y Velma. Pero el cambio de vestuario fue muy atinado. El público se iba extasiado.

Y hablando de extasiarse, en eso era en lo que Liza y yo no coincidíamos. No soy un ángel. Desempeñarse en el mundo del espectáculo conlleva rodearse de alcohol y todo tipo de drogas. Es parte del combo. Me había asomado por primera vez a ese mundo subterráneo en la década de los 50. Luego estuvo la vez que, en la época de *Mr. Wonderful*, fui a la habitación de hotel de mi amiga Jeri donde había un grupo de músicos de *jazz* fumando hierba. Desde entonces, el alcohol es lo que uso para relajarme, aunque nunca he sido una gran bebedora. Digo, ¿se podía decir algo así de alguien que pedía una Tab con un poquito de vodka en un vaso de cerveza? Así como había decidido fumar más por el color de las boquillas que por el placer del tabaco, en materia de alcohol, la estética también determinó mi gusto. Respecto a las drogas, ya era mayor cuando su uso social se volvió algo común. Durante la década de 1970, cuando todo el mundo estaba en modo «enciende, sintoniza, abandona», el mantra era «No confíes en nadie que tenga más de treinta años». Y yo ya estaba pasada de edad.

Sólo recuerdo una vez que tuve un encuentro cercano con las drogas duras. Estaba sentada en una habitación con unos amigos que empezaron a pasarse una droga. Creo que era cocaína o tal vez éxtasis. Dudé, pero ante su insistencia, pensé «¿Por qué no? Sólo esta vez». Al rato estaba paseándome por el salón y diciéndole a todo el mundo:

—¡Los amo tanto! ¡De verdad que quisiera ser como ustedes! —Todo el mundo se rio, así que lo repetí apuntando con el dedo a cada uno—: ¡Quisiera ser tú y tú y tú y tú!

Las drogas no te hacen más inteligente. Lo único que recuerdo después es estar en el baño con una amiga que me sujetaba la cabeza sobre el inodoro. No fue muy divertido, pero fue lo suficientemente revelador como para decir: «No vuelvo a usar eso jamás».

Me preocupaba ser demasiado juzgona cuando la conducta de

Liza se volvió cada vez más difícil de tolerar en *The Rink*. ¿Cómo sería, me preguntaba, tener que estar a la altura —y también escapar— de una leyenda?

—Hasta ahora siempre había evitado interpretar a una hija —me dijo una vez—, por miedo a lo que me pudiera provocar.

No puedo imaginar lo que aceptar el rol de Angel —abusada por un tío, traicionada por sus novios, abandonada por su padre— habrá conjurado en una persona tan sensible como Liza. Y justo en el momento en que también estaba pasando por una decepción en su vida privada.

Los problemas comenzaron después del estreno cuando las reseñas no fueron lo que esperábamos. Los críticos no nos dieron ni un punto extra por el grado de dificultad que conllevaba realizar un musical oscuro y original. No reconocieron la valentía de Liza al interpretar a Angel, lo cual le provocó una profunda decepción. Parecía no haber podido hacerse de una nueva imagen propia y ahora se sentía estancada en un papel subordinado «vestida como una empleada de mantenimiento», según las palabras de un crítico.

Es difícil estar en el lado receptor de cualquier crítica y, más aún, cuando uno ha dado el máximo, como habíamos hecho todos. Freddy y John creían que *The Rink* era todo lo que habían deseado. Cuando el espectáculo no recibió una recepción positiva, a John le importó poco. Le seguía encantando. Pero Freddy tuvo que luchar contra el impulso de írsele en contra. Sentía que nos había decepcionado, lo cual no era en absoluto cierto. Ellos saldrían adelante, como siempre, con agudeza y originalidad. Nosotros nos lamimos las heridas y nos refugiamos en el trabajo. Liza se refugió en otra cosa.

✳

La primera obligación de un actor es estar presente del todo en el escenario. No soporto cuando la mente de un actor está en otro mundo. Podemos percibirlo y el público también. Cuando Liza y yo trabajábamos al máximo en *The Rink*, era mágico. A. J. había logrado emparejar nuestras sensibilidades y fortalezas. El musical despegaba cuando cantábamos a dúo —«The Apple Doesn't Fall», «Don't Ah Ma Me» [«No me digas ah, ma»] y «Wallflower» [«La tímida»]— y era evidente que el público disfrutaba cada segundo. Todos sabíamos lo bueno que podía ser y por eso fue tan triste cuando Liza empezó a fingir o dejó de estar presente. Es decir, si es que llegaba al teatro siquiera.

Mi primer impulso cuando las cosas empiezan a descarrilarse es cerrar la puerta antes de que empeoren. «I Don't Want to Know» [«No quiero saber»], la canción de Jerry Herman de *Dear World* [*Querido mundo*] que canté en *Jerry's Girls*, es una de mis canciones lema. Pero no podía hacer eso esta vez. Veía la falta de cordura, el drama, la locura y no había forma de remediarlo. Tenía que aguantar los golpes y hacer lo que estuviera en mi poder para mantener unida a la compañía y garantizar que el público nunca supiera que faltaba algo. Liza me tenía en vilo. Aunque debo decir en desagravio suyo y mío que no creo que el público se diera cuenta.

En cada función, después de realizar los preparativos de rigor en mi camerino color lavanda, me propuse ir al camerino de Liza, que estaba pintado de rojo. La saludaba y podía hacerme una idea de lo que nos esperaba en las dos horas siguientes. Me repetía una y otra vez que la adicción de Liza a las drogas recetadas y el alcohol era una enfermedad, cosa que ella también había admitido. Pero eso no se puede anunciar en el vestíbulo de un teatro. El público había pagado mucho para vernos y la compañía sabía que *The Rink* había estrenado en un momento difícil para el teatro. La epidemia de VIH/SIDA comenzaba a ganar terreno en la comunidad y todos estábamos devastados por las terribles pérdidas. El novio de Terrence, el director Bobby Drivas, sería uno de los primeros en morir. El teatro se convirtió no sólo en un bastión contra la enfermedad, sino también en un santuario. *La jaula de las locas* propuso un frente valeroso: «La vida empieza hoy». Si tan sólo hubiéramos podido creerlo. Mientras tanto, nuestra obligación era ofrecer al menos un breve escape a los nefastos titulares.

Hubo una matiné de *The Rink* en la cual a Liza se le olvidaban las líneas e intentar seguirla era dar golpes de ciego. Fue entonces que, frustrada, la confronté, como luego recordaría en la entrevista con Liz Smith. Dolores se quedó en el camerino y dejé que Chita lidiara con la situación. Dolores no habría ayudado en nada.

—Esto está fuerte, Liza —dije refiriéndome al peligro al que nos estaba exponiendo a todos en el *show*—. Lo que estás haciendo está fuerte —dije—. ¿Quieres manejarlo? Porque yo no y no voy a hacerlo.

No pude llegarle. Tampoco pudo Freddy, que simpatizaba con ella, ni John, que era menos paciente. Nos sentíamos desamparados como padres de una hija errante, excepto que esa hija tenía su nombre escrito sobre el título y la potencia artística para mantenerlo a flote. La crisis se agudizó cuando Liza empezó a llegar al teatro cinco minutos antes de la función o a no llegar. Cuando Ed Aldridge, nuestro director de escena, anunciaba que Liza no actuaría, el vestíbulo se llenaba de personas que querían que les devolvieran el dinero o les cambiaran el boleto. Una vez, Ed vino a mi camerino a decirme que apenas había unas cuatrocientas personas en la sala del Martin Beck, que tiene más de mil cuatrocientas butacas.

—¿Quieres hacerlo, Cheet, o cancelamos? —preguntó.

No me apetecía seguir adelante con una suplente, a pesar del talento de Lenora Nemetz y luego de Mary Testa. El espectáculo estaba tan bien calibrado entre Liza y yo, que no tenía la misma carga eléctrica sin ella. Llamé a la compañía a mi camerino para preguntarle.

—No hay mucha gente en la sala, pero tenemos a una nueva suplente de Liza, Mary Testa, que nunca ha estado en un ensayo regular —dije—. Podemos salir, pasárnosla bien y darle la oportunidad de agarrar el piso. ¿Qué quieren hacer?

Salimos a escena esa noche y le obsequiamos al público una de las mejores funciones de toda la temporada de *The Rink*. Estuvimos más relajados y graciosos que nunca, y el público de cuatrocientas personas nos hizo una ovación que parecía de mil cuatrocientas.

No puedo pretender decirles que llegué a comprender lo que le pasaba a Liza o cómo remediarlo en aquel momento. No cumplió las últimas dos semanas de su contrato de cinco meses e ingresó en el Centro Betty Ford. Me sentí muy orgullosa de ella. Cuando la prensa me preguntaba sobre el asunto, me limitaba a decir:

—¡Gracias a Dios! Lo que le pasó a Liza le pasa de un modo u otro a más gente de la que somos capaces de imaginar. Lo maravilloso es cuando hacen algo al respecto.

Ahora me pregunto si parte del problema habrá sido que Liza se convirtió en estrella demasiado pronto. No tuvo la oportunidad de pasar por un coro. Eso es clave para absorber la disciplina y las responsabilidades de un actor hacia los creadores de un espectáculo, sus pares y el público. Cuando formamos parte de un conjunto, aprendemos a protegernos unos a otros. Nada es más importante. Es la cortesía que me demostró Shirley MacLaine durante la filmación de *Sweet Charity*; el respeto y profesionalismo entre Gwen y yo en *Chicago*; la camaradería de la compañía de *The Rink*. Eso nunca se da por sentado. Cuando eres miembro de una compañía, nunca estás solo y eso puede ser tremendo consuelo cuando la soledad amenaza con aplastarte el espíritu. El teatro puede ser una droga de iniciación también.

Entreacto

Lisa Mordente: la única Shark-Jet viviente

For nine months I carried you
    under my heart
Oh—for nine months, seldom
    if ever apart
No wonder
I can be annoying, scream
    and fight,
Sometimes I'm no lady,
Yeah you got that right
So the saying is true
Looka you, looka me.
The apple doesn't
    fall very far from
    the tree.
	Durante nueve meses te llevé
	    bajo mi corazón
	Oh, durante nueve meses
	    nunca nos separamos
	No es de extrañar
	Que a veces pueda ponerme
	    pesada, gritar y pelear
	A veces no me comporto
	    como una dama,
	En eso tienes razón
	Pero es cierto lo que dice el
	    refrán
	Mírate y mírame.
	De tal palo, tal astilla.

—«The Apple Doesn't Fall» de *The Rink*, de Fred Ebb y John Kander	—«De tal palo, tal astilla» de *The Rink*, de Fred Ebb y John Kander

❋

Tres de junio de 1984, Gershwin Theatre, Nueva York.

Freddy y John cumplieron su promesa. Me gané un premio Tony por mi papel de Anna en *The Rink*. Mientras Robert Preston leía los nombres de las cuatro nominadas, el corazón se me salía del pecho. Pero cuando anunció mi nombre, me invadió la calma y me puse de pie, recta como una vara. Sentí que mi madre, Katherine, tomó posesión de mí: su elegancia, su dignidad, su belleza. Subí al podio y dije en broma que me habían nominado cuatro veces antes y había perdido.

—Me alegro mucho de haber comprado la falda del vestido este año. Llevo tantos años viniendo y tantos años perdiendo, y no me ha molestado, pero pensaba «¿para qué comprar la falda? Nadie la ve».

El público vio todo el vestido —negro, estilizado y de Halston— y me escuchó agradecerles a las personas que me habían ayudado a llegar a ese momento. Dejé para lo último el tributo a la mujer que merecía ese reconocimiento más que nadie. La noche era de Katherine, que no había vivido para ver *The Rink*. Desde el día en que desbaraté la mesita en la calle Flagler en Washington D. C., el amor de mi madre había sido mi fortaleza, mi guía espiritual, el verdadero premio de mi vida. Sentí que aquel era su último y mejor regalo. Alzando el Tony, dije:

—Ma, ya puedes descansar.

Tan pronto como la orquesta comenzó a tocar para mi salida del escenario, me di cuenta —y me mortificó mucho— que no le había dado las gracias a Liza, mi coestrella. Cometí un error esa noche e intenté subsanarlo en muchas funciones subsiguientes de *The Rink*. A menudo era yo la que salía para la última ovación al terminar la función, pero dejé que Liza fuera la que saliera. Cuando los aplausos empezaban a callarse, le agarraba la mano a Liza y le decía al público que cuando meto la pata, lo hago en grande. Y eso fue todo: una gran metida de pata.

Ese año también fueron nominados para un premio Tony Liza, Grazie, Freddy y John, y Peter Larkin por su maravillosa escenografía. Pero yo fui la única que ganó, así que sentí que ese premio le hacía honor al esfuerzo de toda la compañía. *La jaula de las locas* barrió ese año. Me molestó —le molestó más bien a Dolores— que A. J. y Terrence no fueran nominados por su valeroso trabajo. A principios de 1996, sin embargo, Terrence reiría el último. Después de la nominación y el premio por *El beso de la mujer araña*, Terrence sería nominado otras siete veces y se llevaría el trofeo otras tres. Así son las cosas. Una de las lecciones más importantes de Broadway es muy sencilla: aguanta.

El único inconveniente de ganarme el Tony fue que ya no podría seguir cantando «Losing» en mi acto de cabaret, que siempre había sido uno de los puntos culminantes del espectáculo. En la fiesta después de los Tony, les dije a Freddy y a John que lo echaría de menos.

—No te preocupes, Cheet. Yo puedo cantarlo esta noche.

✳

En enero de 2001, la Drama League me honró en su gala anual. Liza había sido hospitalizada hacía poco en Florida con una encefalitis viral. Fue uno de los muchos problemas de salud que tuvo que enfrentar desde que colaboramos en *The Rink*. Los organizadores del evento me habían informado que ella había enviado un telegrama que leerían en algún momento de la fiesta. Hacia el final del programa, hubo un anuncio sorpresivo:

—Damas y caballeros, la señorita Liza Minnelli.

A su modo callado y heroico, Liza había viajado para leer el telegrama en persona. Luciendo un bellísimo conjunto de terciopelo negro, cruzó el escenario y se acercó al micrófono para decir:

—Chita, cuando cumplí quince años, mi madre me dio un regalo de cumpleaños: fuiste tú en *Bye Bye Birdie* en Broadway. En el escenario del Martin Beck sólo estábamos tú, mamá y yo. Y tú me cambiaste la vida.

Al recordar ese hermoso regalo de Liza, me llega la imagen de Judy en el London Palladium en el verano de 1964. Aquella también fue una aparición sorpresiva de Judy, frágil pero indomable, que había venido a demostrar su apoyo en la gala benéfica de la «Noche de las Cien Estrellas».

Uno de mis momentos favoritos de *The Rink* era cuando Scott Holmes, en el papel de Dino, mi esposo, le cantaba la canción «Blue Crystal» [«Cristal azul»] a nuestra hijita, Angel, interpretada por Kim Hauser. Era sobre una fantasía de ir a la luna a buscar una piedra preciosa —un símbolo de confianza, fortaleza y compasión— para regalársela. A. J. había colocado a Liza en la oscuridad justo detrás de su yo niña para que observara la escena. La inocencia infantil se reflejaba en los rostros de ambas.

En mi discurso al recibir el Tony por *The Rink*, les di las gracias a todas las personas «cuyos rostros había visto alguna vez». Me refería a todos los artistas con quienes había tenido el privilegio de trabajar. Haber podido ver los rostros de Judy y Liza es una doble bendición: Judy por su talento legendario; Liza por su corazón tan grande como la luna.

Cualquiera que haya visto a mi hija, Lisa Mordente, actuar en un escenario sabrá que Freddy estaba tramando algo cuando escribió esa letra. Aun así, yo estaba tan nerviosa como cualquier madre la noche de noviembre de 1978 cuando Lisa hizo su de debut en Broadway en *Platinum*, protagonizada por Alexis Smith. No tenía por qué preocuparme. A los diez minutos de su entrada en escena como una fabulosa estrella de *rock* y vestida con un plumaje de Bob Mackie, suspiré y me dije a mí misma: «¡Se ha adueñado del escenario!». Y cuatro años después, cuando la nominaron para un Tony por *Marlowe*, un musical de *rock* shakespeariano, su padre, Tony, y yo nos sentimos muy emocionados de que Lisa hubiera realizado lo que demostró desde su nacimiento. Esperen. Desde que estaba en el vientre.

A los seis meses de embarazo, yo seguía apareciendo en *West Side Story*. No me habría sorprendido que Lisa hubiera llegado al mundo bailando «América». Unos meses después, su cochecito estaba estacionado tras bastidores todas las noches que actué en *West Side Story* en Londres. A medida que fue creciendo, se sentía en casa en todo el teatro, como por ejemplo en el foso de la orquesta con el director y los músicos, en mi camerino o tras las bambalinas con el equipo técnico. Nunca le faltaron «padrinos» honorarios en mis espectáculos, incluida la gira nacional de *Zorba*, en la cual, a los diez años, se me unió en escena como la niñita de la compañía. A los dieciséis años, apareció en el coro de *Gypsy* y Angela Lansbury la acogió bajo su ala, como lo hizo Alexis Smith años después. Entre tanto, Lisa pudo experimentar la industria en la costa oeste junto con Tony, que ya entonces se había establecido como coreógrafo, director y productor de televisión.

Lisa y yo nunca hablamos mucho de su interés en proseguir una carrera en actuación. Su amor por los animales muy bien pudo encaminarla a una carrera en veterinaria. Entonces, un día, después de su gira con *Gypsy*, me dijo que había recibido una oferta para aparecer en la serie *Viva Valdez* como la hija revoltosa de una familia del este de Los Ángeles. Me alegré por ella, pero lamenté que eso significara que abandonaría sus estudios. Me limité a preguntarle: «¿Te gustaría hacerlo?». Cuando me contestó que sí, Tony y yo decidimos que debíamos enviarla a vivir una temporada con su hermano, Ralph, y su esposa, Marian, en Studio City, California. Ahora me sorprenden los paralelismos entre nuestras vidas. Yo tenía la misma edad que ella cuando hablé con mi madre, Katherine, y le dije que se me había presentado la oportunidad de ir a Nueva York a estudiar en la School of American Ballet. Yo también viví con mi tía y mi tío, pero en el Bronx. El universo te ofrece algo de repente y luego depende de ti. Tienes que organizarte y decir que sí, y tus padres tienen que dejarte ir, por más difícil que sea.

En aquel momento, yo estaba trabajando en *Chicago* en Nueva York, así que sabía que estaba perdiendo a Lisa. Me habría sentido más abandonada si no hubiéramos vivido juntas los seis años anteriores, durante el periodo que viví en Los Ángeles. La oportunidad de pasar más tiempo con Lisa en Los Ángeles aplacó la culpa que creo que debe sentir cualquier actor a quien su trabajo lo mantenga alejado de sus hijos. Esa ansiedad nunca desaparece. Me alegra que Lisa nunca se identificara con lo que llamaba «el síndrome de Carrie Fisher», que podía ser el resultado de que tu madre mantuviera su aura de «estrella», como hizo Debbie Reynolds. Yo no era así. Siempre dejaba mi trabajo al salir del teatro o el estudio y me esforzaba por crear una rutina estructurada para Lisa en nuestro hogar. Fiel al estereotipo, el ritmo de Los Ángeles era mucho más llevadero y había espacio para fiestas en piscinas, barbacoas y largas y apacibles tardes de domingo. Nuestra casa en el tope de Mulholland Drive siempre estaba llena de vecinos y amigos, tanto míos como de Lisa, rebosante de actividad. Freddy Ebb siempre estaba ahí y éramos vecinos de Freddy Curt, mi primera pareja de baile en *Call Me Madam*. El grupo siguió ampliándose para incluir a los coreógrafos Alan Johnson y Graciela Daniele; Joe Tremaine, el estimado maestro de baile; y las actrices Nancy Dussault, Karen Morrow y Marcia Gregg. Marcia era una chismosa divertidísima, así que, por supuesto, todo el mundo quería sentarse a su lado. Yvonne Othon, quien había estado en el elenco de *West Side Story* que viajó a Londres y después en la película, también era parte de nuestro grupo. En la década de 1960, «Vonny», como solíamos llamarla, se cambió el apellido a Wilder. Fue una decisión acertada porque, nacida en el Bronx y descendiente de puertorriqueños y cubanos, era una mujer graciosísima. Liza Minnelli también le añadía mucho brillo al grupo.

A pesar de que se llevaban doce años, Liza y Lisa se hicieron buenas amigas desde que se conocieron en 1969 durante la temporada de *Zorba*. Tenían mucho en común: como mínimo, ambas eran hijas de celebridades. Salían de paseo con Lorna Luft y alimentaban entre sí su energía infatigable. Escuchaban discos, hacían coreografías y veían episodios de *Star Trek*. Liza fue la madrina de bodas cuando Lisa se casó con Donnie Kehr, un actor al que conoció cuando trabajaba de asistente de Wayne Cilento en el musical de Broadway *The Who's Tommy* [*Tommy de The Who*]. La compañía de Liza fue un salvavidas para Lisa, que reemplazó a sus «amiguitas» de la escuela —Tracy, Julia, Susan y Lynn— a las cuales tuvo que dejar atrás cuando se unió al elenco de *Viva Valdez* y después de *Welcome Back, Kotter* [*Bienvenido de vuelta, Kotter*].

Lisa y yo nos reuniríamos más adelante en Nueva York cuando la contrataron en *Platinum*. Acababa de cumplir veinte años. En aquella época, Nueva York era un lugar de fiestas nocturnas que se extendían hasta el amanecer, que se nutrían de la energía inagotable de la ciudad y el mundo de las drogas en torno a clubes como Studio 54. Yo participaba de esa energía sólo de vez en cuando. Cuando una está trabajando en un espectáculo como *Chicago*, lo único que desea después de la función es ir a casa y darse un baño tibio. Muchos de mis amigos, entre ellos Liza y Halston, fiestaban hasta altas horas de la madrugada y a menudo se llevaban a Lisa con ellos. A mí me preocupaba que Lisa se desarrollara en ese ambiente. Después de todo, ella era mitad puertorriqueña, mitad italiana, en parte Shark y en parte Jet. Como sus padres, siempre demostró una vena feroz e independiente. La Bruja del *show* de Stephen Sondheim *Into the Woods* [*Dentro del bosque*] expresa el temor de toda madre en la canción «Stay with Me» [«Quédate conmigo»]: *Don't you know what's out there in the world? / Someone has to shield you from the world...* [¿*No sabes lo que hay allá afuera en el mundo? / Alguien tiene que protegerte del mundo...*].

Yo había aprendido a tejer mientras vivía en California. Noté que, cada vez que Lisa salía de noche, los puntos me quedaban más y más apretados. Así que, en un momento dado, decidí escribirles una carta a Liza y Halston para pedirles que cuidaran de mi hija. Si se iba a ir de parranda por la ciudad con ellos, yo esperaba que ellos se aseguraran de que no se metiera en situaciones escabrosas. Me aseguraron que lo harían y mantuvieron su promesa. Lisa, por su parte, se enfureció.

—Mamá, ¡no puedes hacer responsable a la gente de mí! ¡No soy una niña! —me dijo—. Si hay alguna experiencia por la cual tenga que pasar y no lo hago por culpa de esa carta, ¡entonces la has fastidiado!

Cuando me convertía en mamá gallina, Lisa me llamaba «hermanita Mary Chita». Ése era su equivalente del apodo que me había puesto Freddy Ebb, «señorita Blanca Paloma». Pero cuando se trata de los hijos, es mejor precaver que tener que lamentar. Años después, esas escenas entre nosotras no habrían estado fuera de lugar en The Rink. Ahí estaba yo, interpretando a Anna, la madre de la rebelde Angel, interpretada por Liza Minnelli, hija de Judy Garland y amiga íntima de mi hija rebelde. Puede que eso tuviera algo que ver, pero si fue así, yo no era consciente de ello. Interpretar a Anna me enseñó que toda madre quiere ser perfecta, pero todas nos quedamos cortas, no importa cuánto nos esforcemos. En cuanto a los hijos, llega el momento en que su resentimiento hacia nosotras prescribe. Pero hasta entonces, no nos queda más remedio que esperar.

Cuando me pusieron a Lisa recién nacida en los brazos, me di cuenta de que no le pertenecía a nadie más que a sí misma. Pero Tony le dio las agallas para cantarle las verdades a la gente, en especial en la industria a la que había estado expuesta desde que nació. Lisa dice que yo le inculqué, sobre todo mediante el ejemplo, un feminismo para enfrentarse al mundo de los hombres en sus propios términos. De todos mis roles, el favorito de Lisa es Rosie en Bye Bye Birdie. Le gusta la capacidad de Rosie de encontrar soluciones mientras el resto de la gente está corriendo como gallina sin cabeza. A Lisa también le encanta el hecho de que Rosie puede mantenerse impasible mientras canta «How to Kill a Man». Después de todo, Lisa fue la que acuñó la frase «cuando a mami le sale lo de puertorriqueña» cada vez que la regañaba. En verdad le gusta más esa versión de su madre que la de la hermanita Mary Chita.

Nunca me he sentido más orgullosa de Lisa que cuando decidió interpretar a Anita en West Side Story en el Burt Reynolds Dinner Theatre en Jupiter, Florida. Salió con Burt durante un tiempo y coreografió The End [El fin], una comedia truculenta que Burt dirigió y protagonizó. Cuando le sugirió que interpretara a Anita en la nueva puesta en escena, se negó de entrada. Pero luego Burt le doró la píldora diciéndole que le pediría a Tony que la dirigiera y coreografiara usando los bailes originales de Jerome Robbins. Cuando me contó de la oferta que le había hecho Burt, me limité a preguntarle: «¿De verdad quieres hacerlo?».

Algo que a Lisa y a mí nos gusta hacer es reír a carcajadas viendo vídeos de TikTok donde la gente asusta a otra. Pero pocas cosas deben haberle infundido más temor que interpretar a Anita. ¡Qué maravillosa es la vida! Sentada en mi butaca en el teatro de Burt, esperando a que comenzara la función, no podía dejar de pensar que yo la había cargado en mi vientre durante dos trimestres mientras interpretaba el papel en el que ahora iba a verla. Debo admitir que fue un poco extraño, como sentarse en la silla del dentista sin que te saquen un diente. Pero Lisa le dio al papel su toque único desde el primer acorde hasta el final. Después de la función, Tony y yo estábamos henchidos de orgullo en su camerino.

Cuando nos abrazamos, Lisa me preguntó si tenía alguna crítica.

—Ni una —dije y le recordé que yo aceptaba sus críticas mejor de lo que ella aceptaba las mías. Me recordó que una vez, cuando me «salió lo de puertorriqueña» con ella, le dije: «¡Serás una mujer maravillosa si te dejo vivir pasados los quince años!».

Lisa tenía entonces veinticinco años. Yo la había dejado vivir pasados los quince años. Y la vida me dio la razón.

Se había convertido en una mujer maravillosa.

Entreacto

Ver a Dios al ritmo latino de *Latin Rhythms*

E lla no habla con acento?

Eso fue lo que Meredith Willson, el famoso compositor de *The Music Man*, le preguntó sobre mí a Edwin Lester, el productor de la costa oeste. Estaban en el proceso de seleccionar al elenco del nuevo espectáculo de Wilson, *1949*, sobre Cristóbal Colón, y me estaban considerando para el papel de Beatriz, la amante española del explorador. Me quedé estupefacta cuando mi agente, Dick Seff, me contó la conversación. Corría el año 1969 y cualquiera hubiera pensado que Willson sería un poco más listo. ¿No se daba cuenta de que el hecho de que alguien tuviera un nombre español no significaba que hablara como alguien que acaba de bajarse de un barco proveniente de Veracruz?

Como latina, de vez en cuando me topaba con nociones estereotípicas como las de Willson, aunque menos que Rita Moreno en Hollywood. El teatro, a diferencia del mundo del cine, era más flexible en cuestiones étnicas en aquel momento. Además, yo no iba a permitir que me encasillaran de ese modo. Quería que me consideraran para una gama de roles y casi siempre lo lograba.

Cuando interpretaba roles de latinas, como es natural, me enfurecía que mis personajes fueran objeto de clichés raciales. Al interpretar a Anita en *West Side Story*, me encogía cada vez que los Jets me llamaban «spic», «la puerca de Bernardo» y «boca de ajo». Pero esos intercambios eran centrales a los prejuicios que el libreto de Arthur Laurent quería exponer.

En *Bye Bye Birdie*, en el papel de Rosie Alvarez, tuve que soportar la hostilidad de la madre de Albert, Mae, que se manifestaba en sus comentarios prejuiciados. En pocas palabras, no me consideraba digna de su hijo. Me dieron la canción «Spanish Rose» para burlarse de la actitud de Mae respecto a lo que significaba ser una Alvarez. No me gustaba el número. Me parecía estúpido e indigno de Rosie. Pero otra parte de mi cerebro pensaba: «Bueno, tiene que ser estúpido porque es mi respuesta a una mujer muy estúpida». Logré encontrar un modo de hacer mía la canción. El problema era que, en aquel momento, los personajes latinos no sólo eran pocos y esporádicos, sino que también estaban escritos casi exclusivamente por no latinos. Era una cuestión cultural. Mientras escribían *West Side Story*, Arthur, Lenny y Steve eran conscientes de esa discrepancia y respetaban la cultura. El equipo creativo de *Bye Bye Birdie* decidió explotar esa tensión entre Mae y Rosie mediante la sátira. Mi papel era dejar claro que yo no iba a permitirle a Mae que me insultara. Decidí combatir fuego con fuego.

En *Chicago*, a Velma Kelly nunca la identificaron como latina cuando llegamos a Broadway. Pero durante los preestrenos en Filadelfia, el libreto pedía que Roxie lanzara una serie de comentarios prejuiciados contra ella. En una escena, llama a Velma «spic» e insiste en que lo más probable es que sólo coma enchiladas y tacos. Uno de los clichés más sutiles es cuando Roxie dice «Encuentro que las personas de origen español son muy celosas, ¿tú no? Debe ser el clima caluroso y todos esos plátanos». Yo puedo ser tan celosa como cualquiera, pero no creo que sea por los plátanos. Y puedo ser tan complaciente como cualquier actriz y por lo menos intentar decir lo que aparecía en el libreto en el que habían colaborado Bobby y Freddy. Pero los insultos de Roxie no me cayeron nada bien. Me parecieron innecesarios. Había muchas otras formas no racistas de expresar la rivalidad entre Roxie y Velma. Me alegré de que se eliminaran esas referencias antes de que llegáramos a Nueva York.

Por fin, a través de Aurora en *El beso de la mujer araña*, basada en la novela argentina de Manuel Puig, pude disfrutar y celebrar mis raíces con el sabor latino de la música de John Kander y los bailes ardientes de Rob Marshall, en especial, «Gimme Love» [«Dame amor»] y «Where You Are» [«Donde estás»]. Puesto que Fred Ebb y Terrence McNally habían escrito *El beso*, la cultura latina seguía siendo vista a través de un lente no latino. De hecho, aún faltaba mucho para *In the Heights* de Lin-Manuel Miranda y *On Your Feet!* de Gloria Estefan, de modo que Broadway nunca había tenido la oportunidad de ver a nuestra gente presentada de una forma auténtica a través del canto y el baile. Después, en 2022, Richard Amaro concibió la idea de *An Evening of Latin Rhythms* [*Una noche de ritmos latinos*] para mostrar el talento latino y para recaudar fondos para Broadway Cares/Equity Fights AIDS. Richard me pidió que fuera la protagonista y presentadora de una serie de espectáculos en el B. B. King Blues Club and Grill en Times Square.

Richard, de padre cubano y madre puertorriqueña, nació en Nueva York y se crio en Miami. Decía que la idea se le había ocurrido mientras bailábamos en un club de salsa en Dallas. Estábamos al final de la gira nacional de *El beso de la mujer araña* cuando unos miembros del elenco decidieron irse de fiesta por la ciudad. Nos hallamos en un bar latino que estaba muy de moda y aterrizamos en la pista de baile al ritmo cadencioso de los vientos y los tambores. Me transportó a mis primeros años en el Palladium donde bailábamos al son de los dos Titos: Puente y Rodríguez.

—Cheet, ¡parece que te la estás pasando muy bien! —dijo Richard.

—¡Sí! —le contesté empapada en sudor—. Cuando bailamos al ritmo de la música latina, Richard, ¡es como ver a Dios!

Richard fue uno de los muchos hombres latinos que participaron en mi acto de cabaret desde su inicio. Otro de mis chicos era Sergio Trujillo, un fantástico bailarín que luego se convirtió en un coreógrafo maravilloso. En 1997, para el show *Chita and All That Jazz* [*Chita y todo ese jazz*] le pedí a Sergio que coreografiara el número «Ran Kan Kan», que Tito Puente había popularizado. Me esforcé por aprenderme los pasos a la perfección practicando en casa una y otra vez. Cuando bailas salsa puedes esperar que los puristas estén pendientes de si das un mal paso. Otro clásico de mi acto ha sido «La bamba», un gran éxito de Ritchie Valens en la década de los 50. Yo interpretaba el número con una maraca en una mano y un plátano en la otra (puede que Roxie se trajera algo entre manos, después de todo). Una vez nos quedamos pasmados cuando, antes de comenzar una función, uno de los chicos se había comido la pieza de utilería sin darse cuenta.

Latin Rhythms [*Ritmos latinos*] se concibió para mostrarle a Broadway lo que los latinos eran capaces de hacer cantando y bailando de una forma auténtica. Richard, como productor y director, junto con Ariadne Villareal, querían recrear esas noches legendarias en el Palladium. «The real deal» [«Lo auténtico»], en sus propias palabras. Con ese fin, trajo a la única persona asociada para siempre con esa era, Ray Santos, ganador de un Grammy, que hizo los arreglos y dirigió la orquesta esa noche. Además, compuso un impresionante elenco en el que participaron varios veteranos de Broadway: Raúl Esparza, Daphne Rubin-Vega, Rosie

Perez, Andrea Burns y Natalie Toro, entre otros. También se unieron algunos chicos de mi acto, entre ellos Richard Montoya, Raymond del Barrio y Lloyd Culbreath.

Vimos a Dios esa noche, así como en las funciones subsiguientes de *Latin Rhythms*. La libertad que reinaba en la pista de baile era embriagante. Representaba un giro de ciento ochenta grados respecto a «Spanish Rose» y Broadway; no se veía un burrito por ninguna parte y yo no tenía que llevar una flor entre los dientes. Richard y yo bailamos un «Ran Kan Kan» enloquecido y yo canté «Our Love is Here to Stay» [«Nuestro amor ha llegado para quedarse»] al ritmo de bolero. Uno de los momentos culminantes fue cuando Augie y Margo Rodriguez, el legendario dúo de bailarines de mambo, se apoderó de la pista. Yo era muy joven cuando los conocí en el Palladium. Y ahí estaban, más de medio siglo después, demostrándonos que el tiempo no había disminuido su energía ni su compromiso.

Mambo, salsa, merengue, cha-cha, samba, conga. Éramos libres de hacer que todos los que no era latinos en el público quisieran serlo. En una función, un reportero me preguntó si alguna vez me entraron ganas de «estallar» en uno de mis espectáculos de Broadway para expresar lo que acababa de demostrar en la pista de baile. La pregunta me desconcertó un poco. Respondí que a veces me había sentido tentada. Pero en el *ballet* se espera que ejecutes lo que te piden sin desviarte. Como actriz de teatro musical, tienes la obligación de seguir al coreógrafo. Le dije al reportero que yo tenía la suerte de contar con un acto de cabaret para «estallar».

Por esa razón, presentar el acto en Puerto Rico resultó tan placentero. En mis presentaciones en el Caribe Hilton, el Club Tropicoro y el Centro de Bellas Artes Luis A. Ferré, sentí una conexión especial con el público. ¿Cómo podría ser de otro modo? Que a uno «le salga lo de puertorriqueño» no significa sólo tener un arranque explosivo, aunque sin duda puede serlo. También significa un amor sin condiciones hacia la familia, con todos sus defectos, un amor por el país, con todos sus defectos y un orgullo genuino, expresado en la bandera de Puerto Rico.

Mi hermano Hoolie nos acompañaba a mis bailarines y a mí en esos viajes y capturaba con la cámara la exuberancia de nuestros intercambios con el público. Nos acogían en su corazón y nosotros los acogíamos en los nuestros. Los edificios temblaban, en su sentido literal, con el torrente de energía que corría por el salón. Me sentí tan conmovida por los isleños que compré un apartamento en Palmas del Mar en Humacao. Allí pasé algunos de los años más felices de mi vida.

Ojalá tuviera ese apartamento todavía. Podría flotar por horas en el afecto que encontraba cada vez que iba a trabajar o de vacaciones a la isla. De vez en cuando, me invitaban a hablarles a los estudiantes de las escuelas primarias del área y las respuestas de esos niños y niñas me conmovían y deleitaban. La música parecía emanar de todas partes; de las casas pintadas en colores pastel, los restaurantes, los clubes, incluso de las escuelas y las iglesias decoradas. La isla, como esas noches de *Latin Rhythms*, alimentaba el alma, liberaba el espíritu y latía con el ritmo de la vida.

No en balde me hizo quien soy.

17

¿YA HAS LLORADO?

Una de las chicas de Jerry sufre un imprevisto

Chita, te has hecho un daño increíble —dijo el doctor John Carmody cuando vio la radiografía—. Tienes fracturas abiertas: la tibia y la fíbula de la pierna izquierda. Te realizaremos una cirugía correctiva cuanto antes.

Un bailarín escucha la palabra «fractura» y lo primero que piensa es en el «fin». Pero yo no iba a permitírmelo. No podía.

—¿Cuánto tardará la recuperación? —pregunté preparándome para la respuesta.

—Chita, dependerá de ti —dijo en esa voz calmada y reconfortante que siempre usan los doctores.

Fijé la vista en el doctor Carmody, el cirujano ortopeda del Lenox Hill Hospital. Tenía un rostro redondo y amable y un bigote de morsa que parecía un escobillón. Sentí que me decía la verdad. Me parecía escuchar la voz de Doris Jones, mi primera maestra de danza: «Tienes agallas, Dolores —decía—. Eso te hará capaz de superarlo todo».

—Okey —dije—. Manos a la obra.

✳

¿Qué es lo que se dice del mes de abril? ¿Que es el «mes más cruel»? Ése fue el caso cuando, el 6 de abril de 1968, mi Datsun 280Z fue impactado por un taxi que estaba haciendo un viraje en U en el Upper West Side de Manhattan. El accidente ocurrió cerca de la medianoche. Yo me había ofrecido para llevar a mi novio, Bob Fehribach, y a Gail Ricketts, el chofer de Liza Minnelli, a sus apartamentos. Un grupo acababa de cenar en Curtain Up, el restaurante teatral de mi querido amigo Bob Nahas. Estábamos celebrando el fin de una semana de funciones de *Jerry's Girls*, una revista musical de Broadway con las canciones de Jerry Herman en la que yo aparecía con Leslie Uggams y Dorothy Loudon. Después de llevar a Bob y a Gail, mi plan era regresar a casa, una granja histórica en Westchester. Esperaba pasar un día de descanso tranquilo. Eso no ocurriría.

Cuando escuché el sonido del metal y los cristales desbaratados, recuerdo mirar por la ventana rota el rostro de terror del joven taxista coreanoestadounidense que me había impactado. Como la culpa había sido mía, sentí la necesidad de consolarlo.

—Lo siento muchísimo —dije—. No te vi.

De hecho, le pedí disculpas a todo el mundo. Me mantuve serena. Gail y Bobby me aseguraban que estaban bien, aparte de unos golpes y heridas superficiales. Estaban más preocupados por mí. Les dije que estaba bien, aunque tenía la pierna izquierda, que había recibido el mayor impacto, en un ángulo extraño sobre la pierna derecha.

Un policía miró dentro de automóvil y dijo:

—Señora, quédese tranquila hasta que llegue la ambulancia. Y no mueva la pierna.

Miré hacia abajo y vi una extremidad sangrienta, inflamada y dislocada. Contrario al sentido común, la moví. (¡Bien, Chita!). Llámenlo un reflejo de bailarina. Quería saber el daño que había sufrido la pierna. Es el temor que experimentan todos los bailarines, todas las personas que trabajan con su cuerpo, desde el instante en que saben que su cuerpo será la expresión de quienes son. Hasta entonces, había sido muy afortunada. Un estirón de un músculo aquí, un ligamento rasgado allá. Sólo sufrí una conmoción cerebral en un baile y pensé que al menos había quedado demostrado que tenía cerebro. La pantera de *Merlín* casi me arranca una uña. Pero esto era otra cosa.

No recuerdo bien lo que pasó esa noche. Bob Nahas llegó del restaurante en lo que pareció apenas unos minutos y me pregunté cómo se había enterado tan pronto. Me dijo que Gail lo había llamado y que luego él llamó a mi hermano Armando. La ambulancia llegó enseguida y el policía me preguntó a dónde quería que me llevaran.

—A Lenox Hill con el doctor John Carmody —dije.

El doctor Carmody me había operado la rodilla el año anterior. Bob Fehribach fue conmigo en la ambulancia. De pronto pensé en *Jerry's Girls*. Le pedí a Bob que se asegurara de llamar a Shirley Herz, la publicista.

—Dile que tuve un accidente y que no podré estar en la función del martes —dije. ¿El martes? ¿Y si no puedo regresar nunca?

Me enteré de otro detalle irónico de la noche después, entre los cientos de telegramas y tarjetas que recibí de personas que me deseaban una pronta recuperación. La prensa se enteró de que uno de los que viajaban conmigo era Gail Ricketts, un chofer. Un telegrama de un amigo muy ocurrente leía: «Chita, la próxima vez que vayas con chofer en el auto, ¡deja que conduzca!».

Necesitaba de todo el optimismo que pudiera recabar, así que me ayudó que, antes del accidente, estuviera trabajando en el musical más alegre que había hecho hasta entonces: *Jerry's Girls*. El espectáculo había sido escrito por Jerry Herman, el compositor boyante de rostro infantil que había creado éxitos como *Mame, Hello, Dolly!* y *La jaula de las locas*; Larry Alford lo dirigía. La coreografía era de Wayne Cilento, que había sido uno de los chicos de mi acto de cabaret y entonces se estaba forjando una carrera de coreógrafo muy bien cotizado. Después llegaría a las estrellas con *Wicked*.

Yo compartía el escenario con Leslie Uggams, quien se había labrado una brillante carrera musical y se había ganado un Tony por su debut en Broadway con *Hallelujah, Baby!* [¡*Aleluya, bebé!*], y Dorothy Loudon, que era una de las actrices más graciosas con las que había trabajado. Fue aclamada y se ganó un Tony por su interpretación de la malvada borrachina señorita Hannigan en *Annie*, pero había comenzado su carrera en comedias fuera de Broadway. Trabajar con Dorothy me llevó a mis días de *Shoestring Revue* de Ben Bagley. Al igual que Bea Arthur y Arte Johnson en aquel espectáculo, a Dorothy no podía importarle menos que el público la amara o la encontrara graciosa. Por eso mismo, era espontánea, pícara y graciosísima.

En un solo en *Jerry's Girls*, Dorothy juguetea alrededor de un piano de cola, fingiendo (o tal vez no) beber de un vaso de vodka colocado encima del piano. Al lado del vaso había colocado una pecera con un letrero que decía «Kitty» [«Gatito»]. Después empezaba a tocar los primeros acordes de «Hello, Dolly!», la tonada más conocida de Jerry. Después de tocar un par de acordes, miraba hacia el público, arrugaba ese rostro elástico que tenía y gruñía:

—¡Detesto esta canción! —El público rugía.

La ligereza de *Jerry's Girls* me resultó refrescante después de la oscuridad de *The Rink*. En ese último no tenía más que un vestido, comparado con las docenas de glamurosos atuendos adornados con lentejuelas diseñados por Flossie Klotz que había en nuestros camerinos en el St. James Theatre. Sin embargo, mi favorito era el sencillo esmoquin de hombre que me ponía para cantar «I Am What I Am» [«Soy lo que soy»] de *La jaula de las locas*. Ya entonces la canción se había convertido en un himno de la comunidad gay. Dado que muchos amigos estaban sufriendo por el VIH/SIDA, las canciones de desafío e indomabilidad nos parecían más oportunas que nunca.

El espectáculo tenía también una especie de maldición. Justo antes del estreno, Dorothy se fracturó un pie con una pieza de la escenografía en uno de sus velocísimos cambios de vestuario. Eso retrasó el estreno un par de semanas. Y ahora era yo la que me había metido en problemas.

Los productores de *Jerry's Girls* juraron que el espectáculo continuaría sin mí. Anunciaron que las siete suplentes del espectáculo me sustituirían. Sobre el director de escena citan lo siguiente: «La reacción inicial fue: "¡Pobre Chita!". La siguiente: "Okey, ¡tenemos un espectáculo que presentar! Mañana [a las chicas nuevas] ensayo"». La prensa resaltó el hecho de que hacían falta siete mujeres para reemplazarme. Yo pude haberme permitido una sonrisa autocongratulatoria ante la noticia. Pero tenía otras cosas en la cabeza.

¿Volvería a bailar alguna vez?

Le tomé la palabra al doctor Carmody. Dependía de mí. Después de dos cirugías, en las cuales me colocaron dos placas de metal y doce tornillos en la pierna, me pusieron un yeso enorme y me dieron de alta. Les agradecí a los doctores y enfermeras de Lenox Hill su cuidado extraordinario. Hubo una ocasión en que me sentí menos deprimida cuando un enfermero guapo, al mirar mi expediente médico dijo:

—Usted no parece de esa edad.

—¡Vuelve a mirar! —le respondí al instante.

Ya en casa, me asaltaron las dudas de todo bailarín cuando se enfrenta al pavoroso tema de la vida después del baile. Me tranquilizaba contar con un par de roles no musicales, incluidos *Father's Day* de Oliver Hailey y *La rosa tatuada* de Tennessee Williams. Me dije a mí misma «Chita, puedes convertirte en la actriz dramática más solicitada de Broadway».

Pero no estaba lista para «sólo hablar». Aún no. Sabía que estaba en una batalla contra mí misma cada vez que miraba la bicicleta de ejercicio y la máquina de remo al lado de la cama. No me daban ganas de montarme en ninguna hasta que me recordaba que a los cinco minutos de estar haciendo ejercicio me alegraría de haber empezado. A veces el dolor era tan insoportable que llegaba al techo y empezaba a gritar para que alguien me bajara. Dolores soltaba una retahíla de maldiciones, pero mi entrenamiento en la danza ganó. La consigna era: «¡Sólo haz lo que te ordenen, Chita!».

La tristeza no me queda muy bien, así que me concentraba en dar un paso a la vez, sin importar cuánto me tomara hacerlo. A la brigada de ángeles que siempre me ha acompañado a lo largo de mi vida se unió otro: mi terapista físico Armando Zetina. Mi recuperación requería un régimen diario de ejercicios y dos visitas semanales al «terapista muscular», Armando. Era un latino amigable al que le gustaba bromear. Yo trataba de disuadirlo porque me dolía cuando me reía.

—Qué bueno que estabas en tan buena forma cuando ocurrió esto —dijo—. Lo superarás mucho antes por esa razón.

Cuando llevábamos un mes de terapias, Armando preguntó:

—¿Has llorado ya?

Me sorprendió la pregunta. Aparte de las lágrimas de dolor que me hacían llegar al techo, la respuesta era «No». A la mañana siguiente, al salir de la ducha con el yeso envuelto en plástico, me di cuenta: «¡Coño, me rompí la pierna!». Y por primera vez lloré como un bebé. Eso me hizo sentir muy, muy bien.

Los bailarines ven sus cuerpos como máquinas; digamos que como un automóvil, si la comparación no les resulta familiar. Así que, a partir de ese momento, sólo fue cuestión de escuchar el progreso de «las personitas». La recuperación de la pierna fue como si un millón de personitas estuvieran dando martillazos mientras las venas iban regresando a su lugar. Okey, si les parece descabellado, échenle la culpa a Dolores.

Dos meses después del accidente, en junio de ese año, llegaron los Premios Tony, la gran noche de Broadway. No recuerdo bien cómo pasó, pero sé que quise aparecer en el escenario en la ceremonia. Es muy fácil que te borren cuando pasa algo así («¡Ay, pobre Chita!»). Sentí la necesidad de demostrarle a la comunidad teatral que seguía vivita y coleando —o que lo estaría si los planetas se alineaban y si Dios era bueno—. El año anterior, en los Tony, había bailado a tope en un hermoso vestido rojo cantando «Buenos Aires» de *Evita*. El destino dictaba que este año me sacarían en un carrito al escenario, apuntaría al yeso que tenía en la pierna izquierda y diría:

—Cuando a una le ponen un árbol en la pierna, ¡tiene que lucirlo!

Con el tiempo la pierna se liberó del «árbol», gracias a Dios. Ese otoño, en la gala benéfica anual del Lenox Hill Hospital, tuve el honor de recibir el primer Premio a la Artista del Año. Larry Kert, Leslie Uggams y Dorothy Loudon, entre otros, estuvieron ahí para hacer su magia especial. Y recibí el premio de manos de Jerry Robbins en representación de todos los maestros maravillosos a los que les debía mi recuperación. Claro que el salón estaba lleno de doctores, incluido el doctor Carmody y algunos de los chicos más guapos de Nueva York. Eran una cura en sí mismos. Dos palabritas de consejo por si alguna vez se hallan en una ambulancia y están conscientes: «Lenox Hill».

Dorothy apareció en el escenario con una banda que decía «Miss Puerto Rico 1949» y procedió a darme el premio Miss Simpatía, de finalista, sin duda, después de ella que era tan simpática. También trajo una muñequita de acción de Chita Rivera a la que se puso a hacerle cosas provocando que el público, acostumbrado a lidiar con huesos y cartílagos rotos, se desternillara de la risa. ¡Daría cualquier cosa por tener esa muñeca!

Al cabo de meses de terapia física, de leer libros y tejer —llegué a hacerlo muy bien— mi hermano Armando me llamó para decirme que me habían ofrecido el papel protagónico de La Môme Pistache en una versión rodante de *Can-Can*. El plan era comenzar la gira por Japón y luego continuar en los Estados Unidos. El musical, dirigido por Dallett Norris y coreografiado por mi amigo Alan Johnson contaría con la participación de las Rockettes, las bellezas esculturales del Radio City Music Hall. Sin detenerme a pensar que iban a recrear la coreografía de Michael Kidd, una de las más difíciles del teatro musical, dije «Sí».

Estaba lista.

—Vas a estar bien —me dijo Gary Chryst, bailarín y buen amigo—. Pero Chita, prepárate. Va a ser diferente.

Gary tenía razón. Se sentía diferente. Para empezar, el accidente había sido humillante. Pensé que me hacía una persona más interesante, si eso tiene sentido. Luego, sabía que habría limitaciones. Un bailarín siempre quiere dar el doscientos por ciento. Ahora era posible que no pudiera dar ni el cien por ciento. Y, maldita sea, ¡cómo me dolía hacer las rutinas! Cuando Alan me dijo que ajustaría los bailes a mi nueva realidad, no me negué.

—Puedo hacerte dos *splits*, Alan. Por favor, no me pidas una voltereta.

Adelantemos la película hasta la noche de los Premios Tony el 6 de junio de 1993. Ben Vereen está en el podio anunciando las nominaciones para el Premio a la Mejor Actriz Principal en un Musical. Me han nominado por *El beso de la mujer araña*. Al leer el nombre de la ganadora, dice:

—Y el premio es para... una mujer que amo mucho y que me envió mi primer telegrama cuando estaba enfermo en el hospital, ¡Chita Rivera!

En 1992, Ben había sufrido heridas de gravedad cuando un automóvil lo atropelló mientras caminaba por el borde de la Pacific Coast Highway. Logró recuperarse después de meses y meses de la misma terapia física que yo había tenido que hacer años antes. Nos abrazamos y nos miramos con la complicidad de dos bailarines que podían sentir en sus propios huesos «Dios, qué suerte tenemos de estar aquí, de pie».

Ese Tony fue una vindicación de todos mis esfuerzos en *El beso de la mujer araña*. También lo fue el Premio a la Artista del Año que me dio el Lenox Hill Hospital. Pero les diré lo que atesoro como el «premio» más importante de toda esa aventura: por más de tres décadas, cada año, el 23 de enero suena el teléfono y escucho un acordeón tocar «Feliz cumpleaños». Es mi terapista físico, Armando Zetina, para felicitarme por otro año. No dice mucho. Sólo toca el acordeón. Cuando intento decirle lo agradecida que les estoy a él y a todas las personas que me ayudaron en aquel momento, me interrumpe. Es demasiado modesto para escuchar mis halagos.

Así que escucho, sonrío y me digo a mí misma: «¡Chita, cállate y baila!».

18

ATREVERSE, ENFRENTAR LOS MIEDOS

El beso de la mujer araña

Cuando vine a Nueva York a estudiar en la School of American Ballet, viví en el Bronx en la avenida Intervale con el hermano de mi padre, tío Luciano, y su esposa, tía Rita. Luciano era un hombre muy trabajador que salía de su casa cada día para ir a trabajar a Nueva Jersey. Tía Rita era una psíquica que hablaba en lenguas. A mis hermanos, Armando y Hoolie, les encantaba visitarla no sólo porque era una gran cocinera de comida puertorriqueña, sino también porque sus vibras paranormales eran muy entretenidas. Yo les agradecía a mi tío y a mi tía que me hubieran dado un hogar en la ciudad, pero tía Rita me asustaba cuando se ponía en trance y empezaba a balbucir. De adolescente, me hacía temblar.

Una noche en casa, me había sentado en una mecedora en el salón, después de una cena de arroz con gandules, pasteles y tostones. Tía Rita de pronto interrumpió la calma y entró en un trance. Yo no podía entender lo que decía, pero tío Luciano, que estaba acostumbrado a sus intensas experiencias religiosas, tradujo.

—Ve a alguien de pie al lado derecho de tu silla —dijo.

—¿Quién? —pregunté fascinada.

—Es tu padre, Pedro Julio —respondió—. Está diciendo algo.

—¿Qué? —pregunté.

—Dice que se alegra de que nos hayas encontrado y de que estés viviendo aquí —respondió, lloroso ante la aparición de su hermano. Luego, después de una pausa, añadió—: Dice que estás demasiado obsesionada con la muerte.

Era cierto. Sentía una fascinación por el más allá desde que tenía siete años y regresé a casa de la escuela para hallar a mi madre, Katherine, y a mi abuela, Sallie, llorando.

—Tu padre se fue —había dicho mi madre abrazándome. ¿Se fue? Pensé. ¿Cómo puede ser? Había estado sentado a la mesa en su traje de chaqueta blanco y su corbata, vibrante, sonriente, bromeando con nosotros. ¿Y ahora se había ido? ¿A dónde había ido? Era un enigma sin solución. Pero no podía sacármelo de la cabeza. En aquel momento, lo único que veía era a dos mujeres llorando ante la pérdida, recomponiéndose y decididas a seguir adelante como pudieran.

Pero el misterio permaneció conmigo, a lo largo de mi juventud con tío Luciano y tía Rita, a lo largo de mis décadas en Broadway y hasta el sol de hoy. ¿Qué es la muerte? ¿El sueño eterno, como la llamó el escritor de novelas policiacas Raymond Chandler? ¿«Aquel país desconocido de cuyos límites ningún caminante torna» como la llamó Shakespeare? ¿O la vida eterna con Dios y los ángeles según la promesa de mi fe católica? Si esas preguntas eran excesivas para los grandes filósofos y pensadores, imagínense lo poco que yo podía comprender de algo que tocó mi vida de un modo tan profundo a tan temprana edad.

Así que, dada mi obsesión, me sorprendió que en un momento crucial de mi vida y mi carrera me invitaran a interpretar a la Muerte en la doble figura de un personaje glamuroso: el papel de Aurora y el de la Mujer Araña en *El beso de la mujer araña*. La ironía era que, así como Molina intenta eludir las trampas seductoras de la Muerte

en el musical, yo casi me robo a mí misma el papel. Como suele pasar
en el teatro, el destino tenía otros planes, aunque tuviera que tomar
un par de desvíos antes de llegar a donde debía.

Mi primer encuentro con Aurora y la Mujer Araña no fue nada del
otro mundo. En junio de 1990, Marty Richards, el productor de
Chicago, y yo íbamos en auto a la Universidad del Estado de Nueva
York (SUNY), en Purchase, para apoyar a Freddy y a John. *El beso
de la mujer araña*, escrito por ambos, estrenaba en el programa New
Musicals [Musicales Nuevos]. El objetivo del programa era ayudar a
los equipos creativos a desarrollar espectáculos sin las presiones de
Broadway y el entrometimiento de los críticos. En teoría, los espectáculos, entre ellos *The Secret Garden* [*El jardín secreto*] y *My Favorite
Year* [*Mi año favorito*], evolucionarían durante sus presentaciones
breves en el campus.

Lo que Marty y yo vimos aquella tarde, sin duda estaba evo-
lucionando. Como de costumbre, Freddy y John habían escogido
un tema audaz: una adaptación de la película de 1985 del director
Hector Babenco, protagonizada por Raul Julia y William Hurt,
basada a su vez en la novela de 1976 de Manuel Puig. La trama se
desarrolla a principios de la década de los 70 en la celda de una
prisión argentina que comparten dos hombres que no podrían ser
más diferentes: Valentín, un revolucionario marxista incendiario,
encarcelado por sus actividades políticas; y Molina, un extravagante hombre gay, decorador de vitrinas, castigado por su conducta
aberrante. Para disgusto de Valentín, Molina es muy dado a los vue-
los de la fantasía, que comparte con él sin cesar. En ellos aparece
Aurora, una hermosa y seductora actriz de películas de segunda a
quien adora. La única película de Aurora que no le gusta es ésa en la

que interpreta a una encarnación aterradora de la muerte conocida como la Mujer Araña.

A Freddy le fascinaba la historia desde hacía mucho tiempo y, junto con John, se la llevaron a Hal Prince, quien había dirigido su *Cabaret*. A Hal le pareció una propuesta tan inusual que tal vez podía funcionar. Le atraía el reto de fundir una dura realidad política con las posibilidades musicales que ofrecían los ensueños escapistas de Molina. Le preguntaron a Terrence McNally si le interesaría escribir el libreto. Se le ocurrió comentárselo a su madre, Dorothy, que vivía en Corpus Christi, Texas, en una de sus conversaciones telefónicas.

—Me parece una idea terrible para un musical —le dijo Dorothy.

Así que, por supuesto, Terrence se apuntó. Susan Stroman, que recién despuntaba por cuenta propia como coreógrafa, completó el equipo y se dirigieron a Purchase.

A Marty y a mí nos confundía la estructura de la obra, que contaba la historia de la prisión por un lado y la trama de una de las películas empalagosas de Aurora por otro. La idea era que el grupo que interpretaba a los prisioneros también se convirtiera en el elenco de la película musical que bailaba en la mente de Molina. Las canciones eran fabulosas, como era de esperar de Freddy y John. De hecho, competían entre sí. Pero también me pareció que Aurora se quedaba al margen del espectáculo. Era más una metáfora abstracta que parte integral del musical. En la cena después de la función, Freddy y John nos dijeron que eran conscientes de los problemas y que les encantaba tener la oportunidad de arreglarlos. Por poco no pueden hacerlo.

A pesar de que los productores les pedían a los críticos que no reseñara los espectáculos que estaban desarrollándose en SUNY, los críticos insistieron en asistir. Se figuraban que New Musicals era una empresa comercial que vendía boletos y, por tanto, era justo. Las reseñas de *El beso* fueron negativas, incluso la de uno de los críticos más importantes del momento, Frank Rich, del *New York Times*. Rich sentía que la trama secundaria de la película de clase B opacaba el drama central de la prisión: la creciente alianza entre Valentín y Molina. Cuando leí su reseña, me sorprendió que me mencionara en su análisis de Aurora: «Lo que necesita ese rol tal vez no sea una reencarnación misteriosa de Rita Hayworth (que es lo que Sonia Braga aporta al filme), sino una deslumbrante presencia de comedia musical como Chita Rivera, que siempre ha encendido las canciones más brillantes de Kander y Ebb».

Cualquiera hubiera pensado que esa sugerencia habría incitado a Hal, que había producido *West Side Story* y *Zorba*, en las que yo había participado, a decir: «¿Y qué tal Chita?».

Cualquier hubiera pensado que Terrence, Freddy y John también habrían dicho: «Oye, ¿y qué tal Chita?», puesto que habían escrito *The Rink* en específico para mí.

Y ¿acaso la elogiosa mención de Frank Rich no debió haber despertado mi propia curiosidad: «Oigan, chicos, ¿y yo?».

Pues resulta que no. Yo no estaba en el radar de nadie, ni siquiera en el mío. Tal vez en parte porque, después de que salieron las reseñas, *El beso* se dio por muerto. En la recesión de 1990, Broadway estaba atravesando uno de esos periodos de calma en que la mitad de los teatros están cerrados y no abundan los inversionistas. Hal había tenido un éxito rotundo con *El fantasma de la ópera*, pero justo antes había sufrido seis fracasos consecutivos en Broadway. Freddy y John se sentían muy decepcionados por la recepción de *The Rink*. Tuvo que venir Garth Drabinsky, ansioso por plantar su bandera canadiense en Broadway, a deshacer el entuerto. Garth, que había sido ejecutivo de cine y dueño de teatros, vio el potencial de *El beso* en SUNY. Conocía a Hal porque había producido *El fantasma* en uno de sus teatros en Toronto, de donde obtuvo los fondos para optar por *El beso*. Insistió en hacer un par de lecturas del musical antes de un posible estreno de la nueva versión en Toronto en junio de 1992.

Con esta segunda oportunidad, el equipo se reunió para pensar en un nuevo elenco. ¿Quién, se preguntaron, sería la mejor actriz para el papel de Aurora? ¿Quién era una amenaza triple, que pudiera cantar, actuar y bailar? ¿Alguien que pudiera darle un brillo y sabor latinos a Aurora? ¿Quién tenía la sensualidad de una sirena seductora para representar a la Mujer Araña? Me atreví a hablar.

—Tengo justo a la persona que necesitan —dije.

Por ayudar a una amiga, los llevé al centro de la ciudad a ver a una joven actriz, que recién debutaba en un musical fuera de Broadway, *Song of Singapore* [*La canción de Singapur*]. Donna Murphy, esbelta e imponente, había cautivado a la crítica con su interpretación de Rose of Rangoon, una cantante de segunda en un bar de mala muerte. Me parecía perfecta para el papel. No lo sabía en aquel momento, pero le estaba entregando a Donna en bandeja de plata el rol que me correspondía. Yo pensaba que era perfecta y todos los demás lo pensaron también. Pero había una excepción. No bailaba tan bien como cantaba y Aurora tenía que realizar una coreografía muy difícil. ¡Gracias a Dios! Cuando estás destinada a un papel, un detalle como ése puede ayudarte. A medida que se acercaban las lecturas, a todos se les cayeron las vendas de los ojos y al unísono dijeron: «Oye, ¿y qué tal Chita?».

¿Y qué tal yo? ¿Dónde me hallaba en mi vida personal y profesional? Tenía cincuenta y siete años y hacía casi siete años que no trabajaba en Broadway. La década anterior había sido tormentosa. A *The Rink* le siguió *Jerry's Girls* y mi devastador accidente automovilístico. Me había recuperado antes de lo que cualquiera hubiera esperado, me presenté en mi acto de cabaret en menos de un año y luego estuve de gira en *Can-Can* con las Rockettes. Ahora me estaban ofreciendo un papel que apenas parecía un papel. Cuando Terrence me dio el nuevo libreto, la parte de Aurora estaba identificada de forma esquemática como «fragmento uno» y «fragmento dos». ¿Qué iba a hacer yo con todo eso?

Pocos años después, la gente me comentaba que mi regreso a Broadway con *El beso* era una de esas historias clásicas de la industria. No estoy tan segura. Yo llevaba suficiente tiempo en la industria para saber que una puede hacer un papel extraordinario y luego caer en el olvido. Así es esta industria. Cada vez es la primera vez y no se hace más fácil con el tiempo. De hecho, se vuelve más difícil porque la gente espera más. Hay una diferencia entre ser joven y estar muerta del miedo y ser una veterana y lidiar con tus propias inseguridades. Yo podía estar muerta del miedo en *West Side Story*, pero era joven y sabía que, si seguía las instrucciones de Jerry Robbins, tal vez me haría de una carrera. A medida que envejecemos, son tantas las cosas que nos asustan. Como les diría cualquier actor, uno es un amasijo de cables expuestos. La clave está en enfrentar esos temores y echarlos a un lado. Una vez que te comprometes con algo, no puedes dudar. O regresará y te morderá el trasero.

Siempre he seguido mis instintos y la confianza que deposito en el equipo creativo. Así fue cuando decidí aceptar el papel de Aurora. Las reseñas habían sido tan negativas en SUNY, que nadie, excepto nosotros, tenía fe en el futuro de *El beso*. El propio Hal admitió que iba a ser un viaje turbulento sin garantía de éxito. Nos topábamos con trampas a lo largo del camino, y caíamos en ellas.

—Vamos a volar a ciegas —nos dijo Hal mientras nos preparábamos para ir a Toronto después de las lecturas en Nueva York. Por suerte, había más de un milagrero a bordo.

❋

She steps to her glass now	Se acerca a su espejo
All almonds and roses	Toda almendras y rosas
She's powdered and pampered	Empolvada y arreglada
The sight of her dark eyes	Sus ojos negros
Igniting the screen	Encienden la pantalla
Scorching the screen	Queman la pantalla
—«Her Name Is Aurora» de *El beso de la mujer araña*	—«Su nombre es Aurora» de *El beso de la mujer araña*

Terrence había rehecho el espectáculo para, en vez de presentar una película desde el pasado de Aurora hasta el paralelo de lo que estaba ocurriendo en la celda, entretejer una serie de escenas de varios musicales fílmicos. Eso le quitaba pesadez al drama y les daba la libertad a Freddy y John de escribir varias canciones, que evocaban a Aurora como estrella del cine mudo, cantante de cabaret rusa y ave del paraíso en una jaula dorada. Además, estaba la Mujer Araña, vestida de negro, que acechaba el escenario desde una telaraña de cables suspendida en el aire. Era una novedosa escenografía del diseñador Jerome Sirlin.

En el primer ensayo, Hal, con los espejuelos enganchados en la frente, explicó su concepto de integrar el mundo surreal de las fantasías de Molina en el tejido de la obra. Aunque la prisión seguiría siendo central, Aurora saldría del fondo de la celda hacia el escenario para dar vida a esas fantasías. Los guardias de la prisión se transformarían en el coro que la apoyaría en los números musicales; en un punto agarrarían los barrotes de la celda para usarlos como bastones mientras cantaban y bailaban.

Aunque conocía a Hal desde que produjo *West Side Story*, era la primera vez que trabajaba con él como director. Podría decirse que Hal introdujo la idea del musical conceptual en su debut directoral,

Cabaret, junto con Freddy y John, y lo había seguido elaborando en una serie de éxitos fenomenales con Stephen Sondheim, como *Company*, *Sweeney Todd* y *A Little Night Music* [*Una pequeña serenata*]. Yo no había trabajado en un musical conceptual antes de *El beso*, así que al principio me sentí un poco perdida. Siempre me había apoyado en las palabras del libreto para ayudarme a descubrir al personaje. Pero Aurora y la Mujer Araña apenas tenían diálogo. Existían sólo como fragmentos de la imaginación de Molina. De pronto yo era una fantasía gay de feminidad exaltada y luego era la abstracción de la Muerte.

Durante las primeras semanas de ensayos, recuerdo estar posada en una escalera, que hacía las veces de la telaraña, observando a Brent Carver, a quien le habían dado el papel de Molina, y a Anthony Crivello, como Valentín, interpretar sus escenas. Los miraba desde arriba y me preguntaba cuál era mi relación con ellos y con la vida del musical. ¿Cómo había llegado hasta allí arriba y qué se suponía que debía hacer?

Sentía que no estaba aportando nada el espectáculo. Siempre estaba al margen, observando, una presencia incorpórea excepto cuando ocupaba el escenario en mis números musicales. Eran entretenidos, ¿pero qué tenían que ver con la historia central de amor, idealismo y sacrificio de *El beso*? Mis preguntas no encontrarían respuesta hasta mucho después. Hal no era en rigor un director actoral. Era un visionario inteligente que podía unir todos los elementos en el concepto más amplio. Podía establecer un tono que, por ejemplo, le permitiera fundir una escena de comedia musical en la habitación de un hospital con la brutalidad fuera de sus paredes. Pero me estaba haciendo descubrir al personaje por mí misma.

—Tómate tu tiempo, Chita —dijo—. La encontrarás.

¿Si me hubiera gustado que me ayudara un poco? Por supuesto. Aunque me asustaba el vacío en el que me había adentrado, contaba con la madurez artística para no sucumbir al pánico. Tenía la serenidad para estar presente en el espacio, y así recoger cualquier pista de lo que estaba pasando. No podía imaginar en aquel momento que la respuesta a mis plegarias sería Brent, quien haría por mí lo mismo que hacía por Aurora. Darle un soplo de vida.

You've got to learn how not to be	Debes aprender a no estar
Where you are	Donde estás
The more you face reality, the more you scar	Mientras más te enfrentes a la realidad, más te lastimarás
So close your eyes and you'll become a movie star	Así que cierra los ojos y te convertirás en estrella de cine
Why must you stay where you are?	¿Por qué has de quedarte dónde estás?
—«Where You Are» de *El beso de la mujer araña*	—«Donde estás» de *El beso de la mujer araña*

Poco antes de que comenzaran los ensayos, Garth me invitó a su oficina en Toronto para que conociera a mis dos coestrellas. Anthony Crivello era un ítaloestadounidense muy guapo con una potente personalidad. Era perfecto para el rol de Valentín, heterosexual e idealista, el personaje que Raul Julia creó para el cine. En el papel, Anthony dirigía con fortaleza, intelecto y solidaridad a sus compañeros revolucionarios y mostraba su lado sensible en las escenas con su novia, Marta. Brent Carver, que había sido el suplente de Molina en SUNY Purchase, había sido elevado al rol.

Brent era tan tímido que si hubiera podido hacerse invisible, sin duda lo habría hecho. Pero eso es difícil cuando mides un metro, ochenta y ostentas un halo de rizos rubios en la cabeza que te hacen parecer como una pintura de Botticelli. Desde el instante en que lo conocí, Brent tuvo una cualidad etérea, como el Principito, sólo que más alto y —con cuarenta años— mayor. Era de tez clara, ojos azules y tenía la luminosidad de un santo. Una de las cosas que más me llamaron la atención de él fueron sus dedos largos y finos. Cómo llegó al escenario de un musical es un misterio. Era uno de ocho hijos y creció en el pueblito de Cranbrook, Columbia Británica. Se había destacado a lo largo de varias temporadas en el festival shakespeariano de Stratford en Ontario, Canadá, como un actor versátil de mandíbula prominente, modales impecables y voz de barítono. Durante los ensayos, me maravillaba la destreza con que interpretaba a Molina. Su inocencia me recordaba, aunque parezca curioso, a Gwen Verdon, así como la pasión sin límites de Molina hacia su ídolo, Aurora, me recordaba a Freddy, quien también tenía sus propios ídolos.

Freddy y John tendían a componer números que celebraban la adoración de la diva y *El beso* no era la excepción. Antes de que viajáramos a Toronto, yo estaba en el apartamento de Freddy en el Beresford en Central Park Oeste escuchándolos tocar las canciones que habían compuesto para *El beso*. Hasta las chistosas me hacían llorar y ellos se reían de mi sentimentalismo. Una noche, ya me había mentido en la cama cuando escuché sus voces en el estudio. Me levanté, me eché una bata por encima y crucé el pasillo. Abrí la puerta y me encontré a John, encorvado sobre el piano y a Freddy cantando a viva voz. Al escuchar a Freddy cantar «Where You Are» me di cuenta de que él era una diva a su modo y yo era una discípula de su optimismo boyante. Ese optimismo prevaleció en todo lo que hicieron juntos, aunque ambos sabían lo difícil que podía ser la vida, ya fuera en una pista de patinaje sobre ruedas o en una prisión argentina.

Yo también tengo mi fanaticada gay, pero es diferente de la de otros íconos del teatro musical. Claro que he criticado los concursos de dobles de Chita Rivera en los bares gay, y me he reído al ver a un travestí bajar por la avenida con el vestido violeta de Anita. Pero nunca he sido exaltada de ese modo. Casi siempre me consideran «uno de los chicos», o una hermana, que me queda mejor.

Debo decir que mi renuencia a reclamar cualquier tipo de estado de diva interfirió con mi capacidad de encontrar a Aurora en *El beso*. Yo le temía al glamur que requería. Aún no me había envuelto en las pieles, plumas y lentejuelas que Flossie Klotz había creado para Aurora, y ni hablar del reluciente leotardo negro tejido de la Mujer Araña. Ese vestuario me ayudaría muchísimo a darle forma al personaje, gracias al arte de Flossie. Pero observar de cerca a Brent fue lo que me llevó a mi momento de eureka.

Una tarde, durante un ensayo, yo observaba desde la escalera cómo Brent le contaba al Valentín de Anthony quién era la Aurora que habitaba en su imaginación. Noté cómo ladeaba la cabeza de forma casi imperceptible, cómo acariciaba el aire con sus dedos largos y delgados, cómo cerraba los ojos para recordar su elegancia y su belleza. Pero, sobre todo, note su desnudez emocional. Todo eso me dejó ver quién debía ser yo para Molina. Sabía que podía lograrlo amplificando un poco esos gestos sutiles y delicados. He aquí la lección: no me habría dado cuenta si no hubiera estado observando y escuchando a Brent con atención durante esas primeras cinco semanas. Como para subrayar lo dicho, luego ensayamos la escena donde Aurora entra en la celda conjurada por Molina. Las luces brillantes caen sobre ella para bañarla en un resplandor transformador. Ya en la celda, sentí el aliento de Brent en el rostro y lo aspiré todo. Desde aquel momento, Aurora se volvió triunfal y sin remordimientos. Entonces sentí que podía «encender y quemar la pantalla» como a los Molinas del mundo les gustaba que hicieran sus divas.

✳

Poco después de que me dieran el papel, Hal me llamó para pedirme
mi opinión sobre la coreografía de *El beso*. Susan Stroman había
abandonado el proyecto para empezar a trabajar en *Crazy for You*
[*Loca por ti*], con el que se ganaría un merecido Tony. Necesitábamos
un reemplazo.

—Chita, ¿qué te parece si optamos por un giro moderno?
—preguntó—. Mira el nuevo documental de Madonna *Truth or
Dare* [*En la cama con Madonna* o *A la cama con Madonna*] y dime
qué te parece ese chico, Vincent Paterson.

Fui a ver el documental sobre la gira global Blond Ambition
[Ambición rubia] que hizo Madonna en 1990 y me quedé impresionada. Los bailes de Vince eran ingeniosos y modernos y habían
causado sensación en la cultura pop. Había sido coreógrafo no sólo
de Madonna, sino también de Michael Jackson, Paul McCartney,
Björk, Diana Ross y muchas otras estrellas del *rock*. Tal vez Hal
estaba tramando algo. Sería arriesgado, pero ya *El beso* estaba
empujando los límites. Vince vivía en la costa oeste, era joven, esbelto, ambicioso y eléctrico. Pensé que siempre podría aprender algo.
Lo que aprendí fue que MTV no debe figurar en los musicales de
Broadway. No encajó.

A mitad de la gira por Toronto, la situación escaló cuando Vince
sugirió que yo me encaramara en una mesa y fuera el blanco de un
tablero de dardos. Esa dirección me pareció rara, sin ton ni son. Sabía
que estaba mal, pero seguí aconsejándome a mí misma «Chita, mantén la mente abierta». Hal estaba trabajando muy bien en el otro
salón de ensayos, pero yo sentía que no estábamos llegando a ninguna parte y no me encantaba la idea de ser el blanco de un tablero
de dardos. Después, durante la sesión de comentarios, estábamos
todos sentados en el suelo y Vince le anunció al elenco:

—¡Este espectáculo no trata sobre Chita!

Sentí que el rostro me ardía. Sonreí, pero me sentí insultada.

Yo era incapaz de sugerir que *El beso* girara en torno mío. Intenté mantener la calma. Luego escuché a alguien decirme: «¡Esto es una mierda!». Era Dolores.

Sale Vince, entra Rob Marshall.

Rob llegó recomendado por una inspiración divina de mi amiga Graciela Daniele, que había coreografiado *The Rink*. Yo le había enviado un SOS primero a Jerry Robbins, que no estaba disponible, y luego a Grazie. Ella acababa de empezar a trabajar en *The Goodbye Girl* [*La chica del adiós*], pero tuvo la generosidad de ofrecerse para ir a Toronto un par de días a ayudar.

—Chita, voy con Rob Marshall —dijo—. Creo que tú y Hal deben considerar en serio darle una oportunidad.

Rob había sido uno de los «demoledores» en *The Rink*. (¿Lo recuerdan? Me fracturó el dedito del pie bailando *jitterbug* conmigo). Él y su novio, John DeLuca, también actor y luego productor, eran amigos íntimos de Freddy y John, así que habían ido a ver mi acto de cabaret varias veces. Yo los adoraba a ambos. Rob conocía muy bien mi estilo y supo qué hacer conmigo y con el elenco cuando revisó los números de *El beso*.

—Cheet, creo que tu rol de Aurora no ha sido concebido de la forma correcta —dijo—. Te han visualizado como una Carmen Miranda. El cartel de la película de Aurora *Forbidden Love* [*Amor prohibido*] que está en la celda es de una película de Ann-Margaret. Te han metido en un baño de burbujas. Es cursi y superficial. Ésa no eres tú. Yo te veo como una Marlene Dietrich. Poderosa, sabia, apasionada, hermosa e inteligente.

La bombilla se encendió. ¡Claro! Ése era el tipo de glamur que yo estaba buscando, pero no era capaz de identificar. Rob podía hacerlo, y lo hizo. De vez en cuando, al inicio de mi carrera, los críticos me comparaban con Dietrich y destacaban en sus reseñas mis pómulos pronunciados y mi sensualidad. Yo pensaba en la bisexualidad oscura que ella les había infundido a personajes como Amy Jolly en *Morocco* [*Marruecos*], que protagoniza junto a Gary Cooper. ¿Recuerdan la escena en la cual está cantando en un cabaret vestida de esmoquin con sombrero de copa? En un momento dado, se inclina y besa en los labios a una mujer que está sentada en una de las primeras mesas, y Cooper se excita y se siente incómodo. Como el resto de la gente.

—Rob, me gustaría hacer un número vestida de hombre —dije—. Lo hice en *Jerry's Girls* cuando canté «I Am What I Am» y me encantó.

Rob saltó emocionado.

—¡Perfecto! Puedes ser tan masculina como femenina, Cheet. Eres ambas cosas —dijo—. ¿Recuerdas el esmoquin blanco que viste Molina cuando baila el tango contigo al final? Te veo así, con una fedora, en «Where You Are». Después, cuando tú estés vestida de negro y él de blanco al final, será una manifestación literal de su relación.

Resultaba emocionante.

—Dios mío, Rob, ¡eso está tan bien! Es lo que Brent y yo llevamos haciendo a lo largo de todo el musical. Él reacciona a mí y yo reacciono a él. Nos fundiremos en espíritu en el clímax del musical.

Desde el principio, *El beso* había sido uno de los musicales más colaborativos en los que había trabajado. Era cierto lo que Hal había dicho al inicio. Estábamos volando a ciegas. Pero si se va a volar a ciegas, es mejor tener en la cabina de mando a artistas como Rob y Hal, Terrence, Freddy y John. Fue una colaboración en el mejor sentido de la palabra. Generosa. Abierta. Experimental. La combustibilidad de todo ello puede ser, en una palabra, maravillosa.

Rob sabía muy bien cómo darle al público lo que deseaba. Hizo un buen uso de esa agudeza dos años después cuando se unió a Sam Mendes para crear una electrificante recreación de *Cabaret* en

Broadway. Afiló más aún esos instintos cuando dirigió las películas *Nine*, *Into the Woods* y *Chicago*, que se ganó el Oscar a la Mejor Película.

En *El beso*, me sentía frustrada con la dirección de Hal en «Gimme Love», el deslumbrante número que marca el fin del primer acto, donde Aurora interpreta una sensual Ave del Paraíso, con todo y plumaje. Al final, Aurora regresa a la jaula, los chicos sujetan los barrotes y la hacen girar y girar mientras la música asciende a un gran clímax. Según el instinto cinematográfico de Hal, las luces debían apagarse sobre nosotros y, acto seguido, iluminar una escena sombría en la celda de Molina y Valentín. Pero Rob y yo sentíamos que el público querría aplaudir al final de «Gimme Love». Lo deseábamos. Estábamos dándolo todo.

Algunas veces, uno se calla y deja que el director haga su trabajo; otras veces, hay que manipular un poquito. Entra Dolores. Antes de una de las funciones del preestreno en Toronto, Rob y yo reunimos a los chicos y les dije:

—Oigan. Al final de este número, voy a caminar hacia la luz y quiero que hagan girar esa jaula con toda la rapidez y la violencia que puedan. No se preocupen por mí. Me agarraré y cantaré a viva voz mientras lo hacen. Fíjense. El público aplaudirá.

Esa noche, al final de «Gimme Love», los chicos salpicaban sudor mientras me hacían girar y yo me aferraba a los barrotes. Por supuesto, el público estalló en un aplauso sonoro. Hal, Dios lo bendiga, captó el mensaje.

—Creo que haremos una pausa después de «Gimme Love» —dijo durante la sesión de críticas esa noche—. Denle al público la oportunidad de aplaudir. ¿Estás de acuerdo, Chita?

Como he dicho antes: una gran colaboración, que conllevaba atreverse, enfrentar los miedos.

*

Disfruté mis escenas en el papel de Aurora, en especial, después de que Rob les imprimió su sello. Interpretar a la Muerte, como la Mujer Araña, era otro cantar. Yo era una presencia amenazante para Molina porque ése era el único papel de Aurora que no le gustaba. Le asustaba. Sin embargo, yo estaba dispuesta a que la Mujer Araña fuera tan consoladora y cautivadora como fuera posible. Al igual que con todo el vestuario, Flossie me ayudó muchísimo a encontrar a Aurora y a la Mujer Araña. Después de que me puse el leotardo negro tejido y la peluca de Louise Brooks, supe que la Dolores que vive en mí guiaría a Molina hacia la luz de la redención, aunque él se resistiera. Vi a la Mujer Araña como una aliada de ambos hombres en esa celda. A través del sacrificio de su muerte, Molina le encuentra un propósito a su vida: amar a otra persona, lo cual, como se dice en *Los miserables*, es «ver el rostro de Dios».

Dado que Aurora había interpretado a la Mujer Araña en una película, me preguntaba quién era yo cuando hacía mi aparición como personificación de la muerte. ¿Era un personaje diferente por completo de la Mujer Araña? ¿O era Aurora recreando un personaje de una de sus películas? Decidí por fin que ella tenía suficiente inteligencia para ser ambas. Ella es la Muerte, pero la Muerte manifestada a través de Aurora, pináculo del glamur de la diva, que le da vida a Molina.

Como recordarán, cuando estaba a punto de hacer la entrada espectacular ideada para Velma en *Chicago*, me sentí compelida a conjurar en mi mente imágenes de estrellas de cine glamurosas, como Elizabeth Taylor y Sophia Loren, para lograrlo. Eso no me hizo falta en *El beso*, ni siquiera cuando decía: «Soy bella. Soy delicada. Amorosa y cálida». Estaba convencida de haberme ganado el derecho de pronunciar esas palabras. Freddy siempre me decía:

—Chita, tienes que aprender a actuar como una estrella. Así la gente te tratará como una estrella. Tienes que reconocer tu propia importancia.

Con *El beso*, había llegado por fin a una etapa de mi vida y mi carrera en la cual podía reclamar ese estrellato: Chita Rivera, la estrella. Créanme que tiene que ver más con haber trabajado con los mejores de la industria que con haber alcanzado el éxito. Aún cualquiera puede verme sin maquillaje en una *babushka*, limpiando el porche en mi casa en Westchester. De hecho, eso mismo hacía un día en el que un transeúnte me vio y comentó.

—Oiga, ¿usted es Chita Rivera?

—No, soy una amiga —dije haciéndome la desentendida.

Sé que el estrellato es tan iluso como las fantasías de Molina. Puede desaparecer en un instante. Y luego una se encuentra en una situación como la que escribió Steve Sondheim: «Oiga, señora, usted no era fulana?». No obstante, todavía conservo mucho de la joven Chita que nunca sintió que podía igualar a las bellezas majestuosas del coro. Así que cuando le dije a Molina: «Soy bella», tuve que resistir el deseo de mirar al público y decirle con un guiño: «¡Es broma!».

Cuando se estrenó en Toronto, *El beso* recibió críticas positivas. El espectáculo había cambiado mucho desde SUNY. Cuando llegamos a Londres, ya se había ganado el Premio Evening Standard Theatre para el Mejor Musical. En junio de 1993, barrimos en los Premios Tony: siete en total, incluido el Mejor Musical. Me sentí muy orgullosa cuando me entregaron mi segundo Tony y, más feliz aún porque me acompañaban Brent, Anthony, Flossie, Terrence, Freddy y John. En mi discurso de aceptación, le hice un reconocimiento especial a Garth Drabinsky. Sé que ha tenido sus problemas. Pero siempre le agradeceré que haya creído en el *show* cuando el resto del mundo se había dado por vencido.

A menudo me preguntan si interpretar a la Muerte cambió mi percepción de mi propia mortalidad. Cuando hacía *El beso*, dije que veía a la Parca como a la Mujer Araña: reconfortante y misericordiosa. El espectáculo le había quitado el aura negativa a la muerte del mejor modo posible: a través de un musical. Ahora que me enfrento al otoño —bueno, digamos al invierno— de mi vida, debería decir que es un Gran Signo de Interrogación.

Tal vez la Muerte llegue en la forma de mi madre, Katherine, y mi padre, Pedro Julio, y de todas las generaciones perdidas de los del Rivero y los Anderson. Tía Rita y tío Luciano estarán ahí para decir: «Te lo dije». Ay, ¡cuántas preguntas les quiero hacer!

O tal vez la Muerte venga como un comité de bienvenida con todos los amigos y colegas que he perdido a través de los años. Tendremos tantas cosas de que hablar.

También puedo ver a la Muerte llegar como un ángel, con un halo de rizos rubios, ojos azules y unos dedos largos que me llaman. Alguien que se parezca a Brent, que murió demasiado joven, a los sesenta y ocho años, en 2020. Me tomará en sus brazos y bailaremos un tango. Él, vestido de blanco y ahora yo también vestida de blanco.

Entonces de pronto escucharé por un altavoz de otra dimensión a un director de escena decir:

—Damas y caballeros, media hora.

—¿Media hora? —me desprenderé del abrazo del ángel y diré:
—Lo siento, pero no puedo hacer esperar a la compañía.

La Muerte me mirará con cierto grado de impaciencia y dirá:

—¡Los actores! ¡Los bailarines! Siempre se creen que Dios hará una excepción en su caso. ¡No es así! —Y luego añadirá con un guiño—: ¡Es broma! Vayan. Aún les queda otra función.

19

UN AVE MAGNÍFICA LLAMADA ANTONIO

El resurgimiento de *Nine*

Hasta 2003, tuve la fortuna en mi carrera de originar la mayoría de mis roles, con la excepción de algunos clásicos como *La ópera de los tres centavos* o *Born Yesterday*. Nunca me atrajo la idea de participar en nuevas puestas en escena. Tal vez porque no me interesa que me comparen con otra actriz en el mismo papel. O tal vez porque sentía que su interpretación podía influir demasiado en mi propio proceso creativo. Hasta que el director David Leveaux me llamó.

Tengo una debilidad por los hombres guapos. ¿Quién no? Y David es muy grato a la vista. Además, tiene una imaginación y un sentido del humor maravillosos. Se había tomado la molestia de viajar a Los Ángeles donde yo estaba trabajando en *La casa de Bernarda Alba* en el papel de la matriarca rígida y controladora del título. Mientras almorzábamos en un restaurante de lujo, David me explicó que estaba trabajando en una nueva puesta en escena de *Nine*, el musical de 1982, ganador de un Tony, para el Roundabout Theatre en Nueva York. Quería que yo interpretara a Lilianne La Fleur, la exigente productora de cine.

¡Oh, oh!

El personaje llevaba el nombre de Liliane Montevecchi, la mujer que no sólo había originado al personaje con tanta vivacidad, sino que también se había ganado un Tony por su interpretación. Si David esperaba persuadirme de participar en una nueva puesta en escena de un musical por primera vez, tenía pocas probabilidades. Yo no quería decepcionarlo, pero mi prejuicio hacia las nuevas puestas en escena estuvo a punto de prevalecer cuando me dijo quién iba a interpretar a Guido, el director de cine que abusaba de las mujeres en *Nine*. Antonio Banderas.

«Eso puede estar bien», pensé de pronto.

Yo admiraba a Antonio por su trabajo en muchas películas de Pedro Almodóvar, entre ellas, *La ley del deseo* y *Mujeres al borde de un ataque de nervios*. A diferencia de otras estrellas de cine extranjeras, Antonio había logrado traducir su encanto viril al cine estadounidense en películas como *La marca del Zorro* y *Filadelfia*, donde interpretó al novio del personaje de Tom Hanks. Yo no sabía que Antonio había comenzado su carrera en el teatro. Había actuado en las calles de su ciudad natal, Málaga, y luego en el Centro Dramático Nacional. Ahora iba a hacer su debut en Broadway, actuando y cantando en una segunda lengua. Había que tener cojones.

La tentación de estar presente en el estreno de *Nine* con Antonio empezaba a resultar irresistible. Además, había otros incentivos: el musical en sí mismo, basado en *8 ½*, la película autobiográfica de Federico Fellini donde su niño interno se convierte en hombre; la fabulosa música Maury Yeston; el sensacional número «Folies Bergères» de La Fleur; un elenco compuesto sólo de mujeres, a excepción de Antonio y un niñito. Era algo nuevo para mí. En mis actos de cabaret y en musicales como *The Rink* y *El beso de la mujer araña*, el elenco había estado compuesto, en su mayoría, de hombres. Me gustaba el reto de compartir el escenario con dieciséis mujeres y explorar la hermandad femenina para variar. Además, David me agarró en un momento de vulnerabilidad. En *Bernarda Alba*, mi vestuario era un vestido de luto y unos zapatos burdos que me hacían parecer un camionero. La Chita de mi infancia, a la que no le gustaban las «cosas de nenas», había desaparecido desde hacía mucho tiempo. *Nine* sería el antídoto perfecto.

Cuando David me preguntó si estaba lista para firmar, le respondí:

—Estoy lista desde... Antonio.

Desde el primer día de ensayos, Antonio formó parte de la compañía de *Nine*. Entró en el espacio en silencio, intentando no llamar la atención. Las mujeres intentaban parecer profesionales y adoptaron una naturalidad calculada cuando David nos lo fue presentando. «Ah, ¡hola!», fue la respuesta general. Mientras nos apresurábamos a rellenar los formularios de empleo, miré a mi alrededor al elenco de mujeres, tan jóvenes y hermosas, ¡que las habría —no, Dolores lo habría hecho— abofeteado! Entre ellas estaban Mary Stuart en el papel de Luisa, la mujer sufrida de Guido; Jane Krakowski en el papel de Carla, la amante seductora de Guido; y Laura Benanti en el papel de Claudia, su musa. Yo gravitaba hacia Laura, que era muy talentosa, graciosa y adorable, y Mary Beth Peil, que, como la madre de Guido, era tan elegante y hermosa como la que más.

Antonio parecía tan inexperto y modesto que empecé a sentirme nerviosa por él cuando empezamos a leer el libreto y a fijar las canciones. Estaba en un salón rodeado de actrices experimentadas; todas esperando a escucharlo cantar. Cuando llegó su turno, aguanté la respiración. Empezó a cantar «La canción de Guido», un diálogo complicado con su yo neurótico. A medida que iba cantando, comenzó a ganar confianza en sí mismo y se apropió del material. Lo hizo sin ego, dispuesto a equivocarse. Eso fue una señal para nosotras:

«Soy uno más del elenco y estoy tratando de hacer esto lo mejor que puedo». Exhalé. Pensé «Vaya, estás agarrando al toro por los cuernos. ¡No retrocedes ni un centímetro!».

En ese momento, me imaginé a Antonio como un ave dorada que se elevaba al cielo; todo su poder provenía de las plumas de su cola. Me vi volar montada en su espalda. Okey, no sé qué diría un psiquiatra de eso. Es probable que mucho. No soy dada a analizarme a mí misma. Lo único que sabía era que cualquier reserva que hubiera podido tener respecto al espectáculo se había disipado en ese cielo. Me sentí aliviada de no tener que llevar el peso del espectáculo sobre los hombros; David dejó claro que todos éramos actores principales y que su intención era moldearnos en un conjunto en base a nuestros dones individuales. Su *Nine* sería más cálido y más comunal que el original.

Antonio ayudó a sentar ese tono. Resulta que su esposa, Melanie Griffith, también estaba haciendo su debut en Broadway interpretando a Roxie Hart en *Chicago*, que se presentaba a una cuadra de nosotros. Mejor, para no perderlo de vista. Al igual que Liliane La Fleur, la productora implacable, yo no tenía ningún interés en meterme en la cama con él. Pero tenía una de las escenas más sexis del *show* con él. Jonathan Butterell, nuestro coreógrafo, había expandido mi número «Folies Bergères» para incluir un tango con Antonio. Yo le cubría los ojos con una bufanda violeta y, en un punto, le colocaba una pierna sobre el hombro, y la dejaba ahí. Entonces él me besaba la pierna. En todas las funciones, me giraba hacia el público con cara de «¡Sufran!».

Como suele suceder, mi camerino se convirtió enseguida en lugar de encuentro del elenco. Cuando no estaba preparándome para la función o diciendo unas oraciones breves, dejaba la puerta abierta y Antonio era un visitante frecuente. Antonio respetaba y admiraba el teatro musical y yo, como veterana, tenía la fortuna de gozar del beneficio de su atención. En nuestras conversaciones, el intérprete carismático y sensual desaparecía y en su lugar aparecía el niño curioso de Málaga, España, que, mediante una mezcla de ambición, talento y suerte, se había convertido en estrella de cine. En aquel momento, había firmado un contrato para que su nombre se usara en una línea de perfumes que se mercadearía con su imagen. Tenían nombres como Queen of Seduction [La Reina de la Seducción], King of Seduction [El Rey de la Seducción], Power of Seduction [El poder de la Seducción] y Diavolo So Sexy [Diablo tan Seductor]. Eso nos hacía reír a ambos. Cuánta sutileza.

Antonio tenía algo de diablo, pero las fragancias no podían camuflar las dificultades que enfrentó cuando se volvió más famoso de lo pudo imaginar. Él y Melanie se habían convertido en la súper pareja de Hollywood; una pareja tan pública, tan *Entertainment Tonight*, que hubiera sacado de quicio a cualquiera. Yo notaba que se sentía satisfecho de tener el poder para lograr una nueva puesta en escena como ésta. Pero también procuraba no perderse entre las luces candentes de la fama. A mí no me preocupaba porque siempre demostró mucho compromiso con la obra. Dudaba tanto de si estaba dando el máximo, que llegué a pensar «Oh, sin duda tiene madera de actor de teatro. Ojalá que no la pierda».

Mi reto en *Nine* fue interpretar a una mujer tan francesa como una baguette untada de *foie gras*. Esta puertorriqueña acabó siendo más francesa que Liliane Montevecchi. Nunca habrán escuchado más erres arrastradas en su vida. También fui un poco más Dolores en ese papel que en muchos otros. En mi solo de «Folies Bergères» me divertí mucho rompiendo la cuarta pared y hablándole al público. Eso me hubiera asustado, excepto por un par de razones: en primer lugar, contaba con la experiencia de mis actuaciones en los clubes nocturnos. (¡Gracias, Freddy!); en segundo lugar, en el instante en que me ponía el vestido de «cisne» de Victoria Mortimer y los zapatos de tacón estilizados, me sentía capaz de conquistar el mundo. Sin embargo, al igual que Antonio, me preguntaba si estaría dando el máximo. Cada vez que me paraba al borde del escenario y miraba hacia el público, veía muchos rostros sonrientes. Pero si descubría que alguien no estaba sonriendo, caía en ese lugar: «Oh, no soy suficiente». En el teatro te juzgan sin cesar y no hay donde esconderse. Antonio sólo estaba articulando por lo que pasan todos los actores.

Hacia el final de mi solo, el niño que interpreta al Guido de nueve años salía de las bambalinas y me entregaba un regalo. Nuestra conversación fascinaba al público, en especial cuando el niño me preguntaba cuántos años tenía. ¡Yo cambiaba el tema! Hacía que todo el elenco repitiera su nombre «Stephen». Entonces, cuando yo le preguntaba cuándo había sido la última vez que había escuchado a catorce mujeres hermosas decir su nombre, me contestaba: «¡Ayer!». (¡Qué listo!). El regalo de Stephen resultaba ser un paquete de *frrrrrromage*. Queso. Y no sé si la intención era hacer un comentario editorial de mi interpretación, pero con el tiempo empecé a verlo como el regalo de *Nine*. El espectáculo fue un placer singular en mi carrera, acentuado por el afecto que se profesaban entre sí los miembros del elenco.

En la primavera, se anunciaron las nominaciones para los Tony del *show* y de Antonio. Mary Stuart, Jane Krakowski y yo competíamos en la categoría de Mejor Actuación de una Actriz Destacada en un Musical. Me decepcionó mucho que Laura Benati no fuera nominada. No sólo se merecía el reconocimiento, se merecía ganar. *Nine* se ganó el Tony al Mejor Reestreno de un Musical y Jane se llevó el premio en nuestra categoría. (Dolores tendría algo que decir al respecto, pero yo no). Me dolió que Antonio perdiera el Tony contra Harvey Fierstein por *Hairspray*. Adoro a Harvey, pero me parecía que el papel de Antonio era mucho más difícil. Estuvo elegante como de costumbre.

—Me alegro por Harvey. ¿Pero competir en el arte? No creo en eso —les dijo a los reporteros.

Pensé, tal vez con ingenuidad, que si Antonio se hubiera llevado el Tony —digo, que su nombre estuviera escrito en el trofeo— habría firmado para otra aparición en Broadway. Por desgracia, eso no ha ocurrido... aún. Si ocurre, espero poder acompañarlo. Cuando una se ha montado sobre una magnífica ave dorada, quiere volver a tener la oportunidad de volar con ella.

Entreacto

¡Por favor no me escojan!: aventuras con *Edwin Drood*

Me gustó interpretar a la princesa Puffer, la madama de un fumadero de opio en *The Mystery of Edwin Drood* [*El misterio de Edwin Drood*], un musical ambientado en el Londres de 1895. Ella comprende y acepta a las personas que disfrutan del lado sórdido de la vida y, a decir verdad, yo también. Pero lo que me atrajo en realidad de la nueva producción de 2012 fue el equipo creativo, que incluía a Scott Ellis, director, y Rupert Holmes, escritor y compositor. Ambos son brillantes. Lograron seducirme sin mucho esfuerzo para que aceptara el papel. Mi reserva era cómo intentar siquiera igualar a la gran Cleo Laine, la británica que había creado de forma tan memorable el personaje de la Princesa en la producción original de 1985. Ella podía cantar las canciones como nadie y el acento de Cockney de la princesa Puffer sonaba mejor en su boca que en la mía. Decidí no intentar igualar a la inigualable Cleo y valerme de Scott y Rupert para que me ayudaran a darle mi propio sello a la impasible señora. Además, cantaría «Don't Quit While You're Ahead» [«No te rindas mientras estés ganando»], que considero una de las canciones tema de mi vida.

Una de las ventajas de envejecer es que puedes ver a tus «hijos» evolucionar hasta figurar entre los mejores artistas de su tiempo. Así fue con Scott, que había estado en la compañía de *The Rink* en 1984. Recordarán que, como la mayoría del elenco, interpretó varios roles, entre ellos, un demoledor y un punk. Pero se robaba el *show* cuando interpretaba a Sugar, con perlas, guantes, blusa y «la falda más *revoltosa* de Broadway». En todo ese tiempo, había madurado, había sido nominado al Tony como director de escena, y ocupaba el puesto de director artístico asociado de la Roundabout Theatre Company, que había producido *Nine*. Me sentía en buenas manos. Rupert, que se había ganado dos premios Tony por *Drood*, provenía del mundo de la música pop como escritor y productor de artistas como Barbra Streisand, Judy Collins y Britney Spears. Me gustaba la idea de que no proviniera del ambiente del teatro musical. Creo que siempre nos hace falta sangre nueva.

Drood era una comedia musical divertidísima y me la pasé de maravilla con el elenco, compuesto por Stephanie Block, Will Chase, Betsy Wolfe, Gregg Edelman, Andy Karl y Jessie Mueller. En un papel menor estaba Nicholas Barasch, un chico de catorce años muy talentoso y muy pelirrojo. Me encariñé con él así como con su familia. Algunas noches, mi vieja prostituta y su jovencito eran amantes en el espectáculo.

Esto requiere una explicación.

El espectáculo estaba basado en *El misterio de Edwin Drood*, la última novela de Charles Dickens, que no llegó a terminar. En la adaptación de Rupert, la solución del misterio de la desaparición y muerte de Drood queda en manos del público. Pueden escoger entre una variedad de sospechosos, entre ellos John Jasper, el tío de Drood; Rosa, su prometida; los misteriosos mellizos Helena y Neville Landless; Durdles, el albañil borrachón; y esta servidora, Puffer. Después de que el público ha votado por el asesino, también tiene que votar por dos personajes que deben terminar siendo amantes.

Yo siempre aguantaba la respiración en el momento de la votación. No me importaba que me empataran con Nicholas, aunque consideraba un atrevimiento de parte del público que nos escogieran. Me hacía parecer una asaltacunas o algo peor, lo que, supongo, era el propósito. El premio de consolación era que cantábamos a dúo el bis de «Perfect Strangers» [«Completos desconocidos»]. La canción era fabulosa, aunque debo decir que perdía su encanto por la marcada diferencia de edad entre nosotros. Que te escogieran como el asesino era un reto aún mayor. Al alma desdichada que le tocaba tenía que cantar una confesión bastante complicada en un bis de «A Man Could Go Quite Mad» [«Cualquiera podría volverse bastante loco»].

¿Cuál era mi reacción cuando me escogían? «¡Mierda, mierda, mierda!».

El problema era que se te podía olvidar la letra si transcurría mucho tiempo —digamos dos semanas— desde la última vez que te escogían como el asesino. Significaba que debía salir del escenario por la izquierda hacia la oscuridad, donde mi asistente Rosie me iluminaba el libreto con una linterna para refrescarme la memoria y luego dar la vuelta corriendo por detrás del telón de fondo y entrar al escenario por la derecha para cantar mi confesión. Me escogieron casi cincuenta veces durante la temporada de *Drood*. Perdí un par de kilos, casi enloquezco y me recompensaba después con un vodka con tónica.

El día del primer ensayo para el espectáculo, Scott trajo un ratoncito de cristal. Le explicó al elenco de *Drood* que ése había sido mi obsequio para cada uno de los chicos del elenco de *The Rink* la noche del estreno. Yo había olvidado ese detalle y me conmovió que lo trajera al salón de ensayos. Fue como un amuleto de la buena suerte. Eso es lo que me encanta del teatro. Nada se pierde. Es una historia viviente. Y hay cosas que viven fuera del espacio, conexiones espirituales que influyen en el trabajo.

A veces un ratón es más que un simple ratón.

Entreacto

Robert Fehribach: amor y traición

Cuando, en 1999, leí por primera vez *The Visit*, un musical sobre la traición, mi pensamiento voló a una larga relación amorosa que había terminado hacía cinco años. Aunque el tiempo había curado el dolor, trabajar en una obra como *The Visit* puede hacer que afloren residuos emocionales. Había conocido a Robert Fehribach cuando la temporada de *Chicago* en Broadway estaba llegando a su fin, y nos juntamos. Teníamos una química maravillosa. Él era un tramoyista, un electricista que trabajaba para la compañía del productor Cameron Mackintosh, masculino, bien formado y guapo. Bobby se parecía al actor William Hurt, con entradas y unos ojos azules que se escondían detrás de unos espejuelos de metal. Era de una dulzura y timidez irresistibles. Era introvertido y se alegraba mucho de que yo fuera la extrovertida de la relación. Pero lo mejor era tener un hombre en la casa. Ya saben, el tipo de chico que podía llevar a casa de mi madre y con el que podía vivir... y lo hice, durante diecisiete años.

Bobby era un gran compañero que encajaba a la perfección con mi familia y mis amigos. Siempre que podía escaparse del teatro, hacía las luces en mi acto de cabaret, así que era parte de nuestro circo rodante. Cuando no estábamos trabajando, íbamos de vacaciones a Italia y otros lugares. Nuestro vínculo se intensificaba a medida que enfrentábamos retos juntos. Él iba en el auto cuanto tuve el accidente; estuvo a mi lado cuando enterramos a mi madre, Katherine. Yo lloraba sobre su hombro y él sobre el mío.

Como dice la canción de James Taylor, estar con Bobby era «tan fácil como hacer rodar un tronco». Yo apreciaba su presencia constante y el hecho de que estuviera satisfecho de sus propios logros y nunca se sintiera eclipsado por los míos. A veces me preguntaba si le faltaba algo a la relación, tal vez un poco más de pasión, un poco más de fuego. Pero luego pensaba que el fuego de esta latina era suficiente para los dos y así manteníamos el delicado equilibrio de nuestra relación. Pensé que siempre estaría presente, tan confiable como siempre... hasta que un día dejó de serlo. No hay nada como una traición para hacer que nos preguntemos cómo es posible estar con una persona tantos años y nunca llegar a conocerla. Es parte de los misterios que los seres humanos descubrimos unos de otros: algunos son felices y otros, dolorosos.

Debo admitir que su infidelidad me hirió. ¿A quién no? ¿Me dieron ganas de matarlo? No. Aunque Dolores pudo haber pensado otra cosa. ¿Cuál fue la canción que canté en *Bye Bye Birdie*? ¿«How to Kill a Man»? Pero Bobby y yo habíamos compartido demasiados momentos juntos, tanto épicos como banales, y yo no quería empañarlos con una pátina de amargura. Sin embargo, el sufrimiento no me queda muy bien que digamos. Así que me afané en superar la desilusión lo más pronto posible.

Les cuento un detalle gracioso de nuestra relación. Antes de la traición, siempre fue «Bobby» para mí. Ahora no puedo verlo o referirme a él de otro modo que no sea «Fehribach». Supongo que es porque ahora forma parte del pasado. Lo recuerdo de vez en cuando y me imagino lo que pudo ser. Pero no tanto como creí que lo haría.

20

LA INMORTAL CLAIRE ZACHANASSIAN

The Visit

Una mujer, un mayordomo, dos eunucos y un ataúd entran en un bar. Parece un buen inicio para un chiste, ¿no creen? Pero si en su lugar decimos «Sube el telón. Una mujer, un mayordomo, dos eunucos y un ataúd entran en el escenario», no sólo tendremos una tremenda entrada, sino un tremendo musical: *The Visit*.

El espectáculo no era un chiste. Por el contrario, fue uno de los eventos más asombrosos de mi vida, en y fuera de las tablas. Llevaré esos recuerdos en mi corazón del mismo modo en que se decía que su protagonista, Claire Zachanassian, llevaba la luna en el suyo. La mera descripción de *The Visit* haría a cualquiera detenerse y sumergirse en ella. Claire, una mujer fabulosa y rica, regresa a su empobrecido pueblo natal de Brachen con una agenda: persuadir a su buena gente de matar a Anton Schell, el hombre que la había traicionado años antes. *¿Un musical?* Ésa sería la reacción de la mayoría de la gente. Pero no la mía.

Conocía a Freddy y John lo suficiente como para que no me sorprendiera que me dijeran que estaban trabajando con Terrence en una obra de teatro tan estremecedora. Como con *Cabaret*, estaban de vuelta en Europa, en esta ocasión adaptando una obra de teatro del dramaturgo suizo Friedrich Dürrenmatt. La obra había sido protagonizada por Alfred Lunt y Lynn Fontanne en Broadway en 1958, y la película, por Anthony Quinn e Ingrid Bergman en 1964. No conocía ninguna de las versiones, así que, en el año 2000, cuando llegó el libreto de Terrence, lo abrí con la ilusión de una niña en su cumpleaños. Qué regalo tan delicioso y sorprendente resultó ser.

Durante décadas, el público había considerado la historia de Claire y Anton un relato mítico de venganza, como los de Medea, Salomé y la Pirata Jenny, un rol que interpreté en una producción de *La ópera de los tres centavos*. ¿Cómo culparlo? ¿Qué mujer no pensaría en vengarse si, como a Claire, un joven ambicioso la hubiera seducido, dejado embarazada y abandonado? Quien se une después con la gente del pueblo para obligarla a irse en desgracia. Y para más inri, Anton, para evitar tener que reconocer que es el padre de la criatura, convence a un par de amigos de que acusen a Claire de promiscuidad ante un juez corrupto. Cuando Claire regresa a Brachen, está lista para ajustar cuentas. No que ya no lo hubiera hecho. ¿Esos eunucos? Eran los chicos que mintieron sobre ella. ¿Ese mayordomo? El juez corrupto que presidió el juicio. ¿Cómo ha logrado tramar todo esto? Como canta en el espectáculo: *I've got a little secret I'm more than pleased to tell / I married very often and widowed very well*. [*Tengo un secretito que me gustaría contar / Me he casado muchas veces y he enviudado muy bien*].

Mitad gitana, mitad judía, hija ilegítima. Claire es del tipo de mujer que me gusta. No porque sea rica, aunque era divertido lucir pieles y joyas. Tampoco porque sea una furia vengativa, aunque la canción de la prisión en *Chicago* —«He Had It Coming»[«Se lo merecía»]— no habría estado fuera de lugar. No, me gusta Claire porque desea que se haga justicia y que la verdad se sepa. Y, sobre todo, porque ama a Anton, el hombre que la traicionó. *The Visit* es, más que todo, una historia de amor. Un poco perversa tal vez, pero una historia de amor al fin. No es por rabia que Clair busca la muerte de Anton. De hecho, nunca se enfada con él. Ella quiere algo más. En la obra, carga con un ataúd. En mi mente, trae dos. Su misión es que ella y Anton se unan en amor eterno y vivan en Capri en una colina con vistas al mar Tirreno. Y nada podrá detenerla. Clair tiene lo que les falta a los eunucos: huevos. Y eso fue lo que me atrajo de ella y del musical.

A menudo la prensa me pregunta cómo pude interpretar a una mujer que era, en esencia, una asesina a sangre fría. Es fácil. La comprendía. Mi moral personal es sencilla: Dios está sentado sobre uno de mis hombros, mi madre, Katherine, sobre el otro. Pero como ya deben saber, siempre me han fascinado las personas y los personajes que están en la pendiente resbaladiza de la moral. Prefiero un buen programa de detectives en la televisión que una comedia musical. Es un poco como decir: «Ahí estaría yo, si no fuera por la gracia de Dios». Pero desde que puedo recordar, siempre me ha gustado la complejidad de dilucidar qué lleva a la gente a perder el control, por qué la gente hace las cosas que hace. Si se fijan bien, *The Visit* en realidad es una moraleja dirigida por Claire. Lleva toda la vida esperando por ese momento. Es hora de que la gente pague por su delito. *The world has made me into a whore / And I make the world my brothel now!* [*El mundo me ha hecho una prostituta / ¡Y ahora el mundo es mi burdel!*]. Eso es irresistible.

He tenido la fortuna de colaborar con artistas como Freddy, John y Terrence, que nunca han temido formular las Grandes Preguntas: sobre el amor, la muerte, la traición y lo que es cierto y falso respecto a los seres humanos. *The Visit* formulaba esas preguntas con un estilo particular. Como *The Rink*, el musical se desarrolla en un pueblo abandonado cuya monotonía gris es interrumpida por la presencia de una luminosa Claire. Como la Mujer Araña, Claire es dramática por naturaleza con una vena trágica. En la película, Ingrid Berman llega al pueblo no sólo con un ataúd, sino también con una pantera. Claire revuelve la desesperanza de Brachen hasta lo más profundo con un dominio de acero, una ceja alzada aquí, un gesto con el bastón allá.

Oh, sí. El bastón. Siempre hay un momento, cuando leemos un libreto, en que se nos eriza la piel y nos damos cuenta: «Yo conozco a esa mujer. Yo puedo interpretarla». Eso me pasó dos veces mientras leía el libreto de Terrence. La primera vez fue poco después de la llegada de Claire. Ella y Anton están a solas y él intenta abrazarla, sólo para descubrir que la mano de Claire tiene una rigidez que no es natural. De hecho, está hecha de marfil.

—Me la puedo quitar —dice ella impasible—. La perdí en un accidente automovilístico.

Luego él le toca la pierna. Esa también se la puede quitar.

—Madera —dice sin demostrar un ápice de emoción—. El avión en el que volaba se estrelló en Tierra del Fuego y fui la única que sobrevivió la catástrofe. —Después de una pausa, añade—: Soy inmortal.

En un adjetivo se materializa todo un personaje. ¡Qué gran clave!

Lynn Fontanne estuvo maravillosa en Broadway en 1958. Pero se negó a interpretar a Claire con una pierna de palo y una mano de porcelana. No quería limitar sus movimientos. Al principio me pregunté lo mismo. Me preguntaba cómo Claire podría moverse con gracia y conservar su atractivo. ¿Qué iba a hacer yo con mi impulso natural de volar?

Entonces me dije, «Cálmate, Chita. Si el personaje es así, que así sea. Acógela». Además, sabía que Graciela Daniele, mi querida amiga y nuestra coreógrafa, sabría lidiar y hasta florecer con esas limitaciones. Y qué oportunidad para hacer chistes tontos.

«Oye, Cheet, ¿me das una mano, por favor?».

«Parece que has empezado con buen pie, ¿verdad, Cheet?».

Mejor aún, a mi edad aún podría elevar la pierna por encima de la cabeza. No tenía más que desenroscármela.

Tuve otro momento revelador mientras leía el libreto. La noche que Claire llega, el pueblo celebra un banquete en su honor con la esperanza de que ella rescate sus finanzas. Lo hace. Más o menos. Se levanta en todo su esplendor para proponerle a la gente de Brachen lo siguiente: diez mil millones para el pueblo y dos millones a cada uno de sus habitantes. Pero el júbilo dura poco. Con una condición: que le entreguen el cuerpo de Anton Schell. Desde que Salomé pidió la cabeza de Juan Bautista no ha habido más desconcierto. La buena gente se indigna con razón ante la exigencia. El alcalde, con el uniforme y medallas propios de su puesto, le responde:

—En nombre de todos los ciudadanos de Brachen, rechazo tu oferta. Y la rechazo en nombre de la humanidad. Jamás la aceptaremos.

Entonces, con una sonrisa de complicidad, Claire dice la línea más devastadora de la obra.

—Puedo esperar.

Al igual que Claire, yo también pude esperar. No fui la primera opción para interpretar el papel de Claire. Se había anunciado que Angela Lansbury estaba trabajando en una producción que llegaría a Broadway durante la temporada de 2000-2001, y ella hubiera hecho una interpretación de papel extraordinaria. Pero lo rechazó para cuidar de Peter Shaw, su esposo enfermo. Puede que yo no haya sido ni la segunda ni la tercera opción, según escuchaba los nombres que sonaban para el papel de Claire. Y cada vez, pensaba: «Puedo esperar».

Las cosas no se pueden forzar. La paciencia puede ser un arte fino cuando intuimos que el destino está de nuestra parte.

Incluso después de que me dieron el papel de Claire, aún tendría que esperar más. Leí el libreto de Terrence en el otoño de 2000, pero no estrenamos *The Visit, A New Musical* [*La visita, un nuevo musical*] en Broadway hasta quince años después, en el aniversario del natalicio de Shakespeare el 23 de abril. Entre tanto, hubo otras producciones de *The Visit*. Coprotagonicé con John McMartin el estreno mundial del musical, dirigido por Frank Galati y coreografiado por Ann Reinking, en el Goodman Theatre de Chicago en 2001. Los planes de llevarlo a Broadway se vieron interrumpidos por la tragedia del 11 de septiembre; el tema era demasiado duro para un país traumatizado.

«Puedo esperar».

Otra producción con el mismo equipo creativo, pero con George Hearn en el papel de mi Anton, estrenó en el Signature Theatre en Arlington, Virginia, en 2008. Y, una vez más, esperé.

Valió la pena. A principios de 2014, supe que *The Visit* volvería a resucitar. Esta vez, yo interpretaría a Claire, junto con un director, John Doyle, y una compañía de actores que me enseñarían las lecciones más importantes de mi vida y mi carrera. Hay que darle el crédito a Roger Rees, que interpretaría a mi Anton.

La última pata del azaroso viaje de *The Visit* comenzó con un contrato de verano en el festival del Williamstown Theatre en Massachussets, donde me sentí preparada como nunca para interpretar a Claire. Ya en aquel momento, Chita y Dolores se habían fusionado en el papel. Y heme allí, oscilando entre el anhelo romántico más profundo y la mortalidad acechante de un musical en el cual el ataúd nunca abandona el escenario. Cuando el verde verano de Williamstown dio paso al frío invierno de Nueva York, los temas de *The Visit* calaron en las vidas de nuestra alegre compañía de un modo que nunca pudimos imaginar. Como el arte imita la vida y viceversa, los acontecimientos sirvieron para unirnos. Supimos, como dijo la propia Claire que «lo que parecía eterno, moriría».

✳

No había trabajado en el festival del Williamstown Theatre antes de mi llegada en el verano de 2014 para comenzar el intenso trabajo que conllevaba la tercera versión de *The Visit*. El pueblo es el hogar de Williams College donde, a finales de la década de 1940, un joven Stephen Sondheim sentaba las bases para convertirse en uno de los compositores de teatro musical más importantes de su generación. Yo estaba tan obsesionada con hacer *The Visit* que no me habría importado crearla en el crudo invierno de Siberia. Pero hacerla en el esplendor del verano, con el olor de los jazmines y jacintos en el aire, fue un placer especial.

El pueblo se unió al ambiente festivo de un campamento de verano en torno al Adams Memorial Theatre, donde ensayábamos. Durante los descansos, los actores salían de los salones entornando los ojos bajo el sol para recargar baterías. Por todas partes había gente joven y hermosa en camisas sin mangas y pantalones recortados, reunida en las mesas de picnic bajo la sombra de los olmos. Qué receta para el romance. Sé que cultivé tres ese verano. Uno con nuestro director, John Doyle; otro con Roger Rees, mi coestrella; y otro con la compañía de *The Visit*, en la cual participaban Judy Kuhn, como mi rival, la infeliz esposa de Anton; David Garrison, como el alcalde de Brachen; y una talentosa pareja joven, Michelle Veintimilla y John Bambery, quienes, en los roles de los jóvenes Claire y Anton, nos acompañaban a Roger y a mí a lo largo de todo el musical.

Yo no había trabajado con John Doyle antes de *The Visit*, aunque conocía su reputación. Nacido en Escocia, había salido de un pequeño teatro regional para introducir la idea de producir reestrenos de musicales en los que el elenco actuaba, cantaba y también tocaba los instrumentos. Los actores servían de orquesta. Se había ganado un Tony por dirigir *Sweeney Todd*, su debut en Broadway. Siguió la misma línea con *Company*, donde Patti LuPone tocaba la tuba. Me habían asegurado que nadie tendría que tocar un instrumento musical en nuestra versión de *The Visit*. Me sentí aliviada, aunque tampoco habría sido la primera vez. Bob Fosse había coqueteado con la idea de que Gwen Verdon tocara el saxofón y yo la batería al final de *Chicago*.

Me gustaba John. Es un hombre discreto, de voz dulce, delgado y casi calvo, paciente y confiable. Su devoción por el teatro me recordaba la de un cura. Cuando supe que había considerado ser sacerdote, enseguida le puse el apodo «Padre». Eso siempre le divertía. Contrario a las producciones anteriores de *The Visit*, la propuesta de John era muy austera. La escenografía era escueta. No había donde esconderse y los miembros del elenco tenían que depender unos de otros. El diseño de Scott Pask era un espacio abierto alrededor del cual estaban las ruinas de Brachen. Sólo interrumpían el espacio las maletas y el ataúd, siempre presente, que tenía todo tipo de funciones: mesa de comedor, arcón, incluso un automóvil en un momento dado. El diseño de Scott le permitía a Claire hacer una gran entrada. Yo aparecía entre las columnas deterioradas, iluminada apenas por las luces intermitentes del tren que me había llevado a Brachen. Sin duda sentaba el tono para un personaje al cual Anton llamaba «una bruja».

Como contador de historias, John podía darle más a Claire con claridad y sensatez. Lo primero que hizo fue reducir *The Visit* de dos actos a un solo acto intenso y sin intermedio. Otra de sus brillantes ideas fue añadir a los jóvenes Anton y Claire, un emparejamiento que le daba al público una idea del idilio erótico entre ambos antes de que todo se viniera abajo. También me daba a mí la visión de mi propio yo más joven, según descrita por Anton: una gitana de pelo encrespado que corría por el bosque «desnuda y resplandeciente, tu cuerpo reluciente después de haber nadado en el arroyuelo, tu cabello negro brilloso, delgada y elástica como un sauce. Qué tierna eras...».

Con Grazie, John encontró el corazón palpitante de la obra y mi Claire en esta versión era más directa, más decidida y estaba más enfocada en lo que había venido a hacer a Brachen. Lo que me dio trabajo al principio fue afianzarme, por decirlo de algún modo, en la pierna de palo. Me pedían que me quedara inmóvil a menudo y reaccionara al torbellino que Claire había puesto en marcha. Tenía que contener toda mi energía tras una fachada fría. Pedirle eso a una bailarina es someterla a una especie de purgatorio, sino un infierno. Sin embargo, eché mano de las lecciones que había aprendido de Jerry Robbins y Bob Fosse. «Chita, tú puedes actuar hasta de espaldas al público, no tienes que moverte un centímetro —me decía Jerry en los ensayos de *West Side Story*—. Concéntrate. Enfócate. Doblega al público según tu voluntad».

Y Bob Fosse me enseñó el poder de los gestos mínimos: «Menos, Chita, menos».

A pesar de lo imperiosa que Claire podía ser, sabía cuándo le salía el tiro por la culata y seguía adelante. En una parte, canta: *I'm not the woman that I used to be / There's no denying that there's less of me.* [*No soy la mujer que solía ser / No puedo negar que queda menos de mí*].

El que más me hizo brillar fue mi coestrella, Roger Rees, uno de los grandes actores shakespearianos, y por siempre el Nicholas Nickleby de la adaptación de la novela de Charles Dickens realizada en 1981 por la Royal Shakespeare Company. Para el papel de Anton, contaba con lo que cuenta la mayoría de los grandes actores: la capacidad de hacer mucho haciendo muy poco. Él también había aprendido a contenerse con Bob Fosse, quien lo dirigió en la película *Star 80*. Durante una entrevista en el programa *Theater Talk*, le contó a Michael Riedel que durante el rodaje de la película, Bobby decía «acción» y se colocaba justo enfrente de Roger mientras decía sus líneas. «No actúes, Roger, no actúes», le susurraba Bobby fuera de cámara sabiendo que luego podría editar sus intervenciones.

Una soleada mañana de domingo, cuando Roger apareció por primera vez en el salón de ensayos de Williamstown, entendí por qué Claire se había enamorado sin remedio de su Anton. La figura deslumbrante y esbelta. La voz maravillosa. La abundante melena entrecana y la barba casi blanca. Al principio me sentí un poco intimidada por su trayectoria. Se había entrenado en el teatro clásico y había pasado muchos años con la Royal Shakespeare Company. Su *Hamlet* con la compañía había sido un triunfo, y había ganado un premio Tony por su rol épico en *Nicholas Nickleby*, una obra de más de ocho horas de duración. Su experiencia en el teatro musical era más limitada, aunque había recibido buenas críticas en *A Man of No Importance* [*Un hombre sin importancia*] de Terrence. Antes de eso, lo habían despedido de la turbulenta versión musical de *The Red Shoes* [*Los zapatos rojos*]. Decía mucho del espíritu generoso de Roger que él y su esposo ahora fueran amigos del director que lo había despedido, Stanley Donen.

Como muchos ingleses, Roger asumía una actitud filosófica ante los triunfos y los fracasos en la industria. Más aún, tenía un sentido del humor autocrítico y travieso. «En realidad, soy un actor segundón atrapado en el cuerpo de un actor principal» bromeaba.

Ninguno de los dos nos tomábamos muy en serio. Ambos veníamos de abajo y nunca lo habíamos olvidado: yo, como corista; él como actor menor, el tercero de izquierda a derecha, durante sus primeros tres años en la RSC. Cuatro años antes, le habían dado su primer diálogo. Como he dicho, la paciencia es un arte.

Uno de los aspectos de Claire que intenté evitar fue que pareciera demasiado mórbida. No había peligro de que eso sucediera porque, aunque el material era truculento, la atmósfera en el espacio era ligera. Trabajamos con asiduidad, pero también nos reímos mucho. Tal vez era el ambiente de campamento de verano de Williamstown porque muy pronto empezamos a gastarnos bromas. El jefe de los bromistas era David Garrison, que interpretaba al alcalde de Brachen. Su apodo era «Sparky» y yo lo llamaba «E. Bunny». Me transportó a mi infancia cuando mis hermanos intentaban asustarme. Recuerdo entrar en un cubículo del baño sobre el cual David había colocado una cascada de huevos plásticos para que me cayera encima. Eso, cuando no me cerraba la puerta con cinta adhesiva. Me vengué llenando el cubículo del baño de los chicos de globos. Las bromas entre David y yo llegaron al punto de que un día abrí la puerta y me encontré un conejo inflable de casi dos metros y medio. Le envié una foto mía a punto de pincharlo con una horquilla de pelo.

Grazie, que era tan bromista como nosotros, acuñó un término para nuestras bromas: «duende». Es un término en español que a menudo se asocia con el flamenco y que significa «encanto misterioso e inefable». Federico García Lorca, el poeta español, decía que el impulso de creación artística era el resultado de las musas, los ángeles y el duende, que en los cuentos de hadas es un espíritu travieso como Puck en *Sueño de una noche de verano*. Según Lorca «El duende no llega si no ve la posibilidad de muerte». Eso tuvo mucho sentido durante el montaje de *The Visit*. Olvidamos que mientras chachareábamos y nos reíamos en los descansos, a menudo estábamos sentados en un ataúd.

The Visit fue bien recibida por la crítica y fue un éxito de taquilla en Williamstown. Fue un gran final para nuestra experiencia de verano. Broadway, que había estado en la mirilla del espectáculo desde 1998, por fin se materializó dieciséis años más tarde cuando Tom Kirdahy, nuestro productor y el esposo de Terrence, nos anunció que la producción pasaría al íntimo Lyceum Theatre. Comenzaríamos a ensayar en febrero de 2015 para estrenar en abril. Salimos de Williamstown rumbo a Nueva York sin imaginar los vericuetos que el destino nos deparaba.

✳

It was winter, snow was falling,	Era invierno, caía la nieve,
It was winter, you were calling,	Era invierno, tú llamabas,
And I heard you and I	Y yo te escuchaba y temblaba,
trembled, winter.	invierno.
And you held me, it was	Y me abrazaste y fue
thrilling,	excitante,
You said always, I was willing,	Dijiste siempre, yo accedí,
Then it ended, I remember	Luego terminó, recuerdo el
winter.	invierno.
—«Winter» de *The Visit*	—«Invierno» de *The Visit*

La emoción de reunirnos la primera semana de ensayos se nubló cuando John Doyle, quien había sido tan dinámico en Williamstown, entró despacio en el salón apoyándose en dos bastones. Nos tranquilizó con su serenidad habitual mientras nos explicaba que, al llegar al aeropuerto Kennedy desde Londres, sufrió un «evento» coronario que lo llevó a la unidad de cuidado intensivo del hospital. Nos relató la crisis con tanto humor y de un modo tan directo que le restó importancia a lo que de otro modo habría preocupado a la compañía.

La gente que trabaja en la industria del espectáculo tiene una resiliencia que se activa en momentos como ése. Se la conoce como el «doctor Industria del Espectáculo». Aunque un huracán de problemas amenace con deshacer nuestras vidas, la frase «a sus puestos, por favor» nos dirá por qué tenemos que preocuparnos. El paraíso puede esperar. Por ejemplo, a finales del verano de 2001, experimenté otro momento de infarto cuando nos reunimos en el Goodman Theatre en Chicago para el estreno de *The Visit*. Mientras Terrence estaba sentado al fondo tecleando en su maquinilla de escribir y John Kander estaba al piano, Freddy se sentó en la primera fila del salón de ensayos. Los tanques de oxígeno se habían convertido en sus fieles acompañantes. Fue entonces que me di cuenta de lo enfermo que estaba y me sorprendió y entristeció. Freddy siempre había parecido un hombre que desbordaba la realidad y yo no podía imaginarme el mundo sin él. No había nada de lo que no fuera capaz de reírse, incluso la muerte. «Ten cuidado, Cheet —me dijo una vez—. Te quiero tanto que si te acercas a mi ataúd, te agarraré y te llevaré conmigo».

Yo despachaba esos comentarios riéndome, hasta su muerte el 11 de septiembre de 2004, en el tercer aniversario del acontecimiento que impidió que *The Visit* diera el siguiente paso. Recuerdo acercarme llorosa al ataúd y retar a Freddy a que cumpliera su promesa. No sabía cómo iba a sobrevivir sin él. Pero lo logré y fue por el propio Freddy. Desde el momento en que empezamos a trabajar juntos, su amor, su confianza y su certeza me habían hecho más fuerte de lo que jamás pensé que podía llegar a ser. No importaba en qué estuviéramos colaborando, me sentía obligada a validar su fe en mí. La muerte de Freddy le dio otra dimensión a nuestro trabajo subsiguiente en *The Visit*. Sentíamos que le debíamos a su recuerdo hacer que el espectáculo fuera tan espléndido como él lo imaginó.

Como en la vida, el humor y la tragedia, la vitalidad y el deterioro iban de la mano en *The Visit*. La historia era bastante macabra. No podíamos escapar de eso, y tampoco queríamos hacerlo. Pero siempre nos salvó el optimismo de la música, que establecía un equilibrio entre el suspenso temperamental y el ingenio brillante. Digo, uno no ha vivido hasta que ha bailado un tango con un mayordomo y dos eunucos ciegos que le cantan su lealtad a Claire: *We would never leave you, never leave your side, / If we had the balls, dear, you would be our bride.* [*Jamás te abandonaríamos, jamás nos apartaríamos de tu lado, / Si tuviéramos huevos, querida, serías nuestra esposa*].

Eso era trabajar en cualquiera de los espectáculos de Freddy y John. Aunque no viéramos sus imperfecciones, jamás perdimos de vista lo maravillosos y fascinantes que eran. No había existido un espectáculo como *The Visit* en Broadway, y ningún espectáculo había tenido que superar lo que éste para llegar a la noche del estreno.

✳

Una de las muchas cosas que me gustaban de Roger era que, en materia de arte, era un hombre del Renacimiento: actor, director, maestro, poeta, escritor, pintor. Su esposo, Rick, me dijo que no importaba cuán ocupados estuvieran cualquier día, Roger insistía en que se tomaran un descanso: «Vayamos a ver algo hermoso».

Cruzaban el parque, hiciera el tiempo que hiciera, desde su dúplex al Metropolitan Museum of Art y, una vez allí, se colocaban frente a una obra de arte y dejaban que su belleza los bañara. Algunas de sus imágenes favoritas eran las figuras largas y pálidas de los artistas españoles. Roger había concebido su «estilo» en *The Visit* a partir del retrato de San Jerónimo de El Greco. Tenía una copia pegada en un estante de su camerino al lado de una cita de Hamlet: *How all occasions do inform against me / And spur my dull revenge!* [*Cuántos accidentes ocurren, todos me acusan, excitando a la venganza mi adormecido aliento*]. Se estimulaba la memoria con Shakespeare porque estaba empezando a costarle recordar sus líneas.

Pronto descubrimos por qué. Poco después de comenzar los

ensayos, a Roger le diagnosticaron un tipo de cáncer cerebral virulento, que casi siempre era fatal. Cuando Tom Kirdahy, nuestro productor, me lo contó, creí enloquecer. *Fatal.* ¿Por qué, tratándose de Roger, sonaba tan irreal? Sé que esto suena absurdo, pero, si Hamlet, Nicholas Nickleby y Henry en *The Real Thing* [*Algo auténtico*] eran inmortales, ¿cómo era posible que el actor que los había interpretado muriera? Después de que Tom salió de mi camerino, fui a ver a John Doyle. Nos prometimos hacer todo lo posible para que Roger permaneciera en el rol al cual le había puesto su sello indeleble en Williamstown.

—Le dije que, si quería interpretar el papel en silla de ruedas, haría los arreglos en la escenografía —dijo John.

No teníamos idea de cómo iba a progresar el tumor cerebral de Roger. La compañía en su totalidad sabía poco de su condición. Sólo sabían que teníamos que cerrar filas, protegerlo y apoyarlo como pudiéramos. Roger no quería que estuviéramos encima de él y respetamos sus deseos. Desde el primer diagnóstico, Roger fue un ejemplo de valentía. A menudo llegaba a los ensayos después de la sesión de quimioterapia y lo daba todo sin una gota de autocompasión. Ahora, cuando me cuentan de actores que no se comportan como es debido, que llegan tarde, se ausentan o dan lo mínimo en una función recuerdo el compromiso inquebrantable de Roger aun en las circunstancias más difíciles. Hizo a un lado cualquier temor de que el «quimiocerebro» pudiera interferir con su proceso artístico, y siguió adelante.

Pocas semanas antes del primer preestreno en Broadway, Roger se sometió a una cirugía del cerebro para que le sacaran lo que entonces pensaban que sería el último tumor. Su actuación un par de días después de la operación fue algo milagroso. Nos maravillamos ante su capacidad de llegar a las notas que antes lo habían eludido. En el primer preestreno, Rick dijo que Roger no se había sentido más satisfecho con su trabajo desde su triunfo como Hamlet en la Royal Shakespeare Company. Roger tenía una teoría sobre cómo había podido estar a la altura de las circunstancias. Sonriendo, encogió los hombros y dijo:

—Tal vez porque te das cuenta de que no estás fingiendo que algo es importante —dijo sonriendo y encogiendo los hombros.

Ese «pensamiento mágico» de que todo saldría bien lo sostuvo —y nos sostuvo a todos— tanto en los días buenos como en los malos. Si yo hubiera sido la hechicera que Claire tenía fama de ser, habría hecho cualquier cosa para curar a Roger. Cuando llegaba al teatro, se reportaba conmigo y volvía a hacerlo al final de la noche. Le llamaban la atención los dos «altares» que había en mi camerino: uno diario y uno semanal. El primero era importado de mi casa y lo colocaba cada vez que hacía un espectáculo nuevo. Estaba compuesto de una estatuilla del Niño de Praga, estampitas religiosas y fotos de mi familia y amigos. De vez en cuando los amigos me preguntaban si podían poner algo en el altar y eso me conmovía. No creo que a Dios le importe si un espectáculo triunfa o fracasa. Pero creo en el poder sanador de la oración para ayudar a los amigos enfermos y para alentarme a dar lo mejor de mí en el escenario.

El otro «altar» era el que usábamos todos los domingos después de la matiné de *The Visit*. Teníamos los lunes libres, así que la compañía se reunía en mi camerino para brindar por el fin de otra semana. Nuestro vino de comunión venía de mi cubeta de champán; el *whisky* escocés y los demás licores eran aportaciones de varios miembros del elenco. Me encantaba ser anfitriona de esas bacanales. Había refrigerios pero lo que nos nutría de verdad era nuestra cercanía. Una de las grandes ironías de *The Visit* era que la atmósfera en torno al espectáculo jamás fue negativa, a pesar de los habitantes del pueblo, deprimidos y avariciosos, del ataúd siempre presente y de la sed homicida de verdad y justicia de Claire. Nuestro duende de frivolidad ante la muerte nos daba un nuevo tipo de claridad. Como Anton, parecía que «lo estábamos viendo todo por primera vez».

Así fue la noche del estreno de *The Visit* en el natalicio de Shakespeare. Me sobrecogió y me alegró la recepción que tuvo. El camino había sido tan largo y difícil para el espectáculo que nos parecía que habíamos escalado el Everest. *The Visit* ahora le pertenecía al mundo. El fantasma de Freddy estuvo presente en la función, al igual que otras fuerzas de mi vida que me habían llevado hasta esa cumbre. En la ovación, bajo una lluvia de rosas amarillas y rojas, miré a Roger. Tenía el rostro radiante de felicidad y alivio. Bajo las luces, se parecía a su San Jerónimo. Contra viento y marea, había hecho acopio de toda su energía y había llegado a la meta. Cuando saludamos al público, pensé: «Si supieran...».

En las semanas que siguieron, el glioblastoma del cerebro de Roger fue ganando terreno. Roger regresó más olvidadizo y la visión empezó a fallarle. Poníamos letreros con letras grandes en las áreas fuera del escenario para guiar sus movimientos. Rick, devoto como siempre, se aseguraba de que Roger llegara al teatro. Cuando llegaban, mi asistente, Rose, y Laurie, la directora de escena, se hacían cargo de vestirlo y darle las instrucciones cuando era necesario. A principios de mayo, un par de semanas después del estreno hubo una función desgarradora. Yo estaba en el escenario esperando a que él entrara y noté que estaba perdido por completo. Seguimos actuando en lo que se reorientó y luego disimulamos sus errores como mejor pudimos. La noción de teatro «en vivo» cobró otro significado para nosotros, pero estábamos tan inmersos en el mundo de Brachen que puedo decir, sin miedo a equivocarme, que el público jamás se dio cuenta de que algo andaba mal. Ni debía hacerlo.

Al día siguiente, antes de la matiné, Roger entró en mi camerino. Vi su imagen reflejada en el espejo y supe por su expresión lo que venía a decirme.

—Cheet, no puedo seguir —dijo con la voz rasposa por la agotadora lucha de las últimas semanas—. No es justo. Ni contigo. Ni con la compañía. Ni con el público. Lo siento.

Rick tocó a la puerta y entró. Nos encontró abrazados llorando.

Tom Nelis interpretó el papel de Roger por el resto de la temporada e hizo un trabajo magistral. Pensé que Roger ahora podía tomarse un merecido descanso. Pero no fue así, al menos por un par de días. La temporada de los Tony estaba en pleno apogeo y nos habían nominado para cinco, incluidos el Premio para el Mejor Musical y uno para mí, el décimo. Al mismo tiempo, hay muchos otros premios, entre ellos los del Drama League, que conllevan discursos interminables de las decenas de actores en el estrado. Roger y Rick no iban a ir, hasta que los organizadores los llamaron y les dijeron:

—Chita va a llevarse el galardón principal por *The Visit*, y nos gustaría que Roger se lo entregara.

Roger dudó.

—No sé si podré —se quejó con Rick—. Voy a hacer el ridículo.

Entonces Rick ideó un plan.

—Mira, todas las personas que están en el estrado están colocadas en orden alfabético —dijo—. Chita y tú están en la R y todos van a estar tan hartos, que estarán locos por que termine la premiación y regresar a casa. Así que escribe algo corto y bonito.

Antes de salir hacia el evento, Roger agarró tres hojas de papel y garabateó algo en cada una. Cuando llegó su turno, se acercó al podio. Sonrió y dijo:

—Chita Rivera. —Pasó la página—. Chita Rivera. —Y la siguiente página—. Chita Rivera.

El público aplaudió enloquecido y su discurso se hizo legendario por ser el mejor —y el más corto— de la historia de la Drama League.

El 10 de julio de 2015, Roger murió y, como dijo Stephen Spender dejó «en el aire fresco la huella de su honor».

✳

At last! At last!	¡Por fin! ¡Por fin!
The old lady pays a visit	La vieja viene a visitarnos
But stop and think, just how	Pero deténganse a pensar, ¿hace
many lifetimes is it?	cuántas vidas?
Oh, well, who cares?	Bueno, ¿y a quién le importa?
—«At Last» de *The Visit*	—«Por fin» de *The Visit*

No puedo decirles cuántas veces se han referido a Claire como «la vieja» en diálogos, letras de canciones y hasta en la traducción de Dürrenmatt del título al alemán: *La visita de la vieja*. Era una de las primeras veces en mi carrera que interpretaba a una vieja. Supongo que era la forma en que Dios me decía «Dolores Conchita, ya no eres tan joven como piensas».

¿Cuál es la frase famosa que dicen que Bette Davis bordó en un cojín? «La vejez no es para los débiles». ¡Y que lo digan! Supongo que debo estar agradecida de haber vivido una vida plena y de que mis niveles de energía suelan mantenerse elevados, incluso ahora mientras escribo estas líneas. El día que cumplí cincuenta años, estaba trabajando en *Merlín* en Broadway y me disfracé de viejecita —peluca canosa, la espalda encorvada y bastón— para llegar al teatro. Pensé que me les adelantaría.

No me hizo falta el disfraz para la última escena de *The Visit*. Están a punto de entregarle a Claire el cuerpo de Anton en el ataúd, se ha cerrado el trato. Ella entra por un lado del escenario y ha sustituido su glamur por un vestido largo negro y una cadena sencilla. Salí sin maquillaje y con el cabello, ahora canoso, recogido en un moño. ¡Qué transformación! Hubo hasta suspiros entre el público. Me imagino que todo el glamur que precede a esta escena hace más dramático el cambio.

Cuando me vi en el espejo por primera vez como la Claire transformada, los años no se apilaron, sino que más bien se desvanecieron. Había algo de mi tía Lily, la hermana de mi madre, que había vivido con nosotros una temporada. Pero lo que recordé en ese momento fue a mí misma como aspirante a bailarina en la School of American Ballet. No pude resistir la tentación de hacer algunos pasos de *ballet* en mi camerino o algunas poses de Martha Graham en *Lamentation* [*Lamentación*].

Ese golpe teatral al final tenía un poder similar al de la escena en la cual había interpretado el número «Love and Love Alone» [«El amor y sólo el amor»], una de las canciones más hermosas del musical.

—¿No sería maravilloso que Chita bailara con Michelle, su yo joven, al final de ese número? —le preguntó John a Grazie.

Fue una idea inspirada. Era una especie de mazurca, pero menos coreografiada que una escena sin palabras. No me sentí limitada en el número mientras nos desplazábamos por el escenario en un *pas de deux* circular. A medida que la música aumentaba, Michelle imitaba mis movimientos sutiles, un desafío de baile suave, que incluía encoger los hombros, levantar una pierna, unos pasos delicados. Esas expresiones de anhelo y afecto echaban a un lado, al menos por un instante, la cruzada por la verdad y la justicia de Claire. En ese alegre *cri de coeur*, Claire parece decirse a sí misma que «la vieja» aún tenía la capacidad de amar. El cuerpo puede haber cambiado, pero el corazón permanece constante. Para Claire era un momento de nostalgia. Para mí, era la oportunidad de recordar a mi yo más joven.

Si me preguntan qué echo de menos de mi juventud, Dolores diría sin dudarlo: «¡Todo!». Para ser sincera, echo de menos a esa chica llena de energía, agilidad, optimismo y esperanza. Ansiosa de aprender, lista para lo que los años, aún por venir, le trajeran.

Chita sería un poco más filosófica. «Haber ganado madurez y sabiduría, como ha sido el caso, es un precio justo. Soy una chica afortunada».

Al final del número, Michelle y yo nos abrazamos. Cuando nos miramos a los ojos y la música se va apagando, pensé en dos palabras de parte de «esta vieja» a su «yo más joven»:

«¡Muchas gracias!».

A ella y a «todos los rostros que he mirado», ¿qué más puedo decirles?

Suddenly, the chill I knew	De pronto, el estremecimiento
Comes the fire of you	que conocí
You, you, you,	Llega ese fuego que eres tú
Ask me if dreams come	Tú, tú, tú,
true.	Pregúntame si los sueños se hacen
And I answer, you, you, you.	realidad.
Everywhere you, you, you.	Y te diré tú, tú, tú.
In every dream I dream	En todas partes tú, tú, tú.
There's a specter of you, you,	En cada sueño que sueño
you.	Está el espectro: tú, tú, tú.
Years have gone by	Han pasado los años
It is true	Es cierto
Still my heart rushes to	Pero aún mi corazón corre hacia
All my memories of you, you,	Todos mis recuerdos, donde estás
you.	tú, tú, tú.

Fin

PREMIOS Y RECONOCIMIENTOS

Premios artísticos

1961-2015: Nominaciones al Premio Antoinette Perry: *Bye, Bye Birdie, Chicago, Bring Back Birdie, Merlin, Jerry's Girls, Nine, Chita Rivera: The Dancer's Life* y *The Visit*

1984: Premio Antoinette Perry por *The Rink*

1993: Premio Antoinette Perry por *The Kiss of the Spider Woman*

2002: Kennedy Center Honor, presentado por el secretario de Estado Colin Powell, Washington D. C.

2002: Premio de la Sociedad Sarah Siddons por *The Visit*, Chicago

2006: Premio «Craig Noel» del Círculo de Críticos de San Diego por *Chita Rivera: The Dancer's Life*, Old Globe Theatre

2009: Medalla Presidencial de la Libertad, presentada por el presidente Barack Obama, La Casa Blanca

2009: Premio Helen Hayes a la Mejor Actriz Principal por *The Visit*, Washington D. C.

Premios a la carrera artística

2009: Premio Julie Harris a la Carrera Artística

2010: Premio a la Carrera Artística del Festival de Teatro Musical de Nueva York

2013: Premio Elliot Norton a la Carrera Artística

2015: Premio John Willis del Theatre World a la Carrera Artística en el Teatro

2016: Premio Goodspeed Musicals a la Contribución Destacada al Teatro Musical

2017: Premio Frank Carrington a la Excelencia en las Artes, Paper Mill Playhouse

2018: Medalla de Honor de The Actors Fund

2018: Premio Antoinette Perry a la Carrera Artística en el Teatro

2022: Premio a la Carrera Artística, Encompass New Opera Theatre

2022: Premio Jason Robards a la Excelencia en el Teatro, Roundabout Theatre Company

Premios a la representación hispana

1994: Premio a la «Artista del Año», National Hispanic Academy of Media Arts and Sciences (HAMAS)

1994: Homenaje de la Oficina de Asuntos Latinos del Alcalde de la Ciudad de Nueva York

2013: Gran Mariscal, Desfile Nacional Puertorriqueño, Ciudad de Nueva York

2015: Premio Inaugural Leyenda Latina, 100 Hispanic Women, Inc.

2017: Premio de la Fundación Martina Arroyo

2020: Premio Legado Raul Julia, Puerto Rican Family Institute

2022: Premio a la Carrera Artística, Hispanic Organization of Latin Actors (HOLA)

Reconocimientos filantrópicos y cívicos

1995: Premio Mother Hale por Civismo

2000: Medalla de Honor de la Isla Ellis

2005: Premio al Arte y Cultura del Alcalde de la Ciudad de Nueva York

2009: Premio Rostros de la Inspiración de la Escuela Robert Bolden/P.S. 345, Brooklyn, Nueva York

2012: Premio del Alcalde a Persona Destacada, Ciudad de Nueva York

2013: Sexagésimo Sexto Premio John H. Finley, en reconocimiento al servicio ejemplar a la Ciudad de Nueva York

2018: Chita Rivera: un punto de referencia viviente, otorgado por la New York Landmarks Conservancy

2021: Premio Father George Moore al Impacto Artístico, Encore Community Services

Reconocimientos de organizaciones de mujeres

1999: Premio GEMS a la Mujer del Año, Miami

2003: Premio por Logros Excepcionales de The Women's Project and Productions

2006: Premio a la «Madre Destacada», auspiciado por el Comité Nacional del Día de las Madres y *Ladies' Home Journal*

2010: Premio a la Carrera Artística de League of Professional Theatre Women

2017: Premio Lifetime Spirit, LSA Family Health Service/The Spirit of East Harlem

2017: Premio Mujer de Valor, Victory Dance Project

2022: Premio Eternity, Los Angeles Women's Theatre Festival

Premios a la danza

1995: Egresados Distinguidos, School of American Ballet

2003: Premio TDF/Astaire a la Carrera Artística por *Nine*

2004: Premio del Dance Magazine

2006: Premio Rolex de Danza

2013: Premio de Inspiración del Dizzy Feet Foundation

2013: Premio al Legado, Bailarines de Más de Cuarenta Años

2013: Premio Jerome Robbins

2015: Premio a la Carrera Artística, Museo Nacional de la Danza, Saratoga Springs, Nueva York

2016: Premio Legado de la Jones-Haywood Dance School, Washington D. C.

2018: Premio a la Carrera Artística en Danza de Dancers for Good

Premios al cabaret

2015: Homenajeada por el Songbook Hall of Fame, Indianapolis

2019: Premio Broadwayworld.com al Cabaret, Feinstein's/54 Below

2022: Premio a la Carrera Artística, Manhattan Association of Cabarets (MAC)

Reconocimientos académicos

2007: Doctorado *honoris causa* en Bellas Artes de la Universidad de Niágara, Búfalo, Nueva York

2018: Doctorado *honoris causa* en Bellas Artes de la Universidad de Florida

2021: Doctorado *honoris causa* en Bellas Artes del Conservatorio de Boston

AGRADECIMIENTOS

Aunque me resulta imposible agradecerles a todas las personas que han tenido algo que ver en mi vida, mi carrera y, ahora, en la creación de estas memorias, quiero extender mi profundo agradecimiento a:

Mi maravilloso y talentoso coautor, Patrick Pacheco, en quien, a lo largo de nuestras muchas conversaciones llenas de alegría, risas, lágrimas y recuerdos, he encontrado a un amigo eterno.

El equipo de HarperOne y la familia de HarperCollins han sido unos socios extraordinarios en este proyecto. Gracias a Rakesh Satyal, mi brillante editor, por su paciencia y entusiasmo, y a su asistente, Ryan Amato; a la editora Judith Curr, la editora asociada Laina Adler, la vicepresidenta Lisa Sharkey, así como a Edward Benitez, mi editor en español, y a Aurora Lauzardo Ugarte, nuestra traductora. Mis felicitaciones a Adrian Morgan y Stephen Brayda, quienes diseñaron la maravillosa portada; a la editora de producción Emily Strode, a la correctora Jessie Dolch, los publicistas Paul Olsewski y Aly Mostel, Lucie Culver y Julia Kent por sus destrezas de mercadeo. David Wienir nos proveyó asesoría jurídica sensata a lo largo de todo el proceso; agradezco también a los abogados Nan Bases y Eric Zohn. A Mel Berger, agente literario, por la excelencia de WME y Armando del Rivero, a quien respeto como representante y amo como hermano, porque también guiaron con sabiduría este libro hasta su publicación

Estas memorias no se hubieran escrito sin la atención y ayuda constantes de mi asistente personal, Rosie Bentinck, y la publicista Merle Frimark. Sus esfuerzos invaluables se insertan en esa tradición de apoyo generoso que he recibido a lo largo de mi vida de parte de ayudantes como Rocco Morabito y Marion Rogner Elrod.

Los agentes y representantes suelen ser héroes anónimos, así que quiero cantar las loas de un grupo que llevo en el corazón, comenzando por mi primer agente, Dick Seff, quien apostó a una joven actriz y bailarina. Después de él vinieron Biff Liff y mi querido David Kalodner. Kenny DiCamillo y Lee Lessack administraron con pericia los contratos de mis cabarets. Aaron Shapiro, «una figura paternal» en mi vida, fue mucho más que un gerente de negocios; fue, junto con su esposa, Elaine, instrumental en mi carrera por sus sabios consejos. También he contado desde entonces con el asesoramiento inteligente de Michael Lobel y Norm Schulman.

Entre los que aportaron a estas memorias recuerdos maravillosos de nuestras aventuras de cabarets y conciertos están «mis chicos»: Robert Montano, Leland Schwantes, Richard Montoya, Raymond Del Barrio, Michael Serrechia, Wayne Cilento, Richard Amaro, Frank Mastrocola, Alex Sanchez, Lloyd Culbreath, Bill Burns, Earl Lamartiniere, Spence Henderson, Tim Scott, Frank De Sal, Sebastian LaCause, Sergio Trujillo y Rob Ashford. Una mención especial y honrosa a mis amados Tony Stevens y Chris Chadman, los originales y por siempre recordados «Dos» de *Chita Plus Two*. El espectáculo siempre brilló gracias a mi talentoso diseñador de iluminación, Andrew Fritsch.

A mi amigo adorado, el coreógrafo Peter Gennaro, le encantaba decir, «Obtendrás el papel si puedes bailar el papel». Entre los que me ayudaron a «bailar el papel» están mis diligentes directores musicales Michael Croiter, Paul Gemignani, Mark Hummel, Gareth Valentine, Greg Dlugos, Herbie Dell, Gary Adler, David Krane, Carmel Dean y Louis St. Louis, así como los músicos Jim Donica, David Tancredie, Jason Loffredo y Alan Herman.

Mis médicos, pasados y presentes, me han mantenido ágil y con los pies firmes en la tierra; su serenidad y ternura también me han mantenido cuerda. Este cuadro médico de honor incluye a John Carmody, Thomas Sculco, Stuart Osher, Barry Kohn, Wilbur Gould y David Slavit. Complementan su trabajo mis extraordinarios terapistas físicos Armando Zettina y Marika Molnar, y mi acupunturista, Ted Dugas.

Así como mis médicos han cuidado de mi cuerpo, he tenido consejeros espirituales que han cuidado de mi espíritu y se han convertido en amigos íntimos. Si alguna vez voy al cielo, será gracias a la guía de los monseñores Robert Saccoman y Joe Martin, y los padres William Shelley y Doug Haefner. El hermano Augustine Towey siempre estuvo disponible para guiar a través de la oración a esta pecadora católica romana.

A lo largo de mi vida he tenido el honor de ayudar al trabajo humanitario de personas dedicadas como Tom Viola, director de Broadway Cares/Equity Fights AIDS. Me maravilla el equipo del Actors Fund Home en Englewood, Nueva Jersey, que provee a sus residentes atención esmerada y compasión. El hogar es administrado por la Entertainment Community Fund, dirigida por Joe Benincasa, quien también ha establecido el Friedman Health Center for the Performing Arts en Manhattan. No deja de sorprenderme la labor invaluable y bendecida de su director médico, el Dr. Jason Kindt, y su director médico asociado, el Dr. Louis C. Galli.

Un libro que abarca una vida y una carrera tan extensas tiene mucho que agradecerles a los bibliotecarios y archivistas. Agradezco la valiosa asistencia de los curadores Doug Reside, Phillip Karg, Cassie Meyer y Erik Stolarski, el bibliotecario de fotografías Jeremy Megraw, Giovanna Pugliesi (Departamento de Permisos) y el personal de la Library of Performing Arts, en el Lincoln Center; Catherine Benson y el personal de la Heermance Public Library, Coxsackie, Nueva York; Michael Robinson, el documentalista George Fairfield, Amy Brody de la School of American Ballet y Sandra Fortune-Green de la Jones-Haywood Dance School, Washington D. C. También recibí la asistencia de Mary Chipman, Mireille Miller y Adam Feldman. Un agradecimiento muy especial a Paul McKibbins de Kander and Ebb, Inc. y a David «Bone» McKeown, asistente de John Kander.

Sería un descuido de mi parte no agradecer y rendir tributo a mi amada familia extendida: las familias del Rivero y Anderson, cuya alma y corazón me han hecho quien soy.

Y, por último, un abrazo afectuoso a todos esos amigos, admiradores y asociados que no se mencionan aquí. Por favor, sepan que están en mi corazón y que les agradezco profundamente su amor y apoyo a lo largo de todos estos años.

Como escribió mi adorado Freddy Ebb, «Ask me if dreams come true / and I answer, "You, You, You!"» [«Pregúntame si los sueños se hacen realidad / y te responderé: "¡Tú, tú, tú!"»].

PERMISOS Y CRÉDITOS

Reconocemos la generosidad y los esfuerzos excepcionales realizados en la gestión de los permisos para usar las letras de las canciones en este libro.

Muchas gracias a Kevin Thompson de Round Hill Music y Ryan Krasnow de Alfred Music por la letra de las canciones del cancionero de John Kander y Fred Ebb.

Gracias a Mitchell S. Bernard, albacea del patrimonio del fenecido Fred Ebb.

Gracias a Paul McKibbins, gerente musical de John Kander y Fred Ebb.

Gracias a Terry Marler por autorizar el uso de la letra de las canciones del catálogo de Jerry Herman.

Gracias a Gerard Alessandrini por autorizar el uso del sketch «Chita-Rita» de una edición de su espectáculo *Forbidden Broadway*.

Página 193: «Sara Lee Lady Love»
Compositores: John Kander & Fred Ebb
Publicación: Alley Music Corp. (BMI) & Kander & Ebb, Inc.
  (BMI)
© Todos los derechos reservados

Página 228: «Nowadays»
Letra de Fred Ebb y música de John Kander
© 1975 UniChappell, Inc. y Kander-Ebb, Inc.
Todos los derechos administrados por UniChappell, Inc.
Todos los derechos reservados

Página 247: «We Can Make It»
Compositores: John Kander & Fred Ebb
Publicación: Kander & Ebb, Inc. (BMI)
© Todos los derechos reservados

Página 264: «The Apple Doesn't Fall»
Compositores: John Kander & Fred Ebb
Publicación: Kander & Ebb, Inc. (BMI)
© Todos los derechos reservados

Página 293: «Her Name Is Aurora» (de *El beso de la mujer
  araña*)
Letra de Fred Ebb, música de John Kander
© 1992, 1993 Kander & Ebb, Inc.
Todos los derechos de Kander & Ebb, Inc. Administrados por
  Warner-Tamerlane Publishing, Corp.
Del presente arreglo ©2019 Kander&Ebb, Inc.
Todos los derechos reservados
Usados con permiso de ALFRED PUBLISHING, LLC

Página 295: «Where You Are»
Compositores: John Kander & Fred Ebb
Publicación: Kander & Ebb, Inc. (BMI)
©Todos los derechos reservados

Página 330: «Winter»
Compositores: John Kander & Fred Ebb
Publicación: Kander & Ebb, Inc. (BMI)
©Todos los derechos reservados

Página 337: «At Last»
Compositores: John Kander & Fred Ebb
Publicación: Kander & Ebb, Inc. (BMI)
©Todos los derechos reservados

Página 339: «You, You, You»
Compositores: John Kander & Fred Ebb
Publicación: Kander & Ebb, Inc. (BMI)
©Todos los derechos reservados

Fotografías

A menos que se indique lo contrario, las fotografías pertenecen a la colección privada de la autora.

Páginas 2 (*parte inferior de la página*), 3, 4 (*parte superior de la página*): Friedman-Abeles
© New York Public Library for the Performing Arts.
Páginas 5, 9, 14 (*parte superior de la página*): Martha Swope © Billy Rose Theatre Division, New York Public Library for the Performing Arts.
Página 13 (*parte inferior de la página*): Joan Marcus.
Página 16 (*parte inferior de la página*): Gene Reed.